国学通识

——
陈斐 主编

诸子学纂要

蒋伯潜 编著

强中华 整理

华夏出版社
HUAXIA PUBLISHING HOUSE

图书在版编目（CIP）数据

诸子学纂要 / 蒋伯潜编著；强中华整理 . -- 北京：华夏出版社有限公司，2024.11
（国学通识 / 陈斐主编）
ISBN 978-7-5222-0698-1

Ⅰ.①诸… Ⅱ.①蒋… ②强… Ⅲ.①先秦哲学－研究 Ⅳ.① B220.5

中国国家版本馆 CIP 数据核字（2024）第 083917 号

诸子学纂要

编 著 者	蒋伯潜
整 理 者	强中华
责任编辑	董秀娟　吕　方
责任印制	周　然

出版发行	华夏出版社有限公司
经　　销	新华书店
印　　装	三河市万龙印装有限公司
版　　次	2024 年 11 月北京第 1 版 2024 年 11 月北京第 1 次印刷
开　　本	880×1230　1/32
印　　张	10.625
字　　数	199 千字
定　　价	59.00 元

华夏出版社有限公司　地址：北京市东直门外香河园北里 4 号　邮编：100028
网址：www.hxph.com.cn　电话：(010) 64663331（转）

若发现本版图书有印装质量问题，请与我社营销中心联系调换。

总序

近期,人工智能和自动化技术迅猛发展,ChatGPT(聊天机器人)横空出世,除了能与人对话交流外,甚至能完成回复邮件、撰写论文、进行翻译、编写代码、根据文案生成视频或图片等任务。这对人类社会的震撼,无异于引爆了一颗"精神核弹":人们在享受和憧憬更加便捷生活的同时,也产生了失业的恐慌和被替代的虚无感,好像人能做的机器都能做,而且做得更好、更高效,那么,人还怎么生存,活着还有什么意义?

这种感觉并非无源之水、无本之木,而是有着深久的教育、社会根源。长期以来,我们的教育过于专业化、物质化、功利化,在知识传授、技能培训上拼命"鸡娃",社会也以科技进步、经济发展为主要导向,这导致了人们对"人"的认知和实践都是"单向度"的。现在,"单向度"的人极力训练、竞争的技能,机器都能高效完成,他们怎能不恐慌、失落呢?人是要继续"奋斗",把自己训练得和机器一样,还是要另辟蹊径,探索和高扬"人之所以为人"的独特品质与价值,成了摆在所有人面前的紧迫问题。

答案显然是后者。目前社会上出现的"躺平"心态,积极地看,正蕴含着从"奋斗""竞争"氛围中夺回自我、让人更像人而不异化为机器的挣扎。"素质/通识教育""科学发展观"等理念的提出,也是为了纠偏补弊,倡导人除了要习得谋生的知识、技能外,还要培养博雅的眼光、融通的识见,陶冶完美的人格、高尚的情操;衡量社会发展也不能只论GDP(国内生产总值),而要看综合指数。

这么来看,以国学为核心的中华优秀传统文化,就大有用武之地。孔子早就说过,"君子不器","为政以德"(《论语·为政》)。庄子也提醒,"有机事者必有机心。机心存于胸中,则纯白不备","神生不定","道之所不载也"(《庄子·天地》)。慧能亦曾这样开示:"心迷《法华》转,心悟转《法华》。"(《坛经·机缘》)这些经过数千年积累、淘洗的箴言智慧,可以启发我们在一个日益由机器安排的世界中发展"人之所以为人"的独特品质,从而更好地安身立命、经国济世。可见,国学不是过时的、只有少数学者才需要研究的"高文大册",而是常读常新、人人都应了解的"通识"。

这套"国学通识"系列丛书,即致力于向公众普及国学最基本的思想观念、知识架构、人文精神和美学气韵等,大多由功底深博的名家泰斗撰写,但又论述精到、篇幅短小、表达深入浅出,有些还趣味盎然、才情四射。一些撰写较早的著作,我们约请当

总　序

代青年领军学者做了整理、导读或注释、解析，以便读者阅读。

我们的宗旨是弘扬并激活国学，让优秀传统文化滋养智能时代中国人的心灵，同时也期望读者带着崭新的生命体验和问题意识熔古铸今，传承且发展国学。在这个过程中，相信人人都能获得更加全面、自由、和谐的发展，社会也会变得更加繁荣、公正、幸福！

陈斐

癸卯端午于京华

《国学汇纂》新版序

《国学汇纂》十种,是先祖父蒋伯潜和先父蒋祖怡合作撰写的,在1943—1947年由上海正中书局陆续出版。

《国学汇纂编辑例言》的第一条,说明了编撰这套《汇纂》的缘由:

> 我国学术文艺,浩如烟海。博稽泛览,或苦其烦;东扯西扯,复病其杂。本书汇纂大要,别为十种,供专科以上学子及一般程度相当者,阅读参考之资。庶于国学各得其门,名曰《国学汇纂》。

在《例言》中,这十种书的顺序是:《文章学纂要》《文体论纂要》《文字学纂要》《校雠目录学纂要》《诗歌文学纂要》《小说纂要》《史学纂要》《诸子学纂要》《理学纂要》《经学纂要》。出版时也把这十种书按顺序排列,称为《国学汇纂》之一到《国学汇纂》之十。

这十种书中的《文章学纂要》《文体论纂要》《文字学纂要》

《校雠目录学纂要》《诗歌文学纂要》《小说纂要》属于语言文学范畴,《史学纂要》属于史学范畴,《经学纂要》《诸子学纂要》《理学纂要》属于哲学范畴。也就是说,这十种书,涉及了中国传统的文、史、哲的基本方面,是国学的基本知识。

总起来说,这十种书有三方面的内容:

(一)介绍基本知识。这十种书,每一种都是一个单独的学科领域,涉及的范围非常广,有关的知识非常多。为了适合读者的需要,作者对有关知识加以选择、概括、组织,把一些最基本的知识以很清晰的面貌呈现在读者面前,使读者既不苦其烦,也不病其杂。

(二)阐述作者观点。这些学术领域都有不同学术观点的争论,或者有不同的学派。面对这些不同观点,初学者可能感到无所适从。作者对这些问题介绍了不同观点,并阐述了自己的看法。这有助于读者了解这些学科历史发展的过程,也有助于读者从不同的侧面来看待和掌握这些基本知识。

(三)指点学习门径。这十种书都是入门之学。读者入了门以后,如何进一步学习?这十种书常常在介绍基本知识和阐述作者观点的同时,给读者指点进一步学习的门径。如提供一些参考资料,告诉读者进一步学习该从何入手,需注意什么问题等。

这些对于初学者都是十分有用的。所以,《国学汇纂》出版后很受欢迎。著名学者四川大学教授赵振铎曾对我说:你祖父和父亲的那两套书(指《国学汇纂》十册和《国文自学辅导丛书》十二册),

《国学汇纂》新版序

我们当时在中学里都是很爱读的。我很感谢赵先生告诉我这个信息。

《国学汇纂》不仅在上个世纪的四十年代末出版后受欢迎，在以后也一直受到欢迎。1990年，北京大学出版社重印了《校雠目录学纂要》。1995年，我在台北看到的《文字学纂要》已经是第二十九次印刷。2014年《小说纂要》收入《民国中国小说史著集成》第九卷，由南开大学出版社出版。首都经济贸易大学出版社的领导和编辑蓝士斌先生很有眼光，看到了《国学汇纂》的价值，在2012年重印了《文字学纂要》，2017年重印了《诸子学纂要》，2018年重印了《文章学纂要》。这些都说明这套书并没有过时。

但《国学汇纂》一直没有完整的再版，这是一件憾事。很感谢主编陈斐先生和华夏出版社有限公司，决定把《国学汇纂》作为《国学通识》的第一辑出版。他们约请相关领域的青年学者对《国学汇纂》的每一种都细加校勘，而且撰写了"导读"。"导读"为读者指出了此书的特色和重点，以及阅读时应注意的问题。这就给这套七十年前出版的《国学汇纂》赋予了新的时代气息。

在此，我对陈斐主编、各位整理并写"导读"的专家和华夏出版社有限公司表示深切的感谢！我相信，广大读者一定会欢迎这套新版的《国学汇纂》。

蒋绍愚

2022年5月于北京大学

《国学汇纂》编辑例言

一、我国学术文艺，浩如烟海。博稽泛览，或苦其烦；东捃西扯，复病其杂。本书汇纂大要，别为十种，供专科以上学子及一般程度相当者，阅读参考之资，庶于国学各得其门，名曰国学汇纂。

二、文章所以代口舌，达心意，为人人生活所必需，而字句之推敲，章篇之组织，意境之描摹，胥有赖于文法之活用，修辞之技巧；至于骈散之源流，语文之沟通，亦为学文章者所应谙悉。述《文章学纂要》。文体分类，古今论者，聚讼纷纭，而各体之特征、源流、作法，更与习作有关，爰折中群言，阐明体类，附论风格，力求具体。述《文体论纂要》。

三、研读古籍之基本工夫，在文字、目录、校雠之学。我国研究文字学者，声韵形义，歧为两途；金石篆隶，各成系统；晚近龟甲之文，简字拼音之说，益形繁杂；理而董之，殊为今日当务之急。而古籍文字讹夺，简编错乱，书本真伪，学术部居，校勘整理，尤当知其大要。述《文字学纂要》及《校雠目录学纂要》。

四、我国古来文艺以诗歌、小说为二大主流，戏剧则曲词煦育于诗歌，剧情脱胎于小说。而诗歌之演变，咸与音乐有关，其间盛衰递嬗，可得而言。至于小说，昔人多不屑置论，晚近国外文学输入，始大昌明。而话剧亦骎骎夺旧剧之席。述《诗歌文学纂要》及《小说纂要》。

五、我国史书，发达最早，庞杂最甚，而史学成立，则远在中世以后，且文史界限，迄未厘然；至于诸史体制，史学源流，亦罕有理董群书，抽绎成编者。是宜以新史学之理论，重新估定我国之旧史学。述《史学纂要》。

六、我国学术思想，以先秦诸子为最发展，论者比之希腊，有过之无不及也。秦汉以后，儒术定于一尊，虽老庄玄言复昌于魏晋，而自六朝以至五代，思想学术，俱无足称。宋明理学大盛，庶可追迹先秦，放一异彩。述《诸子学纂要》及《理学纂要》。

七、六经为我国学术总会。西汉诸儒承秦火之后，兴灭继绝，守先待后，功不可没。洎其末世，今古始分。东汉之初，争论颇剧。及今古混一，而经学遂衰。下逮清初，始得复兴。乾嘉之学，几轶两汉。清末今文崛起，于我国学术思想之剧变，关系亦颇切焉。述《经学纂要》。

八、军兴以来，倏已四载，典籍横舍，多被摧残，得书不易，读书亦不易。所幸海内尚存干净土，莘莘学子，未辍弦歌。编者局处海隅，自惭孤陋，纵欲贡其一得之愚，罣误纰谬，自知难免，至希贤达，予以匡正！

目录

- 导读 / 1
- 绪论一 何为"诸子学" / 1
- 绪论二 诸子何以勃兴于周秦之际 / 9
- 绪论三 诸子与王官之关系 / 17
- 绪论四 前人评各家长短 / 27
- 第一章 孔子 / 43
  - 一 孔子事略 / 43
  - 二 孔子与教育 / 47
  - 三 孔子与六经 / 54
  - 四 孔子论道德修养 / 60
  - 五 孔子论政治 / 67
- 第二章 孟子 / 76
  - 一 孟子事略 / 76

二　孟子论性善 / 79

　　三　孟子论教学 / 85

　　四　孟子论道德修养 / 87

　　五　孟子论政治 / 95

第三章　荀子 / 104

　　一　荀子事略 / 104

　　二　荀子论性恶 / 108

　　三　荀子论教学 / 113

　　四　荀子论道德修养 / 116

　　五　荀子论政治 / 120

第四章　其他儒家之言 / 125

　　一　《大学》 / 125

　　二　《中庸》 / 130

　　三　《孝经》及其他 / 133

　　四　关于礼乐的理论 / 136

第五章　墨子 / 141

　　一　墨子考略 / 141

　　二　儒墨底异点 / 148

　　三　墨子底中心思想——兼爱 / 152

　　四　墨子底经济学说 / 155

　　五　墨者之团体组织及纪律 / 160

目 录

第六章 后期的墨者 / 166

  一 后期墨者之派别及《墨经》 / 166

  二 《墨经》对于墨子学说的阐发 / 170

  三 《墨经》对于别派学说的辨驳 / 173

  四 《墨经》中的"知识论" / 176

  五 《墨经》中的科学知识 / 179

第七章 老子 / 182

  一 老子考略 / 182

  二 《老子》底时代与作者 / 189

  三 老学底先河 / 193

  四 《老子》底根本观念——"道""德" / 198

  五 《老子》底人生哲学与政治哲学 / 202

第八章 庄子 / 207

  一 庄子事略 / 207

  二 《庄子》底根本观念——"道"德" / 210

  三 《庄子》底"齐物论" / 213

  四 《庄子》论人事 / 218

第九章 其他道家者言 / 223

  一 列子 / 223

  二 关尹子 / 227

  三 文子 / 229

四　田骈、慎到 / 230

第十章　法家 / 235

　　一　法家思想底产生 / 235

　　二　法家底代表——申不害、商鞅、韩非 / 237

　　三　法家底派别 / 241

　　四　法家学说底要点 / 243

第十一章　所谓"名家" / 251

　　一　后期儒家底名学 / 251

　　二　后期墨家底名学 / 257

　　三　惠施 / 262

　　四　公孙龙 / 268

第十二章　百家之学 / 277

　　一　阴阳家——邹衍 / 277

　　二　纵横家——苏秦、张仪 / 281

　　三　农家——许行 / 284

　　四　杂家——《吕氏春秋》 / 286

　　五　小说家——宋子 / 287

结论　诸子学底衰落及其因缘 / 291

本次整理征引文献 / 303

导读

民国学术繁荣，在诸子学方面取得了丰硕的成果，或校勘注释诸子学著作，或阐发先秦两汉诸子之义理，或比较各家各派之异同，或撰写诸子学概论读物。就概论读物而言，著作众多，如朱谦之《周秦诸子学统述》、陈钟凡《诸子通谊》、姚永朴《诸子考略》、刘汝霖《周秦诸子考》、周群玉《先秦诸子述略》、张文治《诸子治要》、陈柱《诸子概论》、嵇文甫《先秦诸子思想述要》、李松伍《子学概论》、高维昌《周秦诸子概论》、章太炎《诸子略说》、罗焌《诸子学述》、李源澄《诸子概论》、胡耐安《先秦诸子学》、王蘧常《诸子学派要诠》、毛起《诸子论二集》、杜守素《先秦诸子批判》《先秦诸子思想》、李显相《先秦诸子哲学》等等。其中，蒋伯潜《诸子学纂要》颇有特色。

蒋伯潜（1892—1956），名起龙，字伯潜，浙江富阳人。1911年毕业于杭州府中学堂，1919年毕业于北京高等师范国文系。先后在嘉兴、杭州、台州等地多所中学和师范学校任教。1937年赴上海大夏大学、无锡国专任教，并兼任世界书局特约馆外编审。1945年抗战胜利，蒋伯潜受邀前往上海市立师范专科学校任中文系主任、教授。1946年受邀出任杭州师范学校校长。1949年任浙江图书馆研究部主任。1955年任浙江文史馆研究员。1956年1月，病逝于杭州。蒋伯潜曾编撰《中国国文教学法》，为开明书店编选注释《开明活页文选》，为世界书局编撰高中国文课本十二册，并与其子蒋祖怡合编"国文自学辅导丛书"十二种、"国学汇纂丛书"十种。

《诸子学纂要》为"国学汇纂丛书"十种之七，1947年由上海正中书局出版。全书分绪论、孔子、孟子、荀子、其他儒家之言、墨子、后期的墨者、老子、庄子、其他道家者言、法家、所谓"名家"、百家之学、结论，共计十四部分。

绪论分四节。第一节，蒋伯潜对何谓"诸子"、何谓"诸子学"进行了界定。他所说的"诸子"以《七略》及《汉书·艺文志》的界定为标准，指先秦诸子，分十家。"诸子学"则是先秦诸子各自的学问。蒋伯潜认为，先秦诸子的学问"是关于哲理或政治的理论，是'道'"，其与六艺、诗赋、兵书、术数、方技不同。第二节，蒋伯潜从政治、社会、经济、教育四个方面考察了诸子勃兴于周秦之际的原因。第三节，考察诸子学与王官之学的联系与区别，认为前代史官遗留下来的书籍是诸子学发生的"因"，而周秦之际的政治、社会、经济、教育各方面的剧变，以及当时黑暗的政治、纷乱的社会、连绵的战争、凋敝的民生，是诸子学勃兴的"缘"。第四节，前人评述诸子各家之长短，概述了《庄子·天下》篇、《论六家要旨》、《淮南子·要略》、《汉书·艺文志》对诸子的评论。

第一章，孔子。蒋伯潜从孔子事略、孔子与教育、孔子与六经、孔子论道德修养、孔子论政治五个方面对孔子的生平、思想进行了要言不烦的概括。例如他考察孔子割不正不食，并非一定要吃方块的四喜肉，而是不忍采取残忍的手段杀生食肉。考察孔子的教育方法，认为孔子一是因材施教，二是注重弟子自己的主观能动性。考察孔子的教育要旨，认为传授知识仅仅是一方面，更重要的则是行为的训练、品性的陶冶。又如，论孔子"一以贯之"的思想，认为"一以贯之"即"一是皆以行之"，道德的修养、品性的陶冶、行为的训练，"行"都比"知"要紧。考察孔子的"正名"思想，认为"正名"就是要纠正那些名实不符的现象。论述孔子的德治思想，认为孔子强调，为政者首先要为政以德、以德服人，以德感化民众。

第二章，孟子。从孟子事略、孟子论性善、孟子论教学、孟子论道德修养、孟子论政治五个方面展开。此章亦多新见。比如，考察孟子性善说，认为告子以食色为性，并没有说错，但这是人与禽兽所同具之性。人与禽兽的分别，不在食色之性，而在孟子所谓人性中的四种善端，四种善端得到足够扩充，则可以为"人伦之至"的圣人。故"人皆可以为尧舜"是说人人心性同具可以引发扩充的善端，充其量，则可以为尧舜，那些认为"满街都是圣人"的理学家误会了孟子。又如，孟子说，浩然之气的养成，是集义所生，非义袭而取之。蒋伯潜解释说，书籍的朗读、朋友的讲习、中外古今人事的评论，大而至于国家、民族、世界，小而至于乡族、家庭以及个人的日常生活，以至身心的体验与反省，无论是知是行，是静是动，事事处处都可以集义，而且不是一朝一夕之功，更不能有一曝十寒之弊。集之既久，所集又多，自然生出这"浩然之气"来。相反，"袭而取之"，以军事为喻，意即不于平时集义，但偶然有一事合义，这不能生出浩然之气。

第三章，荀子。分荀子事略、荀子论性恶、荀子论教学、荀子论道德修养、荀子论政治五节展开。此章谈荀子的人性论，除了梳理其与孟子的根本区别外，又特别注意二者相通之处。比如，谈到荀子讲人之性生而有"好利""疾恶"及声色耳目之欲时，蒋伯潜说，孟子也不是认为人性中绝对没有，不过这些都是人与禽兽所共同具有的食色之性罢了。孟子所说"大者""贵者"之能"思"的心，以及"良知""良能"，荀子也不是认为人性中绝对没有，不过孟子以为人之所以异于禽兽者即在此，故特别重视之。故孟子所谓"性"，仅指人之异于禽兽之"性"；荀子所谓"性"，则兼包人与禽兽同具之"性"。一主"性善"，一主"性恶"，实因他们所指的"性"内涵、外延不同。本章梳理荀子论教学、论道德修养、论政治，仅择其要点而述之。

导 读

第四章，其他儒家之言。主要围绕《大学》《中庸》《孝经》展开。蒋伯潜认为，《大学》著作年代后于孟子。他认同朱熹的见解，视"明明德""亲民""止至善"为《大学》的三纲领，"格物""致知""诚意""正心""修身""齐家""治国""平天下"为《大学》的八条目。并进一步解释说，"明明德"是自明其明德。"亲民"即"新民"，是使人民去其旧染之污。"止至善"是做到理想的最高的善，即"为人君止于仁，为人臣止于敬，为人子止于孝，为人父止于慈，与国人交止于信"。八条目中"格物""致知""诚意""正心""修身"都是自身修养的工夫，"齐家""治国""平天下"方是由己及人。《大学》言"一是皆以修身为本"，不能"修身"，便是"本乱"，本乱则末不治，便不能奏治平之功。蒋伯潜又联系《孟子》《荀子》的相关言论推断，《大学》的思想综合了孟子、荀子的思想。根据前人及自己的考证，推断《中庸》为子思及子思后学所作。关于《中庸》的思想，蒋伯潜说，无过、无不及谓之"中"；道不远人，造端夫妇，谓之"庸"。做人从"孝"做起，可以施于有政；从学问思辨入手，总须见之笃行。而所以学之、行之者，其要在"诚"。蒋伯潜又说，所谓"天命之谓性"，即人性是自然所赋予。而自然所赋予的人性，又是本善的，故承之曰"率性之谓道"。由其本善之性而行，即是人人所应由之道。所谓"率性"，即是孟子就人人同具之善端扩而充之之意。但尤贵操之、养之方——这就是所谓"修"了，故又承之曰"修道之谓教"。"教",并不专指教人而言,但凡人后天的工夫,无论是教是学,都可谓之"教"。博学、审问、慎思、明辨以至笃行,都可以说是修道之教。人人同具善端,这是"诚";能体认此善端,则是"明"。故曰"自诚明,谓之性"。反之,从学问、思辨、行为上去用工夫,去体认吾性本具之善,这是"明";体认得明白,践行笃实,便能做到尽性的地步,"反身而诚"了。故曰"自明诚,谓之教"。

第五章,墨子。此章分五节展开。

第一节,蒋伯潜列举钱穆、冯友兰、江瑔等人的看法,特别是江瑔"论墨子非姓墨"的八条证据,认为"墨"非墨子之姓。除此之外,蒋伯潜还对墨子国籍、墨子的年代、《墨子》一书的篇章结构做出了梳理。

第二节,蒋伯潜从四个方面阐述了儒家和墨家的不同:其一,儒家的"天"不外天体、命运、自然、民意四重意义;而墨子所说之天,则为有意志、有感情,操祸福之权的主宰。其二,儒家丧欲其久,葬欲其厚;墨子则力主薄葬短丧。其三,儒家信"命",墨子非之。其四,儒家礼乐并重,墨子则非乐。

第三节认为"兼爱"是墨子的中心思想,其他思想往往以此为基础。蒋伯潜认为,墨子的"兼相爱"和托尔斯泰的利他主义相似,"交相利"和克鲁泡特金的互助主义相似。儒家未尝不讲"爱",但由"亲亲"而"仁民"、"老吾老以及人之老,幼吾幼以及人之幼",终是"别爱"而非"兼爱"。墨家主张"兼爱",故"爱人之父若其父,爱人之子若其子"。"兼爱"是人我平等,是普及于人人的爱,无人己之别、无爱此不爱彼之别。墨子因为主张"兼爱",所以又提出"非攻",也就是反对侵略。反对侵略,绝对不能用苟安的"妥协"、投降的"和平",当先有自卫的力量,所以墨子对于防御的兵法和器械都曾竭力去研究,并有所发明。

第四节,蒋伯潜将墨子的经济思想概括为六条原则:一是人与己之间交相利的原则;二是以资材、劳动力都用于加利于民的生产事业;三是人能各尽所能,然后社会上各种事业方能成就;四是节省时间的原则;五是增加人口的原则;六是"有余力以相劳,有余财以相分"的分配原则。蒋伯潜又比较了墨家与儒家对"利"的不同主张,认为儒家思想是非功利的,而墨子则以为"利"即是"义",除了"利",别无所谓"义",正是与儒家相反的功利主义。墨子的功利主义专着眼于现实的、具体的人类生存之最低限度的生活,所以完全是极端的、唯物的。因此,一切精神的、娱乐的,非目前所能看到的有益于生活的事,都在墨子反对之列。

第五节,蒋伯潜不同意墨学是一种宗教的看法,但认为墨学确实有着浓厚的宗教色彩。因为墨学虽然有严密的组织,又有领袖人物,还鼓吹天以及鬼神均有意志,能够赏贤罚暴,但是这些思想只是墨子宣传其学说的手段罢了。蒋伯潜着重分析了墨子的领袖"独裁政治",认为墨学理想中的领袖不但是政治的独裁者,而且是思想的独裁者。墨者的团体既如此严密,思想又如此统一,所以个人绝对没有自由,个性的发展也绝对被否认。最后,蒋伯潜引用《庄子·天下》篇对墨子的评价,认为《天下》篇是最适当的批评。

第六章,后期的墨者。本章第一节把后期墨学分为三派,又认为《墨子》中的《经上》《经下》《经说上》《经说下》《大取》《小取》六篇和其他诸篇不同,主要目的在于阐明墨学,驳斥其他学说。第二节分析《墨经》对墨子学说的阐发,认为可分为两类:一是为旧墨学辩护,二是引申旧墨学。比如,墨子主张"兼爱",当时攻击者则有"无穷兼爱""爱人当爱盗"的说法,《墨子》对此都有详细的反驳,蒋伯潜对于这些反驳都做出了细致入微的解读。第三节考察了后期墨者对"仁内义外"、儒家称述尧舜,以及对老庄的驳斥。

第六章中,第四节和第五节最为详实。第四节围绕"《墨经》中的知识论",梳理《墨经》论知识的获得,最为重要的五条即:"知,材也。""虑,求也。""知,接也。""恕,明也。""知而不以五路,说在久。"结合《经说》,蒋伯潜对以上五条进行了明了的阐释。第五节分析"《墨经》中的科学知识",主要列举阐释了《墨经》中的几何学知识。如,部分与全部的"体"与"兼",点

导　读

与面的"端"与"区",体积"厚",容积"盈",相交"樱","一中同长"之"圆","正而不可摇"的球体。经过蒋伯潜的分析,原本晦涩难懂的科学知识变得清晰明白。

第七章,老子,本章共五节。第一节,蒋伯潜结合古籍以及前人的考证,认为:老子以其年老,故曰老子,犹如现代人称人曰"老先生";其曰"老聃",犹宋元人称苏东坡曰"老坡"而已。第二节考证《老子》一书,非一人一时之作,而是收集荟萃而成,成书在战国。理由有二:一是寥寥五千言而语句多重复,不似一人所作;二是《老子》中杂有百家之言。第三节认为,《老子》避世贵己的思想前人已有之,如《论语》中记载的晨门、长沮、桀溺、荷蓧丈人等,以及孟子等人提到的杨朱。

第四节,蒋伯潜详细列举《老子》原文,考察了老子的"道""德"观念。要言之,万物之生,万物之然,有其所以生所以然之总原理,即是所谓"道","道"是天地万物所以生所以然的总原理,是宇宙的最高原理。"德"乃是各种物所得于"道",以生、以成者。

第五节,老子的人生哲学,根据其宇宙观所得之"常"而来。宇宙间的自然现象有"常",人事亦有"常"。宇宙间自然的、人事的现象,常有正反相对存在,而且反面的之并存,正足以显正面的之存在,而且相反的往往恰恰足以相成,正面的往往即是反面的。认识到这些,人们就应"知足不辱,知止不殆"。蒋伯潜又说，在政治上，老子主张，不但治国者自己不以智治国，而且认为，无论精神或物质的文明，都足以发生相反的、有害于人类的结果，故主张使民无知无欲，达成其"小国寡民"的理想社会。

第八章，庄子，本章分四节。重点在二、三、四节。第二节介绍庄子的基本观念"道""德"，认为庄子的"道""德"与《老子》同。"道"为万物所以生、所以然之总原理，故曰"无所不在"。德为各物得之以生、以然之理，故曰"自其所得"。蒋伯潜又根据《庄子》原文分析并总结说，万物既各有其得于道之自然之德，凡反乎物之天性之自然者，皆无益于其物而适以害之。故《秋水》篇主张"无以人灭天"，即勿以人为消灭其自然。举到《逍遥游》的例子时，蒋伯潜认为，"水击三千里，抟扶摇而上者九万里，去以六月息"，是鲲鹏之自然；"决起而飞，枪榆枋，时则不至，而控于地"，是蜩鸠之自然；苟适其自然，则大鹏小鸟，各适其适，小大虽殊，逍遥则一。物既有得于自然之道，以成其自然之德，便当各顺其德之性了。蒋伯潜的解释明显源于郭象。

第三节分析庄子的"齐物论"。根据《齐物论》，蒋伯潜分析认为，物所得乎"道"以成其"德"，自然本异，故其生活习惯不同，而见解亦异。人、兽、鸟、鱼，其自然之性与生活习惯不同，当各适其自然。若不执一以为是，则彼此之所是，都有其以为是的理由，尽可听其自然，不必辩论。道是无终始、无有无、无内外的，故"以道观之"，则"物无贵贱"、无大小，时亦无久暂，一切差别皆可消灭。蒋伯潜特别解析了庄子关于大小、空间、时间、生死、人我、人物方面的无差别,颇得庄子之心。

第四节,蒋伯潜认为,庄子形而上的宇宙观应用于人事,则有两大原则:其一,一切人事亦无种种差别相,故人人为绝对的平等;其二,一切人事亦须合其自然,故人人有绝对的自由。人人平等,故无所谓智愚贤不肖;人人自由,故不必有道德、政治予以束缚。

第九章,其他道家言。此章要言不烦地介绍了列子、关尹子、文子、田骈、慎到五位人物及其基本思想。

第一节,主要介绍列子其人及《列子》其书的基本情况。蒋伯潜特别引述了马夷初《列子伪书考》断定《列子》为魏晋人伪造的十五条理由。在此基础上,蒋伯潜又加按语说,今存《列子》经后人伪窜者甚多,如言魏牟、孔穿及邹衍吹律事,皆在列子之后;《杨朱》篇为魏晋间颓废思想之结晶;书中皆称"子列子",亦非先秦古籍中所有。刘向定为八篇的《列子》是从断简残篇中整理出来的。今存八篇,又经魏晋间人的窜改附益,非刘向校本的真面目。所以不能根据今存的《列子》去纂述列御寇的学说。基于这一判断,蒋伯潜未对列子的基本思想做梳理。

在第二节中,蒋伯潜认为,今存《关尹子》的本子靠不住,作书的人也不可靠。关尹学说的大旨如《庄子·天下》篇所引:"在己无居,形物自著。其动若水,其静若镜,其应若响。芴乎若亡，寂乎若清。同焉者和，得焉者失。未尝先人，而常随人。"第三节介绍了关于《文子》作者及一书的争议。第四节根据《庄子》《荀子》《吕氏春秋》等的记载，介绍彭蒙、田骈、慎到的生平及其基本思想，认为他们近于老庄。

第十章，法家，分四节。在第一节中，蒋伯潜认为，法家在诸子中为后起的学派，但法家思想的产生则在春秋之世已见端倪，只不过战国中世以后为法家思想成熟时期。第二节，蒋伯潜把慎到、申不害、商鞅、韩非列为法家的代表人物。认为，慎到的思想介乎道、法二家之间，韩非则为法家之集大成者。本节重点介绍慎到、申不害、商鞅、韩非的生平及其著作概况。第三节分析了法家的派别，认为前期的法家可分为三派：重"势"的慎到，重"术"的申不害，重"法"的商鞅；而后期法家韩非集此三派之大成。

第四节为本章重点，介绍法家学说的要点。蒋伯潜认为，法家要旨不外乎"循名责实，信赏必罚"八字。按实定名，循名督实，使名实相当，就是所谓"正名"，也就是所谓"综核名实"。人主授臣以位，必按其位之名，以责其功之实；人臣陈言于人主，主以其言授之事，即就其事以责其功：都是"循名责实"，使实副其名。如此，则臣自努力以求副其名，君主只需执名以责诸臣之实，这就是所谓"君操其名，臣效其形"，也就是"审合形名"。所以正名实际上是人主驾驭臣下的方法。"循名责实"，故实副其名者赏，实不副其名者罚。"赏"与"罚"为人主之二柄。赏求其信，罚求其必。信赏必罚，始能循名责实。总之，君人南面之"术"，在乎运用赏罚，以正名实。正名实、严赏罚，是法家致治之术。蒋伯潜认为，韩非此种理论，与孔子为政必先"正名"的主张，以及荀子的"性恶""正名"思想有一定联系。他又考察了法家与道家的关系，认为道家的"无为"是君人南面之术，君主须无为，臣下仍须有为。法家的主张类似：君主操赏罚二柄以驾驭臣下，驱使臣下，故能无为而使臣下有为，故能"无为而无不为"。本节还分析了法家的特别之处，比如，与其他诸子托古改制不同，法家变法，直以"反古"为立论的根据。又如，对于当时那种不负实际责任、不做实际工作而好发议论的知识分子集体，荀子已欲"临之以势，道之以道，申之以命，章之以论，禁之以刑"，韩非则主张禁止私学游说，且提出"若有欲学法令，以吏为师"，认为这是法家特别的政策。

第十一章，所谓"名家"，本章四节都很详实。

第一节，后期儒家的名学。蒋伯潜说，孔子的"正名"仅有伦理的意味，尚无逻辑的意味。孟子虽称好辩，于名学亦并无发挥。后期儒家的名学，当以荀子的《正名》篇为代表。荀子所谓制名以指实，重在别同异，明贵贱是其次。蒋伯潜对荀子的名辨思想，以及荀子对其他谬说的反驳进行了详细梳解。

第二节，后期墨家的名学。蒋伯潜说，《墨子·经（上下）》

《经说（上下）》《大取》《小取》六篇中，关于"名学"者甚多，《小取》篇尤为详明。他以《小取》为例，撮述其要云：明是非、审治乱、明同异、察名实、处利害、决嫌疑，六者为"辩"之用。六者之中，当以"察名实""明同异"为本，更进而"决嫌疑""明是非"，然后可用以"处利害""审治乱"。接着，蒋伯潜对《小取》篇中"或也者，不尽也""假也者，今不然也""效者，为之法也""辟也者，举也物而以明之也""侔也者，比辞而俱行也""援也者，曰子然，我奚独不可以然也""推也者，以其所不取之同于其所取者予之也。是犹谓也者同也，吾岂谓也者异也"七种辩说方式进行了细致入微的疏解，使原本晦涩难懂的原文变得明白晓畅。

第三节根据《庄子》及《吕氏春秋》高诱注，考察了惠施的基本生平，又分惠施"历物之言"共十条，关于空间者五条，关于时间者三条，关于同异者二条，并逐条进行详细疏解。

第四节围绕"白马论""指物论""变通论""坚白论""名实论"梳理公孙龙的学说。比如，蒋伯潜疏解"白马非马"云："马"的一部分为"白马"。故"马"与"白马"二名，其外延、内包（即内涵）皆不相同。故"白马非马"，不能说他不合逻辑。按之实际，则"马"可以包"白马"，"白马"毕究是"马"的一部分，不能说它不是马。

第十二章，分四节介绍"百家之学"。第一节，阴阳家邹衍。

导 读

蒋伯潜考证，邹衍与梁惠王、燕昭王、平原君同时，而略后于孟子。其书由小而及大，由近而及远。纵的方面，由当时上溯黄帝，推之天地初分，以著其"五德终始"之说。横的方面，由中国推之海外人所不能睹，以著其"大九州"之说。前者为历史观，后者为地理观。"五德"即金木水火土五行，木克土、金克木、火克金、水克火、土又克水，依次递嬗。"五行"为五种自然的势力，而各有其盛衰之运；当其盛时，天道人事一切受其支配；及运既衰，乃由能克胜之者代之而兴。蒋伯潜评述说，阴阳家"大九州"说较"五行"说合理。

第二节，简要介绍战国时"合纵""连横"的背景。认为苏秦、张仪是政客而不是学者，故纵横实不足以成一家之言，纵横家在学术史上的地位，反不如在文学史上的地位重要。根据《史记》的记载，蒋伯潜对苏秦、张仪的事迹进行了概括，认为苏张对于合纵连横，均无定见，不过借以取富贵利禄而已。

第三节，根据《太平御览》《初学记》《齐民要术》诸书所引农家语判断，农家多树艺之术，是技而非学。又根据《孟子》的记载，整理农家代表人物许行"君民并耕"的主张。因为主张"并耕"，故须废除"治人"与"治于人"的阶级，颇与现代的"泛劳动主义"相似。许行又主张以量为标准，划一市价。蒋伯潜发挥钱玄同的看法，认为，许行主张废除"治人"与"治于人"的阶级，使君民并耕，此与道家废绝人治的主张近似。

第四节认为，杂家《吕氏春秋》"兼儒墨，合名法"，其长在博，其短在杂，此书大抵以儒家为主，而参以道家、墨家。第五节考察了宋子的不同名字，又据先秦两汉典籍的记载，概述宋子的要旨为：一是近于墨家者，即"见侮不辱，救民之斗"，以"禁攻寝兵救世之战"；二是近于道家的主张，即"情欲寡浅"之说。

《诸子学纂要》的最后一部分为结论，分析诸子学的衰落及其因缘。蒋伯潜说，本书纂述诸子之学以春秋末至战国末之诸子为主，因为这是诸子学的全盛时期。秦代统一以后，至于西汉，诸子学逐渐衰落了，蒋伯潜分析了诸子学衰落的两大证据。

至于诸子学衰落的原因，一般人多归结于秦始皇焚书、汉武帝罢黜百家，蒋伯潜对此进行了检讨。他说，李斯主张焚书，旨在绝"以古非今"者的根据，焚书只是手段，不是目的。同时，明令焚烧的只是民间之书，博士官所职掌的百家典籍仍旧保存。诸子的思想，汉初诸帝又加以提倡了。比如，文帝、窦后及曹参则好黄老，景帝好刑名，武帝好儒学，上有好者，下必有甚。所以秦始皇焚书，不能说是诸子学衰落的原因。至于罢黜百家，蒋伯潜认为，不过是绝其仕进之路，使不得与儒家相竞，而不是根绝其学，而且汉武帝并未下诏禁绝诸子之学。所以武帝虽尊儒术，也不能说是诸子学衰落的原因。

既然如此，诸子学衰落的真正原因何在？蒋伯潜认为，还是在于政治、社会、经济、教育四方面划时代的剧变。他说，汉景帝以后，实际上已是完全的郡县制了，起于春秋时的剧变至此已停止。而且疆域统一，文帝之治又庶几成康，诸国分立、战祸连年、政治黑暗、民生凋敝的环境也至此一变，这些才是诸子学衰落的"缘"。

蒋伯潜又说，诸子学衰落的内在原因有二：一是关于学术风尚的，一是关于诸子学本身的。关于汉代的学风，蒋伯潜概括为四个方面：一曰经学兴，而训诂多于作述；二曰文学兴，而单篇多于专著；三曰模仿起，而创作之道衰；四曰作伪之风开，而著述之德替。学风既变，而诸子学衰。关于诸子学本身的缺陷，蒋伯潜概括为三：一为墨家极端自苦的缺陷，违反一般人的心理，难以感召后人。二为道家消极怀疑的缺陷：如打击名学，不利于科学的发展；主张"无名之朴""绝圣弃知""使民无知"；否认是非同异等一切差别，否认辩论的需要，以为知识的探求不必要，也不可能。三为儒、法狭义的功利缺陷。

蒋伯潜总结诸子学本身的蜕变，认为战国时道家的学说已蜕变为法家慎到言"势"、申不害言"术"两派，儒家荀子的学说也蜕变为法家的韩非，于是儒道二家与法家合流，而由韩非集其大成。到了汉代，法家的"严刑峻法，惨刻寡恩"又蜕变成酷吏。墨家在战国后期已蜕变为"侠"，而游侠之风大盛于西汉之初。农家则失其"并耕"之要旨，而蜕变为农艺、种树之书。小说家亦失其"非攻寝兵"之要旨，而蜕变为记录故事、神怪之书。杂家，原由荟萃各家之学蜕变而成，后又变为杂文类书了。纵横家已蜕变为辞赋家。阴阳家已蜕变为方士，经帝皇提倡，方士之说乃风行一时。儒家蜕变为经学、谶纬。经生们株守师法、家法，努力章句训诂，专以客观的"道问学"为主，置主观的"尊德性"不谈了，且经生受阴阳方士的影响，经学遂染上方士的色彩。而道家则进一步蜕变为神仙、道教。以上都是诸子学衰落的表征。

纵观《诸子学纂要》全书，有以下几个突出特点：第一，提炼概述各家各派的代表人物、著作情况、主要思想，有条有理、主次分明、重点突出，为读者了解和研究先秦诸子提供了非常便捷的途径。第二，忠实原著，迎难而上，吸纳前人研究成果，对先秦诸子的学说，特别是难以理解的地方做出了合情合理、简明易懂的阐释。第三，注重从共时性与历史性双重角度阐释先秦诸子之间的联系与区别、继承与发展。第四，颇多洞见。比如，对墨家和名家各种知识论的解读，对诸子学衰落原因的探析等等，都多发新见。总之，《诸子学纂要》作为一部概论性质的著作，为读者了解先秦诸子的基本情况提供了极大方便，直到今天还有很多启发意义。

《诸子学纂要》的版本较为简单，1947年4月由正中书局初版，此后正中书局分别于1957年、1959年、1966年多次再版。2010年，收入林庆彰先生主编的"民国时期哲学思想丛书"，由

导 读

文听阁图书有限公司影印出版。2016年《诸子学纂要》被编入"近代诸子学文献丛刊",由四川大学出版社据正中书局初版影印出版。2017年,首都经济贸易大学出版社出版整理本《诸子学纂要》。我们本次整理,依据正中书局初版为底本,并参以其他版本。整理工作主要包括以下内容:一是变繁体竖排本为简体横排本。二是校正底本错讹,包括文字错讹、引文出处错讹等。校正错讹时,在脚注中出校记加以说明。三是按照今天的标点符号用法,对底本标点进行酌情修正。四是底本中有些段落过长,不便阅读,本次对其重新分段。五是撰写导言,对全书整体情况进行概述。需要说明的是,为了尽量保持民国学术论著的原貌,本次整理只校是非,不校异同。由于蒋伯潜在引述古籍、时人著作时均未注明版本情况,加之有些引文及标点可能代表了蒋伯潜个人的理解,因此,《诸子学纂要》中的引文与通行本存在个别文字及标点差异的情况,若引文文意顺畅,一般不改动原文、不出校记,确有错讹或令人怀疑的地方,则出校记加以说明。当时行政区划名称均保持本书的原貌,不做改动。由于水平有限,整理工作方面难免疏漏,请读者不吝批评指正。

强中华

绪论一。

何为"诸子学"

我国学术史上底黄金时代,是在周秦之际;因为东周后半期,春秋末年和战国,诸子百家风起云涌,立说授徒,各成派别。当时的学风,诚如《庄子·天下》篇所说,"天下多得一察焉以自好","天下之人各为其所欲焉以自为方";而其议论,又如《荀子·非十二子》篇所说,各能"持之有故,言之成理"的。夏曾佑曾言:"中国自古及今,至美之文章,至精之政论,至深之哲理,并在其中。百世之后,研穷终不能尽。"我们虽未能研穷其底蕴,但也不能不明了其大概。本书所述,就是这诸子之学底大概而已。

西汉末,刘歆继其父向,领校秘府之书,总群书而奏《七略》。《七略》是一篇分类的总书目,它把各种书籍分做六大类(《辑略》是总论,故仅六类)。其中叙录诸子百家的一类,叫做《诸子略》。今《七略》本书已亡。班固底《汉书·艺文志》是以

《七略》为蓝本的。所录之书，亡失的固多，存在的也还不少。这些书，大都称为"某子"，如《老子》《庄子》《孟子》《荀子》《墨子》之类。此后，王俭底《七志》中有《诸子志》，《隋书·经籍志》中有"子部"。这一类书，遂在"经""史"之外，特别成一部门。因为它们大都叫做"某子"，而且不止一人，不止一派，所以有"诸子"之名。这名称，可以说是出于《汉书·艺文志》上的。

那么，这些书为什么叫做"某子"呢？严可均《书管子后》曾说："先秦诸子，皆门弟子、或宾客、或子孙撰定，不必手著。"孙星衍《晏子春秋·序》也说："凡称子书，多非自著。"按：诸子之书，如《孟子》，是门弟子记录孟子底言论，其体裁系仿《论语》，在诸子中为特例（《孟子》一书，《汉志》列入《诸子略》儒家）。其他诸子，类皆为一篇篇的议论文，不是语录式的。但都是后人撰辑成书，然后题"某子"之名的。

更进一层，我们还要追问：后学撰辑其先师或前辈底著作，为什么大都称"某子"呢？这和当时通行的称谓有关。汪中《述学·释夫子》说：

> 古者孤卿大夫皆称子。子者，五等之爵也……《春秋传》："列国之卿，当小国之君。"小国之君，则子、男也。子、男同等（五等之爵，公一位，侯一位，伯一位，子、男同一位，

见《孟子》),而不可以并称,故著子去男,从其尊者。王朝,则刘子、单子是也;列国,则高子、国子是也……称子而不成词,则曰"夫子"。夫者,人所指名也……以夫配子,所谓取足成词尔。凡为大夫,自嫡以下,皆称之曰"夫子"。孟献子,穆伯之孙;穆伯之二子亲为其诸父,而曰"夫子"。崔成、崔强称其父,亦曰"夫子"。故知为大夫者,例称"夫子",不以亲别也。孔子为鲁司寇,其门人称之曰"子",曰"夫子"。后人沿袭,以为师长之通称,而莫有原其始者。

按:《论语》是孔子底弟子记录的,称孔子但曰"子",惟对人则曰"夫子",曰"孔子"(此例,《论语》前十篇分别得很明白,后十篇常自乱其例)。《左传·昭公七年》说:"孟僖子召其大夫曰:'我若获没,必属(同嘱)说与何忌于夫子。'"这"夫子"是指孔子说的。《疏》曰:"身为大夫,乃称夫子。此时仲尼未仕,不得称为夫子。以未仕之时,为仕后之语,是丘明意尊之而失实。"可见孔子底门弟子所以称他为"子",为"夫子",是因为他曾仕鲁为司寇了。孔子开私人聚徒讲学之风,所以称师为"子",是从孔子起的。诸子之中,如管子、晏子为齐桓公、景公之相,故后人述其学说,皆题曰"子"。孟子曾为卿于齐,墨子曾为宋大夫,故弟子辑其遗书,亦题曰"子"。其后遂成通例。这一类书所以特名为"子",便是因此。

《汉志》根据《七略》，把书籍分做六类：一、六艺；二、诸子；三、诗赋；四、兵书；五、术数；六、方技。诸子和诗赋底不同，可以一望而知。诸子和兵书、术数、方技底不同，因为前者是关于哲理或政治的理论，可以说是"道"；后三者是关于军事或各种技术的策略或理法，可以说是"术"：也还易于区别。六艺就是后来四部中的"经"。"经"和"子"底不同，究竟怎么样呢？《孟子》是仿《论语》的，何以《汉志》把《论语》列入《六艺略》，《孟子》列入《诸子略》呢？六艺就是六经。六经中没有《乐经》，所以只有《诗》《书》《礼》《易》《春秋》五部正式的经。如《春秋》类底《公羊传》《穀梁传》《左传》，严格言之，是"传"非"经"；如《礼》类底《礼记》，《乐》类底《乐记》，是"记"非"经"。《论语》也只是附于"经"的，本身也不是正式的"经"。五经，《诗》是最早的诗集，《书》是古代底史料，《礼》是古代冠、婚、丧、祭、朝、聘、乡、射八种礼仪底记录，《易》是专论六十四卦的，《春秋》是极简单的编年史。五经中之《春秋》，自经孔子修改之后，乃有所谓"微言大义"存乎其中。但其内容，仍是春秋时代底事实。孔子曾说："我欲托之空言，不如见之行事之深切著明也。"（见《汉志》引）借往事以寓大义微言，便是孔子作《春秋》底宗旨。此外，如《诗》辑诗歌，《书》辑史料，《礼》记礼仪，《易》论卦爻，各有其内容，而诸经所含的哲理，各寓于其中。至于诸子，则各就所见，奋笔抒写，把作者底主张直接发挥出来。这就是"经"和"子"底不同。《孟子》一书，就其体裁论，和《论语》一样，和其他诸子不同。《论语》既可附于"经"，则《孟子》自然也可作为"经"底附属。但其直接发挥己见，则又和五经不同，而类似诸子，故也可以列入诸子。《论语》所以入《六艺略》，而不入《诸子略》，一方面固然因为独尊孔子之故；一方面也因为它所记录的孔子底话，差不多都是片言单语，而且有许多是记孔子底事实和生活状态的，不但和其他诸子完全不同，即较之《孟子》，也有区别之故。

评述诸子派别的文章，以《庄子·天下》篇为最早。它首论"邹鲁之士"，这是指孔子、孟子的。此后，平列六派：一是墨翟、禽滑釐；二是宋钘、尹文；三是彭蒙、田骈、慎到；四是关尹、老聃；五是庄周；六是惠施。墨翟、禽滑釐是墨家。宋钘，即《孟子》底宋牼，《庄子》或作宋钘，或作宋荣子。《汉志·诸子略》小说家有《宋子》，自注说："孙卿道宋子，其言黄老意。"而《天下》篇说他主张非攻寝兵，《孟子》记其闻秦楚构兵，将往说秦楚之王而罢之，则又近于墨家了。《尹文子》，《汉志》列于名家。刘歆以为"其学本于黄老"（洪迈《容斋续笔》引《七略》）。据《庄子》，则亦近于墨家。彭蒙，未详。《汉志》道家有《田子》，法家有《慎子》。而司马迁及杨倞（见《荀子·解蔽》篇注）又都说"慎到学黄老之术"。据《庄子》，则皆近于道家。《关尹子》《老子》《庄子》，《汉志》都列入道家。惠施，《汉志》列入名家。所以《天下》篇所评述的，如以后来家数底名称分别，不外儒、道、墨、法、名五家，不过没有把它们底家名标举出来。

其次，《荀子》有《非十二子》篇。它所评述的，凡六组：一，它嚣、魏牟；二，陈仲、史鰌；三，墨翟、宋钘；四，田骈、慎到；五，惠施、邓析；六，子思、孟轲。它嚣，未详。魏牟即魏公子牟，见《汉书·古今人表》，《汉志》列其书于道家。陈仲即《孟子》底陈仲子，史鰌即《论语》底史鱼。陈仲底苦行，史鰌底尸谏，颇有墨家底精神，而陈仲之上不臣于天子，下不友于诸侯（见《战国策·赵策》，作於陵仲子），则又似道家。邓析，《汉志》入名家。子思，即孔子之孙孔伋，与孟子同为儒家（《韩诗外传》录此篇，无子思、孟轲）。故《荀子》所非，也不外儒、道、墨、法、名五家，也没有标举各家底名称。

司马迁《太史公自序》（《太史公》为《史记》底原名）中，曾引他父亲司马谈《论六家要旨》的一段话。六家：一阴阳，二儒，三墨，四法，五名，六道德。于《庄子》《荀子》所论五家之外，增一阴阳家，而且这六派各予以一名称。大概家数底分别，是汉人底说法，各家底名称，也是西汉时才有的（《孟子》虽有"墨者夷之"底记载，但不云墨家）。司马迁《报任安书》自言"文史星历，近于卜祝之间"。他又曾为武帝定"太初历"，可见星历是他们父子底专长。《汉志》阴阳家第一部书是《宋司星子韦》，自注谓"景公之史"。他们父子世为太史令，所以和阴阳家

绪论一 何为"诸子学"

底关系是很密切的。增入阴阳一家，或即因此。

班固根据刘歆《七略》而作的《汉志》，又于六家之外，增入纵横、杂、农、小说四家，共有十家。他叙此十家，都说"某家者流"。"流"，就是"派"。他又以小说家为"小道"，故曰："诸子十家，其可观者九家而已。"所以又有"九流"之称。十家各有可以代表的人物或书籍。如儒家可以孔子、孟子、荀子为代表，道家可以老子、庄子为代表，法家可以商鞅、韩非为代表，名家可以惠施、公孙龙为代表，墨家可以墨子为代表，纵横家可以苏秦、张仪为代表，杂家可以《吕氏春秋》《淮南子》为代表（二书本集门客所作而成，非吕不韦、刘安自著）。此外，阴阳、农、小说三家，书都亡佚；较特出的，如阴阳家之邹衍，农家之许行，小说家之宋钘，不但无著作流传下来，事实言论也仅散见于他书。且阴阳为春秋以前之旧学，而且是"术"非"道"；纵横，不过是当时政客们底二种策略，不足与于学术之林；杂家之书，杂录诸家之言，并没有中心思想，而且专门方能名家，"杂家"之名，根本不能成立。所以十家之中，司马谈所增的阴阳一家，刘歆所增的纵横、杂、农、小说四家，都不能和儒、道、墨、法、名五家平列的。

更就儒、道、墨、法、名五家言之。法家，可以说是儒道二家合流的变相。韩非、李斯都是法家，都是儒家荀子底弟子。荀子主张以礼矫正人之恶性。其弟子乃更进一步而用法。礼和法，

7

同是维持社会秩序的,不过一治未然之先,一禁已然之后而已。由崇礼而至用法,可以说是很自然的趋势。法家所谓"术",就是《汉志》评道家所谓"君人南面之术"。道家能秉要执本,故能执此术以驭臣民。法家一方面用法,一方面也用术。故法家之学,一方面又出于道家。《史记》把道家底老、庄和法家底申、韩合做一传,而且说"申、韩皆原于道德之意",就是因此。今存《韩非子》中,尚有《解老》《喻老》之篇,可见他底有得于《老子》了。至于"名学",本是各学派都要用到的辩论术。故儒家,则孔子主正名,孟子称好辩,《荀子》中且特列《正名》一篇;《墨子》中有"三表"之法,《大取》《小取》二篇更专论名学;道家老子谨主无名,而《庄子》底《齐物论》乃以大辩说明辩之无用。惠施、公孙龙等所以独称名家者,因其专以辩论著名而已。所以这五家中,能卓然自立的,只有儒、道、墨三家。虽然孔子问礼于老子,且有"老子其犹龙乎"之叹(见《史记·孔子世家》及《老庄申韩列传》)。墨子,鲁人(据孙诒让考定),曾受儒者之术,学孔子之业(见《淮南子·要略》),但其学说根本不同,自不能与法家和儒家底关系同日而语。故诸子十家之中,儒、道、墨三家是第一等,法、名二家是第二等,其余五家是第三等。所以本书中儒家所占篇幅最多,道、墨二家次之,法、名二家又次之,其余五家最少。

绪论二

诸子何以勃兴于周秦之际

诸子之学，勃兴于春秋末、战国初，至西汉中世，乃渐衰歇。为什么那时候有这种诸子勃兴的现象呢？胡适《中国哲学史大纲》曾说，老子、孔子以前的时代（胡氏谓之"《诗》人时代"，因为他是以《诗经》证明那时代底情形的），政治黑暗，战争连年，社会纷乱，贫富不均，民生困苦，"有了这种形势，自然会生出种种思想的反动"。但是这种形势，在我国历史上是数见不鲜的。何以别个时代不曾发生周秦之际那般蓬勃的学术？所以诸子之学独勃兴于周秦之际，必有其特殊的时代背景。冯友兰《中国哲学史》所说，已胜于胡氏底普泛了。兹更就冯氏之说，参以己见，说明诸子学底时代背景，藉以见其所以勃兴于此时之故。

从春秋末年到战国末年，是我国历史上一个划时代的剧变时期。政治、社会、经济、教育各方面，都有剧烈的变动。这种变动，一直经过秦代到西汉初世方才静止。这种剧变，三国南北朝、五代十国时，都不曾再现。兹分述其概况如左①：

（一）政治方面

秦以前，是封建制度时代；秦以后，是郡县制度时代。这是稍具历史常识者所共知的事实。我国上古唐虞以前，国家尚未形成，君权尚未确立，各部落各有他们底酋长。后来各部落底酋长中，有势力较强大、才智较特出的，渐渐成为许多酋长底领导者。相传黄帝和蚩尤底涿鹿之战，推想起来，就是争夺领导权的战争。由部落酋长制度逐渐演进，乃有所谓封建制度。各部落成了许多诸侯国，各酋长成了许多诸侯，酋长们底领导者成了诸侯底共主，就是所谓"天子"了。《孟子·万章》篇说舜、禹、启之所以得为天子，由于诸侯朝觐者不之尧舜之子与益，而之舜、禹、启。这就是说，那时做诸侯领导者的天子，须得诸侯底拥戴。孟子此言，或由于推想而得，但这种推想，按之那时代底情势，是合于事实的。又如虞之后为陈，夏之后为杞，商之后为宋，直到春秋之世，国尚存在。禹以禅让得天下，虞之后裔得为诸侯，犹合情理；商周以征诛得天下，而夏商之后裔仍不失为诸侯者，不是夏商之亡，仅仅失去他们领导者底地位，而不失去他们诸侯底地位吗？所以三代时的易姓改代，不过把领导诸侯的共主换了一家而已。春秋时齐、晋、秦、楚底争霸，争为盟主，是在争实际的领导权，而

---

① 如左，即"如下"，底本繁体竖排，故称。下文不再说明。

绪论二　诸子何以勃兴于周秦之际

东周仍拥天子之虚名，做那时名义上的共主。因为这些"以力假仁"的霸主，其目的只在争领导者底地位，而不在奄有中国，故有"兴灭国、继绝世"，保存弱小诸国底举动。封建制度，得以维持现状。

但《左传》已有"汉阳诸姬，楚实尽之"底话，则春秋之初，楚国已开兼并弱小诸国之风了。此种风气，愈演愈烈，降至战国，除东周及宋、卫等小国外，已仅存七雄。可见夷封建为郡县，并不始于秦始皇；春秋初世，封建制度已开始崩溃；七雄之所以成为大国，或由兼并，或由篡夺，或由瓜分，都是摧毁旧有的诸侯国的。及秦始皇统一六国，封建残余，乃一扫而尽。秦亡时，六国之后，纷纷复国。那时，名义上的共主是楚义帝，事实上的领导者是项羽，春秋时的老戏，几乎重演。刘邦称帝，裂土以封异姓之功臣、同姓之子弟，他是在模仿商汤周武。不知汤武因前代之旧制，是自然的；刘邦时，则封建制度已曾消灭于秦，不啻重起炉灶，复燃死灰了。何况他底分封功臣，原是不得已而为之的呢？故异姓侯王，不久仍被他消灭。及景帝平七国后，同姓侯王亦徒拥虚名，所谓封建郡县混合的"郡国制"，事实上已成为完全的郡县制了。赵翼《廿二史札记》论封建改为郡县，以为是由于"天意"。实则所谓"天意"，就是非人力所能挽回的自然趋势。从唐、虞、三代以来，由上古部落酋长蜕化而成的，沿袭已二千余年的封建制度，由崩溃而消灭，不能不说是政治方面的剧烈变动吧！

（二）社会方面

唐尧、虞舜传贤不传子，夏禹传子不传贤，故一般人以为君位世袭之制起于夏。但古来传说，天皇、地皇、人皇等治世各一万数千年，显然是子孙承袭的年数；神农底八世孙榆罔，和黄帝战于阪泉，尤为君位世袭之证。尧舜所禅让的，也只是酋长诸侯领导者底地位，故丹朱仍封于丹，商均仍封于商。天子诸侯是世袭的，卿大夫也是世袭的。因此，那时的政治，是贵族底政治。不但汤武皆以诸侯为天子，就是发于畎亩之中，自耕稼陶渔以至为帝的舜，其先人也是贵族，本人且为帝尧之婿。三代时以平民致身卿相的也极少。故武丁相傅说，文王聘太公，都须托之梦见。因为那时贵贱底阶级分得很严，平民是不能参与政治的。《尚书·尧典》说："克明俊德，以亲九族；九族既睦，平章百姓；百姓昭明，协和万邦，黎民于变时雍。"九族、百姓、黎民，显然分作三等。《左传·昭公七年》说："人有十等……故王臣公，公臣大夫，大夫臣士，士臣皂，皂臣舆，舆臣隶，隶臣僚，僚臣仆，仆臣台，马有圉，牛有牧，以待百事。"这虽然是指职位而言的，而且阶级未必分得那么细，但是皂、隶、舆、台之子孙，决不能为王公士大夫。《礼记》说，"礼不下庶人，刑不上大夫"，也可以见贵贱阶级显然的区别。降至春秋之世，一方面则贵族陵夷，故《诗·邶风》有为黎侯而赋的《式微》，《左传·昭公三年》也有

"栾、郤、胥、原、狐、续、庆、伯降为皂隶"底话；一方面则平民骤贵，如饭牛的庶人宁戚仕于齐，饲①牛的亡国大夫百里奚显于秦。战国时，如范雎、苏秦、孙膑、白起等以布衣致将相者尤多。及刘邦，乃以匹夫一跃而为天子，开古来未有之创局，而其功臣也大多为亡命无赖之徒。于是随封建制度而存在的贵族阶级，也随封建制度而崩溃，古代底社会组织，乃根本动摇。这也是一种剧烈的变动。

（三）经济方面

我国上古，由渔猎进为畜牧，更进为耕稼，大概禹平水土、弃教稼穑以后，已成为一纯粹的农业社会了。当时的商业，还只在"以其所有，易其所无"，"日中为市"底状态中。虽然为实物交换底媒介的货币，发明得颇早，虽然唐虞时已有"懋迁有无"的商人行为，但尚于农隙时为之，是副业，不是正业。商业底发达，大概在春秋之世。发达最早的是郑国，因为它适处东西南北交通底冲要。《左传·昭公十六年②》，记晋韩宣子有玉环，其一在郑商人之手，宣子向郑君要商人底玉环。子产拒绝他，说郑自先君桓公与商人世有盟誓，"毋强贾，毋匄夺"，故不肯背盟以夺商人之环。这种盟约，想是因提倡商业而订的，也是郑国商业发达最早的原因之一。而且从此可以反映出那时他国贵族对于商人

---

① 饲　底本作"食"，据文意酌改。
② 十六年　底本作"七年"，据《春秋左传注》（P.138）改。

常有强买匄①夺的事情。弦高以一牛贩,居然能却秦救国,郑国可谓已食优待商人之报。春秋末,端木子贡以货殖亿则屡中,竟结驷连骑,与诸侯抗礼。吕不韦以大贾居奇,竟致身卿相,掌秦国底大权。可见那时商人底地位已是增高,商业之发达,也可想而知了。《汉书·货殖传》说:"士庶人莫不离制而弃本,稼穑之民少,商旅之民多,谷不足而货有余。"是西汉之世,商业几已驾农业而上之。经商较务农易于致富,所以战国时"商人致富者累巨万"(见《汉书·食货志》)。《诗经》所咏,已有穿着葛屦履霜的没落的公子,穿着熊罴之裘的舟人之子。可见贵族式微,庶人暴富底现象,早已有之。

到了西汉,乃有"富者土木被锦绣,犬马余粱肉",和"其为编户齐民,同列而以财力相君,虽为仆虏,犹无愠色"底畸形的现象。秦始皇以专制枭雄,而为巴寡妇清特筑怀清台,也不过因她拥有巨资而已。所以贵族阶级崩溃消灭以后,代之而兴者,是富人阶级。《左传·昭公七年》芈尹无宇说:"封略之内,何非君土?食土之毛,何非君臣?"这几句话,在封建时代,不但有政治的意义,而且有经济的意义。因为受封的诸侯或卿大夫,不但为其封域内政治的君主,且兼为其地主。庶人不能私有土地,只为其政治的经济的主人作农奴,平时竭力耕种,战时拼命斗争而

---

① 匄 底本作"丐",据《春秋左传注》(P.1380)改。

已。王船山曾说："有世禄者有世田，即其所世营之业也……世居其土，世勤其畴，世修其陂池，世治其助耕之氓。"所谓助耕之氓，就是充农奴的庶人。此种政治的、经济的制度，随封建而崩溃，而消灭，于是庶人之富者，乃得出其资财，购买土地，代贵族为地主。所以商业底发达，商人底致富、富人底拥有特殊势力，成为地主，都是经济方面底剧烈变动。

（四）教育方面

我国古代既为贵族政治，庶人既不能参政，自然无求知识底必要，而且没有受教育的权利。受教育，只是贵族子弟底特权，所以那时的知识分子也只限于贵族。贵族底子弟，因世官之故，皆置身于政治舞台，不但因轻视庶人，不屑施以教育，且亦无暇及此。所以即使庶人中有志求些学识的，也因无人施教，没有受教育的机会。而且那时纸笔墨都未发明，以刀刻漆书代笔墨，以竹简木牍代纸，不但成书难，得书亦难，藏书亦难。庶人无由得书，且亦自以为无此需要，故书籍惟官府中有之。韩宣子为晋国之卿，聘鲁时观书于太史，然后得见《易象》与《鲁春秋》；季札为吴国公子，聘鲁时观乐于太师，然后得闻《诗》之风雅（均见《左传》）；贵族如此，庶人可知。孔子是好学之士，费尽了九牛二虎之力，方得远适东周，向柱下史老子设法观守藏室之书（见《史记》）；好学者如此，平人可知。书籍既藏于官府，知识分子既尽为贵族做官的，庶人如要得些儿知识，只好"以吏为师"。所以"学古入官""宦御事师"等话，确是那时代底事实。《说文解字》说："仕，学也。"训"仕"为"学"，便是因此。孔氏在宋为贵族，在鲁为平民。孔子生而好学，幸得遍览东周之书，于是学问大进。他又抱着"有教无类"底宗旨，"自行束脩以上，未尝无诲"，大收弟子，且因不得实行其道，终身尽瘁于教育事业，弟子既多，历时又久，教育乃得普及。他底弟子，有以货殖致富的端木子贡，有陋巷箪瓢的颜渊，捉襟见肘、纳履踵决的原思，有贵族子弟的孟武伯、孟懿子，有野人驵盗出身的仲子路、颛孙子张、颜涿聚，所以东郭子惠有"夫子之门何其杂也"之叹。孔子开私人讲学之风，为我国第一个教育家。古代为贵族专有的教育，也从他始普及于大众。这是教育方面底剧烈变动。

上述四方面的剧变，是周秦之际底特殊情形，为后来三国、南北朝、五代十国时所无。加以政治黑暗，战争连年，社会纷乱，贫富不均，民生困苦，而且适值各国分立，思想言论绝对自由。于是才智之士，志在救世救民，主张改革制度，而其所见又各不同，乃立说著书，互相辩难，聚徒讲学，各树风格了。师弟传受，或一脉相承，或枝派旁衍、门户各别，或入主出奴，或旗鼓相当，遂成十家九流蜂起一时的景象，在学术史上，放一异彩。

绪论三 ○

诸子与王官之关系

宋儒论学，认为孔孟远承尧、舜、禹、汤、文、武底心传，成所谓"道统"。汉人称道家之学曰"黄老"，以为老子远绍黄帝；《淮南子》说墨子"背周道而用夏正"，似乎渊源夏禹；农家者流，为神农之言，似乎渊源神农。按《韩非子·显学》篇说："孔墨俱道尧舜，而取舍各不同，尧舜不复生，将谁使定儒墨之诚乎？"孔子道尧舜，取其禅让合乎自己"天下为公"底理想；墨子道尧舜，取其茅茨土阶合乎自己节用底主张：都以自己底主观为尺度，去衡量古人，加以取舍的。他们为什么要招出古人来呢？《淮南子·修务》篇说："世俗之人，多贵古而贱今，故学者言治，必托之于黄帝、神农而后能入说。"他们立说著书，旨在改革制度；他们托之古人，意在便于入说；前者是目的，后者不过是手段。这就是所谓"托古改制"。并非诸子之学都从黄帝、神农、尧、舜、禹等古人传下来的。

《汉书·艺文志》叙诸子之学底渊源，以为皆出于王官。它说"儒家者流，盖出于司徒之官"；"道家者流，盖出于史官"；"阴阳家者流，盖出于羲和之官"；"法家者流，盖出于理官"；"名家者流，盖出于礼官"；"墨家者流，盖出于清庙之守"；"纵横家者流，盖出于行人之官"；"杂家者流，盖出于议官"；"农家者流，盖出于农稷之官"；"小说家者流，盖出于稗官"。《汉志》根据《七略》。刘、班虽分别说明某家出于某官，但加一"盖"字。盖者，疑而未定之辞。曰"盖出"，已自言其为揣测之辞，非肯定之说了。而章炳麟《诸子学略说》，笃信《汉志》，以为不可移易；胡适《诸子不出于王官论》又完全驳斥《汉志》，以为一无是处。柳诒徵论《近人讲诸子学者之失》，则又中章斥胡。这二派各趋极端，莫衷一是。平心论之，以王官为诸子之学底滥觞，不能说它毫无理由；但《汉志》于诸子十家，必各指一官以实之，则牵强附会之病，势所难免。我们论学，不应该武断，也不应该盲从；不应该先入为主，也不应该故意立异。

《汉志》说某家出于某官，以墨家一条为最详。它说："墨家者流，盖出于清庙之守。茅屋采椽，是以贵俭；养三老五更，是以兼爱；选士大射，是以尚贤；宗祀严父，是以右鬼；顺四时而行，是以非命；以孝视（同示）天下，是以尚同。"按"茅屋采椽"和贵俭，还可以说是相近的。"养三老五更"，虽然可以与墨子底"爱人之父若其父"曲解牵合；但墨子旨在兼天下之人而爱之,终和养老之旨根本不同。"选士大射",更非清庙之守所职掌了。祀父虽也是相信有鬼;但墨子明鬼底宗旨,在说明鬼神之能祸福人,和以追远为旨的祭祀亡父亦不相涉。至于"顺四时而行",正是相信有命论者底作品,适与非命相反了。墨子底尚同,不但须上同于天子,而且须上同于天,上同于兼爱的天志,与"以孝示天下"有什么关系?故《汉志》此条,可以说是一无可据的。

章氏说:"墨家先有史佚,为成王师;其后墨翟亦受学于史角。"按《汉志》列《史佚》于墨家。墨子学于史角,见《吕氏春秋·当染》篇。《吕氏春秋》谓鲁侯请郊庙之礼于天子,桓王使史角往,其后在于鲁,墨子学焉。柳氏亦据以证墨家之出于清庙之守。如因墨子学于史角之后,而史角又懂得郊庙之礼,遂谓墨家出于清庙之守,证据已嫌薄弱。而且史佚、史角,明明都是史官;那么,何不径说墨家出于史官呢?老子为东周柱下史,孔子尝问礼于老子,何不说儒家出于史官呢?《淮南子》尝说墨子受儒者之术,学孔子之术,何不说墨家出于儒家呢?孔子曾为司寇,何不更进一层,说墨家出于司寇之官呢?诸子十家,原为刘歆所分,分得是否妥当,且不管他,但总是他研究后归纳而得的分类,不是先有此家数,然后各家有著名的学者的。怎么一官一派,源流如此分明呢?《汉志》于各家必指实一官,以为其所自出。说到小说家,便漫言出于"稗官"。颜师古注:"稗官,小官。"可见古无此官。他以小说家为小道，所以随便说它出于小官。这真是不能自圆其说，致有此"遁辞"了。其余各条，虽都近似，终觉勉强符合，似是而非。迹其病根，总在穿凿。

胡氏《诸子不出于王官论》说："古代之王官，定无学术可言。"又说："诸子自老聃、孔丘至于韩非，皆忧世之乱，而思有以拯救之，故其学皆应时而兴，与王官无涉。"又说："刘歆以前之论周末诸子学派者，如《庄子·天下》篇、《荀子·非十二子》、司马谈《论六家要旨》、《淮南子·要略》，皆无出于王官之说。"按：《荀子·非十二子》旨在抨击十二子，司马谈旨在论六家优劣，不在探讨十二子、六家底渊源，故没有诸子出于王官之说；但反过来说，也没有说诸子不出于王官。《天下》篇开首便说："古之所谓道术者，果恶乎在？曰无乎不在。"又说，"百官以此相齿"。明明说古之道术虽无乎不在，也有在百官的了。下文分论各派，都说，"古之道术有在于是者"，某某闻其风而说之。明明说诸子闻风兴起。总论中又以"搢绅先生"与"邹鲁之士"并提。"邹鲁之士"指孔孟，"搢绅先生"即指百官。则诸子学底滥觞，即是百官以此相齿之古之道术，说得非常明白。《淮南子·要略》论儒者之学，则曰"修成康之道，论周公之训"；述管子之书，则曰"广文武之业"。是以周代之贤明的君相为诸子滥觞所自了。这并非如柏拉图底理想，说凡是君相，个个都是哲学家。这是说古代贤明的君相底政策制度，即是学说之见于实施者，遗之

绪论 二 诸子与王官之关系

后世，即为学术底资料，予学者以研讨底对象。上节已说过，古代书籍都在官府，教育并未普及（胡氏说："古代书册司于官府，故教育之权柄于王官，非仕无所受业，非吏无所得师，此或实有事，亦未可知。"是胡氏对此，已不否认），除贵族子弟外，不易得到丰富的学术资料。贵族子弟中，又有几个能承受整理，能发挥光大？我们固然不能武断地说，古代绝对不会有在野的平民的学者；但是在竹简木牍、漆书刀刻，而且私人讲学之风未开之世，要立说著书，流传民间，遗存后世，又谈何容易？所以诸子之学底滥觞，只有存于王官的书籍学术。

胡氏《中国哲学史大纲》有言："大凡一种学说，决不是劈空从天上掉下来的。"如王官绝无学术，孔老以前绝无学术，则诸子之学前无所承，恰是劈空从天上掉下来的了。胡氏又说："若谓九流皆出于王官，则成周小吏之圣知，定远过于孔丘、墨翟。"这是胡氏底误会。我们说诸子之学滥觞于王官，是因王官保存着许多学术底资料，不是说成周王官之小吏个个都是学者，九流底开祖都是王官小吏底徒子徒孙。譬如水，王官只是山中储积的水量，初为涓涓之流，出山以后，方为溪涧，为江河，为海洋，成为巨澜，而有十家九流之蔚然大观。决不能说王官之学可以包括后来的诸子之学，而且必定胜过他们。即如《汉志》所举各官，司徒所掌有历代底教育制度，羲和之官所掌有历代相传的历法，清庙之守所掌有祀典等，理官、礼官所掌有法典礼制等，这便是所谓"百官以此相齿"，便是学者研究的资料。诸子都旨在改制以救世，则于古代、现代制度政策底利弊，当然须彻底明了，方能揆之当时底实情，定出扶弊救偏的政策来。如完全向壁虚造，毫无凭藉参考的资料，而奋其臆说，又怎能"持之有故，言之成理"呢？《汉志》牵强附会，病在穿凿；胡氏一笔抹杀，却又病在武断了。

诸子之学滥觞于王官，王官之中，尤以史官为古代学术之府。《庄子·天下》篇又说："其明而在数度者，旧法世传之史，尚多有之。"这是承上文，说古之道术，其明在数度者，史官世世相传，尚多保存至今。所谓"明在数度"，即指道术之已形成典章制度者而言，是史料，亦是学术底资料。"史"字篆文作𠭁，《说文解字》以"从又持中"释之。下半个𠂇，即右字，代表右手；上半个史，却并非"中"字，只是一枝笔。"聿"字也是右手执笔，不过史字底笔尖向上，聿字底笔尖向下而已。右手持笔，可以代表书写底动作；引申之，或为能书写的人，或为司书写的官。李耳为周柱下史。"柱下史"是在朝廷上位居柱下，职司记录的官，正和现在会议席上司记录的人员一样。《礼记·玉藻》说："右史记言，左史记事。"《汉志》说："左史记言，右史记事。"左右、言事，适得其反。而且言和事分别记录，左史、右史底职务分得那么仔细，似乎也和情理不合。但朝廷重大的政令、文告、议论，由位居柱下之史官记录，则是合于情理的。司记录的史官，保存所记录的文书，又是当然的事。西汉时，朝廷郡国底重要文件，

绪论二　诸子与王官之关系

还由太史令保存，见于《太史公自序》。则史官除司记录外，一方面还有保存重要档案的职责。这些档案，保存遗留下来，便成了史料，成了官书。如《尚书》《礼经》，其性质与此最近。《春秋》则为史官所录的大事记。《诗》由輶轩使者采集，交太师合乐的，既经政府收集整理，则亦成为官书底一种。《易》之卦爻辞，不作于文王，即成于周公，是周代钦定御纂之书。所以五经都由史官保存，以垂永久。这样一来，史官又等于现在的图书馆馆长了。所以老子是柱下史，又称之为"守藏室史"，或"征藏史"。《庄子·天运》篇记孔子欲适周观书，子路言周守藏室史聃可与谋，是其明证。《左传》言晋韩宣子聘鲁，观书于鲁太史，始见《易象》与《鲁春秋》，也是一个证据。

古代"政""教"不分，教育之"教"和宗教之"教"也不分。我国本无所谓宗教，而崇拜祖先神祇之风则很盛。《左传》有"国之大事在祀与戎"底话。故明堂大祭为政教之要事（详见阮元《明堂论》），郊社禘尝为政教之根本。（《论语》："或问禘之说。子曰：'知其说者之于天下也，其如示诸斯乎！'指其掌。"《礼记·中庸》："郊社之礼，所以祀上帝也；宗庙之礼，所以祀乎其先也。明乎郊社之礼，禘尝之义，治国其如示诸掌乎。"）古书中巫史祝史连称者，屡见不鲜；司马迁亦言文史星历在卜祝之间；《左传》载晋史苏、史墨都善于占卜；又言史华为卫侯掌祭，史嚚为虢公享神。可见史官底职务，还有掌鬼神祭祀一项。《周官》虽是战国时学者之书（见《经学纂要》），其曰"太史掌祭祀，小史辨昭穆"，也必有所根据。征之他国古代，如埃及之祭司、印度之婆罗门、欧洲十五世纪以前之教会，都掌宗教、政治、学术之权。我国古代底史官，大约也有和他们相类的地位。

我国史官之设置，似乎很早。《世本》言黄帝时史皇作图，仓颉、沮诵造字，虽未必可信。而夏末有太史修古，商末有内史尹挚，保存典籍于亡国之际，见于《吕氏春秋·先识》，则可信为事实。降至周，则史佚为四辅之一，史克作《鲁颂》，内史敬服和内史过善相人，内史苌弘深明乐理，左史倚相能读《三坟》《五典》《八索》《九丘》，余如晋之董狐，齐之太史、南史，均以直笔著名，更是人才辈出了。古代史官和其他的王官一样，是世袭的。晋之籍谈，其先世为周史，世守典籍，子孙遂为籍氏。直到西汉，世官之制已不存正，而司马氏父子尚相承为太史令。是史官世袭之制，至西汉尚存了。

史官掌记录，掌保存典籍，握政教之枢纽，设置既早，人才特多，而且世袭之制行之最久，其为古代学术之府，是自然的结果。故龚自珍《古史钩沉论·二》说："周之世官史为大。史之外，无有语言焉；史之外，无有文字焉；史之外，无有人伦、品目焉。"又说："六经[①]者，周史之大宗也。""诸子者，周史之支

[①] 底本为"六经"，据《清儒学案·龚先生自珍·古史钩沉论·二》（P.6150）此处为"五经"。

孽小宗也。"按："六经皆史"之说，明末李贽之《焚书》中已言之。章学诚及章炳麟更张其说。然以六经皆为史官所掌，视为官书，则可；以六经为古代之史料，则可；径以六经为古史，则不可。说六经是史官所保存的重要典籍，古之道术有在于是者，则可（《天下》篇述道术未分裂时，亦说到六经）；说十家九流，都从六经出来，则又不可。总之，王官是诸子之学底滥觞，史官尤为王官典籍学术底渊薮，龚氏之说，并非夸大之辞。诸子十家，也不仅道家因其开祖老子曾身为史官，墨家因其开祖墨子曾学于史角之后，为与史官有关。

无论什么事物，其发生和发展，必有"因"和"缘"。"因"，是发生这事物的本身底种子；"缘"，是发生或发展这事物底环境。例如植物，埋种在地下的种籽是发生这株植物的"因"；土壤、水分、肥料、阳光……都是使这株植物发芽成长的"缘"。前一章所述，周秦之际的政治、社会、经济、教育各方面的剧变，以及当时黑暗的政治、纷乱的社会、连绵的战争、凋敝的民生，都只是诸子学勃兴的"缘"。我国自古至周，逐渐发达的文化，以及由史官保存遗留下来的书籍，方是诸子学发生的"因"。我们固然不能断言老孔以前，已有成系统的学术思想，已有专门名家的学者，但决不能一笔抹杀，说老孔以前，没有学术思想，没有书籍，没有文化。倘使真的一无所有，则泥土中并无种籽，虽有良好的充分的土壤、水分、肥料、阳光……如何能发芽、抽茎，长出一株植物来，而且使它开绚烂的花，结繁硕之果呢？有了种籽，有了适宜于种籽发生发展的环境，还得有下种耘植的农夫或园丁。使诸子学勃兴的农夫或园丁，便是孔子。所以孔子在我国学术史上，是有他继往开来的地位的。秦汉以来，又已二千余年，文化、学术蕴积更丰，又有由国外输入的文化、学术增加了不少生活力。而清末至今底剧变，更甚于周秦之际。孙中山先生也把承先启后底任务完成了，如果我们不甘自暴弃，则今后学术思想之勃兴，自当更盛于周秦诸子！

绪论四

前人评各家长短

一 儒家

《说文解字》说："儒，柔也，术士之称。"是儒字有二种意义：其一，即有道术之士。《汉书·司马相如传》颜师古注说："凡有道术者皆为儒。"就用《说文解字》底后一义。可见"儒"即今语所谓"学者"，是极普泛的一种名称。《论语》孔子对子夏说："汝为君子儒，毋为小人儒。"可见那时只称有知识材艺者为"儒"，其中有君子，也有小人。"儒家"之名，似以见于司马谈《论六家要旨》中者为最早。汉代人称孔子之徒及其后学为儒家，则孔子自为儒家之开祖。《周官·太宰》："儒，以道得民。"注说："儒，有六艺以教人者。"又《大司徒》注说："师儒，乡里教人以道艺者。"则"儒"不但须有知识材艺，而且须以知识材艺教人；即不但须为学者，而且须为教育家。孔子开私人讲学之风，其弟子如子夏亦曾设教于西河，故称之为"儒家"。杨雄《法言》所说"通天地人曰儒"，还是"有道术"底意思；至如王充《论衡》所说"能说一经者为儒"，则是指经生而言，是汉朝人底说法了。

《庄子·天下》篇评述诸子，把儒家列入总论中。它说："古之人其备乎……其明而在数度者，旧法世传之史，尚多有之。其在《诗》《书》《礼》《乐》者，邹鲁之士、搢绅先生，多能明之。""搢绅"，插笏于绅。"搢绅先生"，指官。学术在官，故搢绅先生多能明之。孔子，鲁人，孟子，邹人。"邹鲁之士"，指孔子、孟子及其后学。孔子以《诗》《书》《礼》《乐》教人，孟子承其余风，故邹鲁之士亦多能明之。此下说："《诗》以道志，《书》以道事，《礼》以道行，《乐》以道和，《易》以道阴阳，《春秋》以道名分。"六经为王官职掌之旧典，儒家教人之要籍，故于此述及之。下文又说："其数散于天下，而设于中国者，百家之学时或称而道之。""后世之学者，不幸不见天地之纯、古人之大体，道术将为天下裂。"散于天下设于中国之"数"，即上文世传之史的旧法，也即是"明而在数度者"，指典章制度而言，能把典章制度、《诗》、《书》、《礼》、《乐》，作有系统的彻底的研究，方可以"见天地之纯，古人之大体"；即对于宇宙论和历代学术思想，能融会贯通，有正确的见解；也即《法言》所谓"通天地人"。其不能淹通，而"各得一察"，各尊所闻，各树一帜者，便分为许多家，故

绪论（四） 前人评各家长短

曰"道术将为天下裂"。道术既裂，乃有墨翟、禽滑釐、宋钘、尹文、彭蒙、田骈、慎到、关尹、老聃、庄周、惠施等各派底杰出人才。所以庄子认为儒家是承王官之学，开诸子之先的。

《淮南子·要略》本是一篇自序，末段曾说到诸子之学之兴起。它述儒家说："孔子修成康之道，述周公之训，以教七十子，使服其衣冠，修其篇籍，故儒者之学生焉。""衣冠"，指儒衣儒冠，所谓"章甫之冠，缝掖之衣"。"篇籍"，指六经。孔子以六经教人，和别家巨子只以他们一家之言教人者不同。这是孔子底特点，也就是《庄子·天下》篇把儒家列入总论，以"邹鲁之士"与"搢绅先生"并列，不与其他诸子作平行的评述底原因。这一段，只说儒者之学所由生，没有批评儒家长短。

司马谈乃评论六家底长短。其论儒家，一则曰："儒家博而寡要，劳而少功，是以其事难尽从。然其序君臣父子之礼，列夫妇长幼之别，不可失也。"二则曰："夫儒者以六艺（汉代称六经为'六艺'）为法，六艺经传以万数，累世不能通其学，当年（丁年也，即壮年）不能究其礼，故曰博而寡要，劳而少功。若夫列君臣父子之礼，序夫妇长幼之别，虽百家不能易也。"后一段话，是解释前一段的。这二段，都先说儒家之长，后说儒家之短。但他所评论的儒家短处，是西汉传经之儒、章句训诂之儒底短处，不是孔孟底短处。儒家固然重"礼"，孔孟固然都主明人伦，但这不过是施政设教的方略之一，不能包括儒家底学说，而且不是孔孟

29

学说底中心。汉儒传经,其渊源都出于荀子(见汪中《述学·荀子通论》)。荀子对于教育、政治,特别推崇"礼"。以此为儒家之长,或者也是汉代学者们底见解。

《汉志》说:"儒家者流,盖出于司徒之官,助人君明阴阳教化者也。"司徒掌教育("舜使契为司徒,敬敷五教",见《尚书·尧典》)。儒家以教人得名,故以为出于司徒之官。这一句述儒家底来源。古代政教不分,君师亦不分,故"作之君,作之师"常连着说。及孔子开私人讲学之风,君师始分职,政教始异途。故说儒者助人君明教化,是不错的。但又加入"阴阳"二字,则孔子未尝以《易》理教人,子贡且说天道不可得而闻,何以说"明阴阳"呢?这大概是西汉末,儒家与方士混合之后底说法。又说:"游文于六艺之中,留意于仁义之际,祖述尧舜,宪章文武(用《中庸》语),宗师仲尼,以重其言,于道最为高。孔子曰:'如有所誉,其有所试。'(见《论语》)唐虞之隆,殷周之盛,仲尼之业已试之效者也。"此段论儒家之长。"祖述尧舜,宪章文武",《中庸》是说孔子的。其目的乃在"以重其言"。此即《淮南子》"托之黄帝神农而后能入说"之意。但又加"宗师仲尼"一句于其中,则似所说为孔子以后的儒家,而非孔子了。而且说孔子之道,即取唐虞殷周已试行见效的政策,则可;说唐虞之隆,殷周之盛,即仲尼之业已试之效者,则先后未免倒置。《汉志》又说:"然惑者既失精微,而辟(同僻)者又随时抑扬,违离道本,苟以哗众取宠。后进从之,是以五经乖失,儒学寖衰,此辟儒之患。"此段所论,是儒家末流之弊,有"惑者"和"辟者"二种。"惑者",指秦延君等章句鄙儒,但知碎义逃难,失其微言大义;"辟者",指公孙弘等曲学阿世的利禄之徒,其影响更甚于"惑者",故又重言以明之曰"此辟儒之患"。它所说的,只是汉儒之短,只能说是儒家底流弊,不能说是儒家之学本身底短处。

两汉以后,儒家思想笼罩我国,已数千年。尊孔尊经,更是历代帝王一贯的政策。所以孔子已被崇为超人的至圣,任何人不敢冒"非圣无法"底大不韪去下批评了。民国以来,尤其是民八①"五四"以来,学者一反从前的态度,以攻击孔子为能,如吴虞,便以"专打孔家店"自命。于是凡孔子之说,尚合于现代潮流的,则以为自道家剽窃而来;其针对当时事实而发之言,则斥为拥护封建,拥护专制。甚且摘他书中寓言为实事,大肆嘲讪(如取《庄子·盗跖》篇、《墨子·非儒》、《公孟》诸篇所说孔子故事)。而为孔子辩护者,则亦以谩骂出之。双方徒为意气之争,都没有搔着痒处。我以为要评论孔孟,评论儒家,至少得就孔孟之书、儒家之学,下一番研究工夫,懂得大概,又须屏除意气与成见,知其时代与背景,平心静气地分别他们底学说,把真正的长短找出来。否则,无论其为推崇,为攻讦,都一无是处!

① 民八,即民国八年。

二　道家

《国语·吴语》韦昭注："道，术也。""道"和"术"，本皆指道路而言。故《说文解字》说："一达谓之道。""术，邑中道也。"道术为人所共由之路，故示以此名。《天下》篇论诸子，以为皆原于古之道术，则所谓道家，殆犹"儒"之以术士得名。但司马谈论六家，本名之曰"道德"；《汉志》始名之曰"道家"。《老子》书"言道德之意"，又有《道德经》之名，以"道德"名家，似乎因此。"道"者，天地自然之道。"德"者，有得于道之谓。是"道"为自然法则。吾人观察自然法则，有得于心，以为人事底准则，乃谓之"道德"。道家崇法自然，故名之曰"道德家"，而又简称为"道家"耳。

《天下》篇所评述，如老聃、关尹、庄周，皆道家；如田骈、慎到，则在道家、法家之间；且各就其人立论，似非总论道家者。司马谈在六家中独推崇道家，故仅述其所长，而不议其所短。他说："道家使人精神专一，动合无形，赡足万物。其为术也，因阴阳之大顺，采儒墨之善，撮名法之要；与时迁移，应物变化，立俗施事，无所不宜；指约而易操，事少而功多。儒者则不然，以为'人主，天下之仪表也；主倡而臣和，主先而臣随'。如此，则主劳而臣逸。至于大道之要，去健羡，绌聪明，释此而任术。夫神太用,则竭;形太劳,则敝;形神骚动,欲与天地长久,非所闻也。"下文又加以申说:"道家无为,又曰无不为;其实易行,其辞难知。其实以虚无为本,以因循为用,无成势,无常形,故能究万物之情;不为物先,不为物后,故能为万物主;有法无法,因时为业,有度无度,因物与合。故曰:圣人不朽,时变是守。虚者,事之常也;因者,君之纲也。群臣并至,使各自明也。其实中其声者,谓之端;实不中其声者,谓之窾。窾言不听,奸乃不生,贤不肖自分,黑白乃形,在所欲用耳,何事不成?乃合大道,混混冥冥;光耀天下,复反无名。凡人所生者神也,所托者形也。神太用则竭,形太劳则敝,形神离则死。死者不可复生,离者不可复反,故圣人重之。由是观之,神者,生之本也;形者,生之具也。不先定其神,而曰我有以治天下,何哉?"他颇能把道家要旨叙说出来。《太史公自序》称其"习道论于黄子"。黄子即《儒林传》之黄生,好黄老之术。谈盖深有得于道家之学者。汉初君相,如文帝、曹参,均以道家之学为治。文帝底窦后亦好黄老,景帝时为太后。推崇道家,也是那时的风尚。

《汉志》说:"道家者流,盖出于史官。历记成败存亡祸福古今之道,然后知秉要执本,清虚以自守,卑弱以自持,此君人南面之术也。合于尧之克攘(《尚书·尧典》称尧'允恭克让'。攘、让,古通),《易》之嗛嗛(嗛、谦,古通。《谦卦》:'谦谦君子,卑以自牧'),一谦而四益(《谦卦·彖辞》:'天道亏盈而益谦,地道变盈而流谦,鬼神害盈而福谦,人道恶盈而好谦'),此其所长也。及放者为之,则欲绝去礼学,兼弃仁义,曰'独任清虚,可以为治'。"这一段话,前半论道家之长,后半论道家之短。他以道家底"秉要执本,清虚以自守,卑弱以自持"为"君人南面之术"。司马谈也以"去健羡,绌聪明,释此而任术"为"人道之要"。所任之"术",亦即"君人南面之术"。其术维何?即司马谈所说"以虚无为本,以因循为用"。因为"虚"是道之常,"因"是君之纲,所秉之"要",所执之"本",即在乎此。"无成势,无常形",是谓"虚无",虚则明,则"能究万物之情",故又谓之"清虚"。"不为物先,不为物后""因时为业""因物与合",是谓"因循",故"能为万物主"。能知"清虚"之本、"因循"之要,而秉之、执之,则群臣并至而各自明,贤不肖自分,黑白自形,可以"无为"而"无不为"。任此"君人南面之术",则主逸而臣劳,适与儒家相反。为人君者,不必自命为"精明强干",故"绌聪明"而"去健羡"。此即老子所谓"知其雄,守其雌""知其白,守其黑",也就是《汉志》所谓"卑弱以自持"。这真是道家之长。道家认为"独任清虚,可以为治",正是因此。其短在于"绝去礼学,兼弃仁义"。按:道家既以清虚为本,因循为用,纯任自然,故以仁义及礼为自命为圣人者所造作,不合于自然之道,而绝之弃之。《汉志》独尊儒家,故以儒家之道为尺度去衡量道家,以为是它之短了。我以为执政者一味以"精明强干"自诩,竭力提倡"精明强干",提倡"有为",其流弊必致以扰民者为能员;何况所谓礼与仁义等美名,徒为"实不中其声"的"窾言"者所假借以为文饰呢?故道家之"去健羡""绌聪明"不能说它毫无理由。至于弃绝仁义,亦是有所激而发,不过近于因噎废食而已。

三 墨家

墨翟为墨家底开祖,"墨家"似即因墨子得名。但因墨子首创此学派,谓之"墨学"则可,谓之"墨家",谓之"墨者",则儒家可称"孔家""孔者",道家可称"李家""李者"或"庄家""庄者"了!《天下》篇论墨翟、禽滑釐"以绳墨自矫"。他们"以自苦为极",有恪守绳墨的精神,因此,名其学曰"墨学",称其人为"墨者",故有"墨家"之称。否则,其余九家底名称,都是有所取义的,都不用它们开祖底姓,何以墨家独异呢(详见下文)?墨家名翟,说他不是中国人,疑心他是印度黑人,则又是望文生训,信口开河了。

司马谈论墨家说:"墨者俭而难遵,是以其事不可遍循。然其强本节用,不可废也。"又说:"墨者亦尚尧舜道,言其德行,曰:堂高三尺,土阶三等,茅茨不翦,采椽不刮,食土簋,啜土刑,粝粱之食,藜藿之羹,夏日葛衣,冬日鹿裘;其送死,桐棺三寸,举音不尽其哀,敬丧礼,必以此为万民之率。使天下法若此,则尊卑无别也。夫世异时移,事业不必同,故曰俭而难遵。要曰强本节用,则人给家足之道也。此墨子之所长,虽百家不能废也。"他以为墨家之短,在"俭而难遵";其长,在"强本节用"。墨子有《节用》《节葬》诸篇,确是主张"俭"的。但"俭"并不是墨子学说底中心。且正因主"节用",故尚"俭"。则墨家之短,即是墨家之长了。墨子底中心观念是"兼爱",根本主张是"实用",而其精神则在"以自苦为极"(详见下文)。而且"自苦"不但须尚俭,并且须尚勤。所谓"腓无胈①,胫无毛"……便非"俭"字所能包括。反过来说,其节用、节葬也不仅是因为尚俭,因为丧葬之费,墨子都认为是不切实用的,都应该节省。《非乐》篇不但反对音乐,并及于一切美术,亦是如此。司马谈只提出尚俭一点来批评,可谓没有得到要领。"其事不可遍循",确是墨学之短,但其所以不可遍循之故,不仅在尚俭,尤在其教丧礼使尊卑无别。《天下》篇认为如此自苦,非一般人所能堪,其见解实在司马谈之上。墨家衰歇甚早。《史记》对于墨子,仅在《孟子荀卿传》末,附记寥寥数语。似乎司马氏父子都不曾注意这位别创一派的学者。

《汉志》评墨家之言,前已引之。现在再把全文重录于此:"墨家者流,盖出于清庙之守:茅屋采椽,是以'贵俭';养三老五更,是以'兼爱';选士大射,是以'上贤';宗祀严父,是

---

① 胈 底本作"跋",据《庄子今注今译》(P.916)改。

以'右鬼';顺四时而行,是以'非命';以孝视天下,是以'上同':此其所长也。及蔽者为之,见俭之利,因以非礼;推兼爱之意,而不知别亲疏。"前半论墨家之长,列举兼爱、上贤、右鬼、非命、上同各项,不仅贵俭一端,似较司马谈所论为广,但亦未能絜领提纲。至其牵强附合,则上文已详辨之。后半论墨家之短。所谓"非礼",当指反对儒家之礼而言。墨子反对儒家之礼,是因为"其礼烦扰而不悦,厚葬糜财而病民,久服丧生而害事",并非单因贵俭。"兼爱",本主张兼而爱之,不生差别,所以和儒家底"推爱"不同。这正是墨家和儒家根本不同之点,并不是"推"兼爱之意,而始如此。且"非礼"和"不别亲疏"之意,见于《墨子》中者甚多,又何待"蔽者为之"而始如此?故以"非礼"和"不别亲疏"为墨子之短,尚可自圆其说;以此二者为"及蔽者为之"底流弊,则又说错了!

四 法家

法家任法以为治,故名。《韩非子·定法》篇说,商鞅用"法",申不害用"术",则"法"之外,又有所谓"术"了。以"道德"为例,似可称之为"法术家"。商鞅底"信赏必罚",就是"法"底精神。至于"术",则原出于道家"君人南面之术"。法家操术以驭臣民,其旨亦在主逸而臣劳;法行,则亦可以简驭繁，不至如儒家之治之主劳而臣逸。《史记·老庄申韩传》说申韩"皆原于道德之意"，即是指此。司马谈说："法家严而少恩，然其正君臣上下之分，不可改矣。"又说："法家不别亲疏，不殊贵贱，一断于法，则亲亲尊尊之恩绝矣；可以行一时之计，而不可长用也，故曰严而少恩。若尊主卑臣，明分职不得相逾越，虽百家不能改也。"法家之法，如果能"不别亲疏，不殊贵贱，一断于法"，则西洋"法治"底精神，早已在我国养成了。可惜他们底法，只是给臣民守的，君主是不在"法"底范围之内的。所以司马谈所批评的法家之短，正是法家所缺少的彻底的精神。"分职不得相逾越"，固然是必要的政治底秩序，但是一味尊主卑臣，也有极大的流弊。

《汉志》说："法家者流，盖出于理官。信赏必罚，以辅礼制。《易》曰'先王以明罚饬法'，此其所长也。及刻者为之，则无教化，去仁爱，专任刑法，而欲以致治，至于残害至亲，伤恩薄厚。""信赏必罚"，确是法家最要的精神。贾谊说："夫礼者，禁于未然之前，而法者，禁于已然之后。"（见《汉书》本传）礼与法，可以说是维持国家社会底秩序的两翼，故曰"以辅礼制"。专任刑法以致治，是法家本来的主张，并非"刻者为之"底流弊。至于"残害至亲，伤恩薄厚"（"薄厚"，即于其所应厚者薄之意，此周寿昌说），则《汉志》因其有背于儒家"亲亲"之义而云然，仍是以儒家思想为尺度去衡量法家。

五　名家

"名"，本指事物底名。故《管子·心术》说："名者，圣人之所以纪万物也。"其广义，乃并及于抽象的名词，形容的静词，更推而及于言辞。所以我国古代底"名学"，和印度底"因明"，西洋底"逻辑"，同为辩论术。诸子立说，各有其"能破"与"能立"之需要，故名学实为各家共同需要的工具。而惠施、公孙龙等，专以能辩著称，因称之曰"名家"。

司马谈说："名家使人检（原文作"俭"，误）而善失真。然其正名实，不可不察也。"又说："名家苛察缴绕，使人不得反其意，专决于名而失人情，故曰使人检而善失真。若夫控名责实，参伍不失，此不可不察也。""控名责实"，即是"正名"，为名家之所长。"苛察"，则是故为不必要的分辨；"缴绕"，则是纠缠不已，就成为"诡辩"了。《汉志》说："名家者流，盖出于礼官。古者名位不同，礼亦异数。孔子曰：'必也正名乎？名不正，则言不顺；言不顺，则事不成。'（见《论语》）此其所长也。及警者为之，则苟钩鈲析而已。""名位不同，礼亦异数"之名，谓之"爵名"。此外，尚有"刑名""物名"……所以"礼"，不能包"名"。《汉志》以为名家出于礼官，故其说如此。"警"与"缴"，古通。"鈲"音必，破也；"鈲析"，犹云"分析"；"钩乱"，谓纠缠纷乱。

"苟钩釽析乱",言徒为苛察缴绕。是《汉志》亦以"正名"为名家之长,诡辩为名家之短,与司马谈同。

六 阴阳家

此实春秋以前我国之旧说。司马谈说:"尝窃观阴阳之术大祥(《汉书》作"大详",大即太),而众忌讳,使人拘而多所畏,然其序四时之大顺,不可失也。"《汉志》说:"阴阳家者流,盖出于羲①和之官。敬顺昊天,历象日月星辰,敬授民时,此其所长也。及拘者为之,则牵于禁忌,泥于小数,舍人事而任鬼神。"尧命羲仲、羲叔、和仲、和叔宅四方,实地测量,以定历法,事见《尚书·尧典》。定历为阴阳家之长,迷信鬼神礼祥而多所拘畏,是阴阳家之短。司马谈与《汉志》所论亦同。

七 纵横家

战国时七雄并峙,而秦最强,故一变春秋楚最强大时南北争衡之局,为东西相抗之局。那时的政客,或主六国南北联合以抗秦,谓之"合纵";或主解散六国之纵约,使之分别与秦联合,

---

① 羲 底本作"羲",据《汉书》(P.1734)改。

谓之"连横"。这些政客们或纵或横的捭阖政策,称之为纵横家言。

《汉志》说:"纵横家者流,盖出于行人之官。孔子曰:'诵《诗》三百,使于四方,不能专对,虽多,亦奚以为?'又曰:'使乎,使乎!'(均见《论语》,后一条系赞蘧伯玉之使,不指国际外交底使节)言其当权事制宜,受命而不受辞,此其所长也。及邪人为之,则上诈谖而弃其信。"权事制宜,受命不受辞,固为外交上底必要;尚诈不尚信,固为外交上底坏风气,但这是就一般外交说的。战国时的纵横家,如苏秦、张仪之类,本是尚诈不尚信的。

八 杂家

不主一家,杂采各家之说的,叫做"杂家"。《汉志》说:"杂家者流,盖出于议官,兼儒墨,合名法。知国体之有此,见王治之无不贯,此其所长也。及荡者为之,则漫羡而无所归心。"杂家本无中心思想,不能专门名家,则其"漫羡而无所归心",诚是势所必至。质言之,可谓一无所长。

九 农家

《汉志》说:"农家者流,盖出于农稷之官。播百谷,劝耕桑,以足衣食。故八政，一曰食，二曰货（按：见《尚书·洪范》）。孔子曰，'所重民食'（见《论语》），此其所长也。及鄙者为之，以为无所事圣王，欲使君臣并耕，悖上下之序。""君臣并耕"是农家许行底主张，见于《孟子》。在农家中，实仅此派有学理的主张。《汉志》以此为农家之短，而其所长乃在树艺，则是技艺而非学术了。

十　小说家

《汉志①》说："小说家者流，盖出于稗官，街谈巷议道听途说者之所造也。孔子曰：'虽小道，必有可观者焉，致远恐泥。'（按：《论语》作子夏之言）是以君子弗为也，然亦弗灭也。闾里小知者之所及，亦使缀而不忘；如或一言可采，此亦刍荛狂夫之议也。"《汉志》以小说家为"小道"，故未评论它本身底长短。所谓"必有可观"，及"致远恐泥"，只是说明"弗灭"与"弗为"底理由而已。

前人底批评，大致如此。各家底长短毕竟如何，我们得先明了各派巨子学说底概要方能去下判断。

---

① 志　底本作"家"，据文意改。

第一章

孔子

一 孔子事略

孟子说："诵其诗，读其书，不知其人，可乎？"我们读诸子之书，纂诸子之学，也当先知其人。孔子是周秦诸子底开祖，在我国学术史上，是一位空前的学者。故记录其生平者亦最多。兹撮述其事略如左。

孔子，名丘，字仲尼，春秋末年，鲁国陬邑昌平乡人（今山东省曲阜县）。生于周灵王二十年（即公元前五五二年，此《公羊传》《穀梁传》说；《史记》及杜预《左传注》以为生于二十一年），卒于周敬王四十一年（即公元前四七九年）。他底祖先弗父何，是宋湣公之子，让国于厉公，故子孙别为孔氏。孔父嘉为宋权臣华督所杀（见《左传》），其子木金父奔鲁（见《左传》杜预注,《孔子家语》说防叔始奔鲁,误)。故孔氏在宋为贵族,在鲁为平民。其父名纥,字叔梁,娶施氏,生九女。其妾生孟皮,足有废疾(《论语》言孔子以其兄之子妻南容。孟皮或亦早卒)。续娶颜徵在,与叔梁祷于尼丘山而生孔子,故名丘而字仲尼。幼丧父。稍长,尝为委吏、乘田(并见《孟子》)。他敏而好学,不耻下问(尝问礼于老聃,访乐于苌弘,学琴于师襄,问官于郯子。自言:"十室之邑,必有忠信如丘者焉,不如丘之好学也。""丘非生而知之者,好古,敏以求之者也。"(见《论语》)尝适周,因守藏室史老聃,得览藏书。由此,学问大进。后仕为中都宰,累官至司寇。相定公,会齐景公于夹谷,以大义折服景公,而反齐所侵之田。又以鲁季孙、叔孙、孟孙三家之都城逾制,主张拆掉,乃堕郈、堕费。鲁国大治。后因政见不合,辞职去鲁(孔子去鲁,《论语》及《史记》均记齐人归女乐事,孟子则言从祭后膰肉不至。孔子既不欲以辞职之因显示于人,则膰肉不至固是有托,受女乐事便更可疑了),率弟子周游列国。尝畏于匡,阨于桓魋,绝粮于陈蔡,受晨门、荷篠、荷蒉、接舆、长沮、桀嗣[①]等人底讥讽(这些并不是人名,详见拙著《论语新注》)。栖栖皇皇,终不能行其道。子路尝说:"君子之仕也,行其义也。道之不行,已知之矣。"(《论语·微子》)孔子已知道之不行,而犹席不暇暖,以

---

① 《论语》中无桀嗣,疑为桀溺之误。

第一章 孔子

求其行。这真是"知其不可而为之"了（见《论语·宪问》）。此种救世底热忱，殊不可及。孔子既以终无所合而反鲁，不能在政治方面展其抱负，乃以教育为终身事业，及门受业者颇多（孔子弟子三千人，见《史记》。此"三千"为虚数，极言其多而已）。及卒，门人集所记录的孔子底言论，与其日常生活态度，成《论语》一书（按：今存《论语》，为西汉末佞臣张禹采合今文《齐论》《鲁论》与古文《论语》编成的《张侯论》，《上论》十篇，《下论》十篇。《上论》前九篇记孔子言论，末篇《乡党》附录孔子日常生活，已首尾完具。《下论》体例不纯，后四篇所记尤多不可靠。如"公山弗扰以费叛，召，子欲往"一章，"佛肸以中牟叛，召，子欲往"一章，尤为显然。公山弗扰，《左传》作公山不狃。其以费叛，正因反对孔子堕费。背叛政府的县令，居然召其所反抗的执政，而执政者又欲往，此岂合于情理？佛肸据中牟抗赵襄子，已在孔子卒后，何得云闻召欲往？末篇《尧曰》，仅三章。第一章最长，没头没脑，不似孔子底言论。第二章孔子答子张，先说尊五美，屏四恶，作笼统含糊的答辞，必待重问至再，始为之明说，亦与他篇所记大异。末章似矣，而与此二章又不类。故崔述疑《上论》为孔门弟子所记，《下论》则再传弟子得之传闻，末篇更系附录书末者，确是有理。宋赵普说，"以半部《论语》治天下"。为什么说"半部"？或者是指《上论》吧）。

我们要知道孔子是怎样一个人，最好是细读《论语》。《论语》所记的孔子,是一个活泼泼的孔子,不是一个泥塑木雕的孔子。它记孔子底生活,衣、食、住、行,都颇仔细。我们须知这些是记者眼中所见的事实,只说"是如此",并非说"当如此",或"必须如此"。例如孔子割不正不食。现在专讲究吃的人们,往往把活鸡的胸肉割下炒鸡片,鸡片入口之时,鸡还在厨下挣扎,这便是"割不正",孔子是不忍吃的。并非孔子一定要吃方块的四喜肉,而不吃肉片和肉丝。《论语》又记孔子态度如:"子之燕居,申申如也,夭夭如也。"这是记所见的孔子燕居之态度。"申申如",形容其庄重振饬;"夭夭如",形容其自然安舒。"申申如",故"望之俨然";"夭夭如",故"即之也温"。又如说:"孔子于乡党,恂恂如也,似不能言者;其在宗庙朝廷,便便言唯谨尔。"这是记孔子居乡及在朝,态度不同。乡党莫如齿,如居乡而亦便便言,不但态度不合,且亦无此需要。如在宗庙朝廷,议礼议政,而亦似不能言者,或便便言而出言不谨,便又错了。又说:"子入太庙,每事问。或曰:'孰谓鄹人之子知礼乎?'子闻之,曰:'是礼也?'"旧注以为"每事问"即是"礼",这是不合情理的。俞樾《群经平议》以为"是礼也"句是反诘,表示所以每事问者,正因其不合礼。如此解说,当时情景,方能活画出来。所以读《论语》,也不是容易的事。

第一章 孔子

二　孔子与教育

孔子是我国历史上最早的最伟大的教育家。孔子以前，未尝无教育（《尧典》已有使契为司徒敷五教的事，可见学校教育，古已有之）。孟子也说："夏曰校，殷曰序，周曰庠，学则三代共之。"未尝无关于教育的理论（《易》之卦爻辞及《尚书》《左传》《国语》中所载，孔子以前的教育言论颇多）。但是孔子以前，书籍萃于官府，学术存于官府，教育限于贵族子弟。至孔子开私人讲学之风，抱"有教无类"之旨，终身尽瘁于教育，设教既久，弟子又多，不但贵贱贫富不一，年龄也长幼不等（如颜路、颜回，曾点、曾参，父子及门；秦商只少孔子四岁，叔仲会则少孔子五十四岁。并见《史记·仲尼弟子传》），教育乃始普及平民，乃始成为专业。所以他是我国教育家底开祖。他底教育，特点很多，兹举其要者如左。

（一）教育方法

孔子底教育方法，值得我们注意的有二点：其一是"因材施教"，其二是"注重自动"。《论语》记孔子说弟子个性不同的话很多，如"柴也愚（高柴、子羔），参也鲁（曾参、子舆），师也辟（颛孙师、子张），由也喭"（仲由、子路），"师也过，商也不及"（卜商、子夏），"求也退（冉求、子有），由也兼人"。弟子既多，自然个性有许多差别了。孔子因其不同的材性，各施以相当的教育。故就消极方面说，可以救偏补短；就积极方面说，可以发展个性：这就是"因材施教"了。例如《论语》中记弟子们问孝，孔子答孟懿子，则曰"无违"（无违是无违礼，故曰"生，事之以礼；死，葬之以礼，祭之以礼"）；答孟武伯，则曰"父母唯其疾之忧"；答子游（言偃），则谓"能养"还须能"敬"；答子夏，则曰"色难"。又如问仁，孔子答颜渊（颜回），则曰"克己复礼"，其目为"非礼勿视，非礼勿听，非礼勿言，非礼勿动"；答仲弓（冉雍），则曰"出门如见大宾，使民如承大祭，己所不欲，勿施于人，在邦无怨，在家无怨"；答樊迟（樊须），则曰"爱人"，曰"居处恭，执事敬，与人忠"；答子张，则谓须行恭宽信敏惠五者于天下。此外，如问政、问士，都是同一问题，答语各异。最显著的例子①，是《先进》篇中的一章："子路问：'闻斯行诸？'子曰：'有父兄在，如之何其闻斯行之？'冉有问：'闻斯行诸？'子曰：'闻斯行之。'公西华曰：'由也问闻斯行诸，子曰有父兄在；求也问闻斯行诸，子曰闻斯行之。赤也惑，敢问。'子曰：'求也退，故进之；由也兼人，故退之。'"同问一句话，答语竟因他们底个性不同而正相反；但是一退一进，又恰是对症发药。这种教育方法，岂是现在班级教学、团体训话等方法所可同日而语？

---

① 子　底本脱，据文意补。

第一章 孔子

《论语》记孔子说:"不愤,不启;不悱,不发;举一隅,不以三隅反,则不复也。"孔子教人,注重自动,所以必俟其愤悱,方启发之,而且须弟子自己去类推。子贡(端木赐)说:"赐也闻一以知二,回也闻一以知十。"可谓善于推想了。颜渊曾有"夫子循循然善诱人",能使人"欲罢不能"之叹。这便是注重自动之效。道德教育,处处须体验存养,固然须待其愤悱,始加启发,引其端绪[①],使之类推;即使知识技能底传授,也须学者有愤悱之心,类推之力,肯自动学习,方能进步。现代新教学法所谓自觉辅导、启发式教授、设计教学、导尔顿制等,其原理也不外乎此。

(二)教育要旨

《论语》说:"子以四教,文、行、忠、信。"《史记》说:"孔子以《诗》《书》《礼》《乐》教弟子。""文",即是子贡所说"夫子之文章可得而闻"底文章。《诗》《书》《礼》《乐》四经,固是文章,但是"文章"并非专指书本而言。孔子称尧之为君,曰"焕乎其有文章"。一切成文的、不成文的制度典章,以及文学史实等,都可以说是文章。所以"文"是知识底总称,"行"指行为,"忠信"指品性。"四教",知识底传授居其一,行为底训练居其一,品性底陶冶居其二。《诗》《书》《礼》《乐》四经,固然都属于"文",但是"礼"则有关于"行为","乐"则有关于品性

---

① 绪 底本作"诸",据文意改。

了。颜渊所说"博我以文,约我以礼",是"文""行"二项底教育,还是有形迹可见的。至于品性底陶冶,则全在潜移默化。陶冶涵养,深入内心,当以"乐"底力量为最大。此外,惟有赖于教师底精神感应了。由此,可以推知,孔子底教育要旨,重在行为品性方面底道德的修养。《论语》记他一再称颜回为好学,而其好学之实,则在"不迁怒,不二过"。又记孔子底话说:"弟子入则孝,出则弟,谨而信,泛爱众,而亲仁;行有余力,则以学文。"又说:"君子食无求饱,居无求安,敏于事而慎于言,就有道而正焉,可谓好学也已。"孔子为学与教人底要旨,即此可见。所以"文行忠信"与"《诗》《书》《礼》《乐》"排列的次序,是先易后难,先浅后深,先轻后重的。现在的学校教育,几乎只是知识底贩卖,虽有所谓训育,也谈不到以身作则的人格感化,不能深入学生底内心,如何会有效果?

(三)教育精神

孔子最伟大的教育精神,是"学不厌,教不倦"。《论语·述而》篇:"子曰:'默而识(同"志")之,学而不厌,诲人不倦,何有于我哉?'""子曰:'若圣与仁,则吾岂敢?抑为之不厌,诲人不倦,则可谓云尔已矣。'公西华曰:'正唯弟子不能学也!'"《孟子》中也曾引一段故事:"昔者子贡问于孔子曰:'夫子圣矣乎?'孔子曰:'圣,则吾不能。我学不厌而教不倦也。'子贡曰:'学不厌,智也;教不倦,仁也;仁且智,夫子既圣矣。'"正和

《述而》篇后一章相同。朱子注前一章说:"'何有于我',言何者能有于我也。三者已非圣人之极至,而犹不敢当,则谦而又谦之辞也。"果如朱注,则孔子于学不厌、教不倦,忽而不承,忽而自居,未免矛盾。按:《雍也》篇,孔子答季康子,曾说:"由也果,于从政乎何有?""赐也达,于从政乎何有?""求也艺,于从政乎何有?""于从政乎何有",就是"何有于从政乎",与"何有于我哉",句法虽有顺倒,语气则正相同。《子罕》篇:"子曰:'出则事公卿,入则事父兄,丧事不敢不勉,不为酒困,何有于我哉?'"末句正与上引《述而》篇前一章完全相同。译作今语,便是说:"这些,在我有什么呢?"明明是坦然自承,居之不疑,怎么说是谦而又谦之辞呢?

《论语·学而》篇第一章:"子曰:'学而时习之,不亦说(同"悦")乎?有朋自远方来,不亦乐乎?人不知而不愠,不亦君子乎?'"《白虎通义》谓"师弟子有朋友之道"。按五伦中无师生一伦,即包括在朋友一伦之中。朋自远来,即《史记》所谓远方来学者甚众。朋来之乐,亦即《孟子》"得天下英才而教育之"之乐。朱注引尹氏及程子之言,以为"人不知而不愠",即"不见是而无闷"之意,是误解"人不知"为"人不知我"。不知"人不知",谓教之而人不知;能不愠,故能不倦。此章前后贯串。"学而时习之,不亦说乎",是"学不厌"。学而时习,故能日知其所无,月无忘其所能,而兴趣盎然;能如此"温故而知新",方"可以为师"，故继之以朋来之乐；其教弟子，虽有不知者，仍毫无愠意，故能不生厌倦之心，这就是"教不倦"；必如此，方可以谓之君子。"学不厌，教不倦"，似乎是平淡无奇的六个字，而孔子一生伟大的教育精神，即在乎此。故公西华以为是弟子所不能及，子贡以为是仁智之圣。孔子之所以成为大师，以此。弟子们所以心悦诚服，亦以此。故辑《论语》时，即以此为全书第一章。朱子乃以为非圣人之极致。难道及门亲炙如公西华、子贡者，其知孔子，反不及朱子深切吗？而且孔子所以能教不倦，便是由于他自己能学不厌。反过来说，孔子能教不倦，方能使他底弟子们学不厌，有"见其进、未见其止"，和"欲罢不能"底好学精神。假年学《易》，韦编三绝，"发愤忘食，乐以忘忧，不知老之将至"，这是何等精神？绝粮陈蔡，弦歌不辍，桓魋见厄，习礼树下，这又是何等精神？阙党童子可使将命，互乡童子可以与言，似乎天下竟无不可教的人，这又是何等精神？以视现在学无一长即生厌心，教未一年即生倦意的教师，何啻天壤？

（四）师生情感

孔子对于弟子们的言语态度，有时候是严肃的，有时候是幽默的。如于子路，尝斥为"佞"，为"野"，为"暴虎冯河，死而无悔"；于宰我，尝斥为"不仁"，为不可雕的朽木、不可圬的粪土之墙；于冉有，尝斥为"自画"，甚至以为"非吾徒也"，命小子鸣鼓而攻之：可谓严肃极了。但如于子路闻乘桴之叹，许其从往而喜，则以"无所取材"语之；于子贡问死后有知无知，则以"死后徐自知之，未为晚也"答之（此条见《说苑》）；于子游作宰武城时，闻弦歌之声，则以"割鸡焉用牛刀"戏之：又可谓幽默极了。

总之，他对于弟子们，是纯任自然，毫不做作的。《乡党》末章："色斯举矣，翔而后集（此二句写野雉之倏然高飞，徐徐翔集，是叙事写景的文章）。子曰：'山梁雌雉，时哉时哉！'子路拱之，三嗅而作。"（拱，执也。嗅当作"臭"，雉将飞时张翅扑动之状）孔子见雉，而赞其时；子路见雉，欲拱而执；赞者自赞，拱者自拱，各不相谋。此章记师生郊游乐事，极为自然（因为注者误解，方弄出"烧烤雉鸡"底笑话来）。可见他们师生之间，决不会如一般人所想像的那么拘束。因此，他们师生间的情感，也是极自然极真挚的。孔子见颜渊之死，哭之至恸，又有"天丧予"之叹；闻子路之死，哭于中庭，又有"覆醢"之举（此事见《礼记》）。伯牛（冉耕）有恶疾，将死，孔子去探视。他家深恐传染，不让他进屋子去。孔子师生情重，竟自牖执其手，叹曰："亡之，命矣夫！斯人也，而有斯疾也；斯人也，而有斯疾也！"读《论语》此节，真是如见其事，如闻其声。他对学生既是如此，所以他死之后，弟子们也为他服心丧，如丧父而无服（见《檀弓》）；三年丧毕，大家将要散伙，入揖于子贡，相向而哭，甚至失声。子贡又筑室于场，独居三年，然后归（见《孟子》）。这样真挚的师生情感，岂是现在师生如陌路、如仇雠的学校里所能梦见？现在学校里，师生原是萍水相逢，充其量，不过知识买卖的关系而已，还谈得到什么情感？

就以上所述，孔子在我国教育史上的地位，已可概见。现在教育部规定孔子生日为教师节，是很有道理的。

三　孔子与六经

《易》《书》《诗》《礼》《乐》《春秋》，谓之六经。相传伏羲时已有"八卦"；文王被囚于羑里时，把八卦两两相重，成了六十四卦。八卦每卦三爻，二卦重成一卦，便每卦有六爻了。每卦作一条卦辞，每爻作一条爻辞，用以卜筮，名曰《周易》。虞、夏、商、周四代底史官所记录的、所保存的史料，汇集成书，名曰《尚书》。《诗》，是周代所采集的，春秋中世以前，各地及王畿的诗歌，或为民间的歌谣，或为士大夫底作品，或为用于宗庙朝廷的诗歌。《礼》是关于周代通行的冠、婚、丧、祭、朝、聘、乡、射八项礼仪的记载。《春秋》是一部大事记式的编年史。只有那一部《乐经》，似乎西汉底经师也没有看到过。有人说，《乐》本有经，经秦火而亡；有人说，《乐》本无经，只是诗底乐谱。这就是所谓"六经"底大概。后经秦始皇焚书，项羽烧咸阳二次厄运，至于西汉初年，始除挟书之禁。那时老儒传经多由口授，学者笔录都是用汉代通行的文字隶书写的。文帝、武帝以后，博士用以教授的本子，便是这种。

西汉末，刘歆校书，在秘书中发现了用古代文字书写的经。《易》与《诗》，和博士本无大差别。《春秋》，博士本止于获麟一条，古文本多了二年，止于孔子卒一条。《书》与《礼》，则比博士本多了许多篇。各经字句，亦有歧异多少。于是经底本子有"今文"（博士本）和"古文"（刘歆发现之本）二种。经学也分成"今文"和"古文"二派。今文经学家认为六经是孔子所作，用以教人，故其次序当依程度深浅排列：《诗》《书》是文字底教育，最浅，应列在最先；《礼》《乐》是陶冶身心的，次之；《易》与《春秋》，一言天道，一含政治哲理，最为高深，应列最后。古文经学家认为六经非孔子所作，乃周公之旧典、古代之史料，故其次序当依时代先后排列：八卦画自伏羲，最早；《尚书》起于唐虞，次之；《诗》有《商颂》，又次之；《礼》《乐》为周公所制，又次之；《春秋》最迟，最后。六经和孔子底关系，有此二种说法（详见《经学纂要》）。

我以为今文古文二派经学家所说，都是对的。我并非故作两可之辞，想为今古文二派经学调停折中。因为六经是否为孔子所作这个问题，二派所说，的确都能持之有故，言之成理。孔子自言"述而不作"，见于《论语》。《国语》记士亹教楚太子以《诗》《书》《礼》《乐》《春秋》，在孔子以前。孔子曾言，"《易》之兴也，其于中古乎"，见于《易·系辞》。《左传》《国语》中载春秋时人引《诗》《书》《易》的也不少。则六经非孔子所作，不待辨而自明。古文经学家的话，并没有说错。

孔子虽不曾作六经，但是对于六经，确曾下一番"述"底工夫，而且他是以"述"为"作"的。《论语》："子曰：'加我数年，五十以学《易》，可以无大过矣。'"《史记》："孔子晚而喜《易》，读《易》，韦编三绝。"他认为《易》中含有哲理，可引申之于人事，乃以其研究所得，作《彖》《象》以释卦爻辞，门人又录其论乾坤及《易》之言为《文言》《系辞》。于是卜筮之《易》一变而为哲理之《易》。

虞、夏、商、周底史料，有相当的繁富，这是可以想见的。孔子独纂定二十八篇，以《尧典》始，示崇禅让；以秦楚终，示赞悔过。于是《尚书》除原有的上古史料价值之外，另有一种新意义了。

《仪礼》十七篇，是孔子取以教弟子的，故无天子之礼。孺悲学《士丧礼》于孔子，《士丧礼》于是乎书（见《仪礼正义》）。这是一个证据。周代尚文，礼仪繁缛，八项礼仪，记录成书，岂谨此十七篇？孔子采为教材，取舍之间，自有一番斟酌。

《史记》："古者《诗》三千余篇。及至孔子，去其重，取可施于礼义，上采契、后稷，中述殷、周之盛，下及幽、厉之缺，三百五篇，孔子皆弦歌之。"这就是孔子删定《诗经》之说。自来学者多疑之。这三百五篇的《诗》，本全部可以合乐歌唱（梁启超以为"风"即讽诵，是徒歌，不能合乐。按：东汉末，曹操伐刘表，下荆州，得汉雅乐郎杜夔。夔已老，《诗》底乐谱仅记得四

第一章 孔子

篇。其中有《驺虞》《伐檀》，都是《风诗》。大概风是各地民间歌谣，本是徒歌，采集后方以合乐的。《汉志·诗赋略》所录汉代乐府中协律的歌诗，有云中、赵、代等讴歌，正是沿袭周代采各地民歌合乐的办法）。后来采诗之制不行，时君又只好世俗之乐，古乐渐以沦亡，则三百五篇之乐谱，陵乱亡失，自在意中。

孔子对于音乐，既有特殊的嗜好，又有相当的研究，且和当世音乐家友好，故能深明乐理（《论语》记太史挚等乐官去鲁一节，既非孔子之事，又无孔子之言，在本书中，颇为不类。实则此数人皆与孔子时相过从，故弟子于其去鲁，特志其行踪。孔子对鲁太师论乐语，亦见《论语》）。他自己曾说："吾自卫反鲁，然后乐正，雅颂各得其所。"（亦见《论语》）可见孔子周游归来以后，曾把三百五篇《诗》底乐谱补整一番。正乐，即所以正《诗》。这是孔子对于《诗》《乐》二经的工作。《乐》为《诗》之乐谱，不是另外一部成文字的经，故今文家有"乐本无经"的话。古乐终至陵夷，则《诗》底乐谱自不为人所注意。秦火之后，老儒口授者但为《诗》底歌辞，不能把乐谱记诵下来。西汉时，经师只注意于《诗》底章句训诂，乐师只注意于乐底铿锵鼓舞，于是经孔子补整的乐谱，又渐致亡失（唐人歌诗，宋人歌词，元人歌曲，今诗词曲底文辞尚存而歌法不传，正与此同），故古文家有"《乐》亡于秦火"的话。

孟子以鲁之《春秋》与晋之《乘》、楚之《梼杌》并举。《左传》也说韩宣子曾见《鲁春秋》。《公羊传》所谓"不修《春秋》",即指鲁史官所记的《春秋》而言。《墨子》又有见"百国《春秋》"之言,则《春秋》又似为编年史之通称。孔子据《鲁春秋》所记的事实,加以笔削,以寓褒贬,以存"微言大义",方成现存的《春秋》。自他把六经加一番"述"的工夫之后,各给以新生命、新意义、新价值,故说他是以"述"为"作"的。今文经学家尊孔子为"作者之圣",也并没有说错。

孔子以前,私人无著述,章学诚《文史通义·诗教》上篇已言之。《鬻子》《尹佚》等书是后人依托,《管子》《晏子》等书是后人撰辑,就是《老子》也是后人祖述(详见下文)。孔子虽未尝有手著的创作,但他对于六经,以"述"为"作",使固有的六经理论化,给以新的意义、新的生命、新的价值。这也是为诸子辟先河的。如无孔子,则《易》仍为卜筮之书,《书》仍为古代档案式的史料,《礼》仅是仪注之类,《春秋》竟是"断烂朝报"了。他正《诗》正《乐》底成绩,今虽已不可复见;此种工作,当然也是极艰巨的。六经所以能在我国古籍中占特殊的地位,不能不说是孔子以述为作之功。

《史记》说孔子以《诗》《书》《礼》《乐》教弟子。《论语》记他教儿子说:"不学《诗》,无以言,不学《礼》[①],无以立。"又说:

---

① 礼 底本作"体",据《论语译注》(P.178)改。

第一章 孔子

"汝奚不为《周南》《召南》矣乎？人而不为《周南》《召南》，其犹正墙面而立也欤？"又曾说："小子何莫学夫《诗》？"孺悲亦曾在他那里学《士丧礼》。似乎他教人，特别注重《诗》和《礼》。他学《易》在晚年；修《春秋》，获麟绝笔，也在卒前二年；似乎未尝以此二经教人。即以教人，也当是未经赞修的《易》和《春秋》。以六经教人，原不始于孔子。但一则孔子以前，六经之教也只限于贵族子弟，二则孔子底教《诗》《书》《礼》《乐》，也和前人不同。《论语》记孔子论《诗》之言，如曰："《诗》三百，一言以蔽之，曰'思无邪'。"朱注引程子曰："思无邪者，诚也。"诗歌抒情，贵在诚挚。故孔子评《唐棣》之诗曰："未之思也，夫何远之有？"就是说"岂不尔思，室是远而"二句之不诚。"真"与"善""美"，同为文学底要素，而"真"居第一。"真"即是"诚"，即是"无邪"。又曰："《诗》，可以兴，可以观，可以群，可以怨，迩之事父，远之事君，多识于鸟兽草木之名。"学《诗》之效，重在兴观群怨，事父事君，此岂章句之经生、雕虫之文士所能理会？又如子贡引《诗》"如切如磋，如琢如磨"二句，以喻由"贫而无谄、富而无骄"进至"贫而乐，富而好礼"，子夏因《诗》"巧笑倩兮、美目盼兮、素以为绚兮"三句，悟到"礼后"，孔子都许以"可与言《诗》。尤可见孔子论《诗》，重在从诗义中引申类推。又如林放问礼之本，孔子称之曰"大哉问"。又曾说："礼云礼云，玉帛云乎哉？乐云乐云，钟鼓云乎哉？""人而不仁，如礼何？人而不仁，如乐何？"可见孔子讲礼乐，不斤斤于玉帛钟鼓、升降节奏等末节，而重在礼乐之本。孔子教经，有此特殊的见解，故经学遂为儒家底特长，六经亦渐成为儒家底专籍。因此，述六经和以诸经教人，为孔子生平第二件大事。

四　孔子论道德修养

上文已经说过，孔子教人，性行底陶冶训练重于知识底传授。他底为学，也是如此。《论语·卫灵公》："子曰：'赐也，汝以予为多学而识之者欤？'对曰：'然，非欤？'曰：'非也，予一以贯之。'"又《里仁①》："子曰：'参乎，吾道一以贯之。'曾子曰：'唯。'子出。门人问曰：'何谓也？'曾子曰：'夫子之道，忠恕而已矣。'"后来宋明理学家对于为学的主张，分成两派：一是朱子一派，主张："即凡天下之物，莫不因其已知之理而益穷之，以求至乎其极，至于用力之久，而一旦豁然贯通焉，则众物之表里精粗无不到，而吾心之全体大用无不明矣。"（见《大学补传》）"即物穷理"，是"多学而识"；"一旦贯通"，是"一以贯之"。一是陆子、王子一派，陆象山主张"先立乎其大者"，王阳明主张"致良知"，他们都以朱子底即物穷理为支离，就是说他只能"多学

---

① 里仁　底本作"八佾"，据《论语译注》（P.39）改。

而识",不能"一以贯之"。这两派同以"多学而识"为"下学","一以贯之"为"上达";不过朱子主张从下学以求上达,从"多学而识"中去求"一以贯之",陆王主张舍下学以求上达,把"多学而识"丢开,去寻找简易直捷的"一以贯之"。这两派理学势成水火。不知他们都误解了孔子底"一以贯之"。"贯",即是"行";"一以贯之",即"一是皆一以行之"(王引之说,详见《经义述闻》。拙著《四书新注》亦采此说)。故"多学而识"是"知","一以贯之"是"行"。孔子语子贡,明言非"多学而识",是"一以贯之";换句话说,就是重"行"而不重"知"。道德底修养,品性底陶冶,行为底训练,"行"都比"知"要紧。《史记·孔子世家》偏扩采许多轶事,以示孔子知识底丰富,是一个多学而识、无所不知的圣人,可谓没有搔着痒处。孔子之为学教人,既重在"行"而不重在"知",故《论语》一书底精华所在,便是论道德修养各章。我们如果能熟读深思,存养体验,躬行实践,必能获得很大的效益;决不至如程子所说,未读《论语》时是此等人,读了后又只是此等人了。《论语》篇幅不多,好学者正可去读原书。现在且把最重要的摘述如下。

(一)道德底中心

孔子论道德,特别提出一个"仁"字,以为"全德"之称,这个"仁"字,就是一切道德底中心。"仁"为全德,故一切德目,皆可以"仁"包括之。《论语》记宰我欲短三年之丧,以为

"期（周年）已久矣"，孔子斥为"不仁"，故仁可以"孝"。又记孔子称微子、箕子、比干为殷之"三仁"，故仁可以包"忠"。又尝说，"仁者必有勇"，是仁可以包"勇"。其答颜渊问仁，曰"克己复礼"，其目为非礼勿视、勿听、勿言、勿动，是仁可以包"礼"。其答子张问仁，以为须要行恭宽信敏惠五者于天下，是仁又可以包此五德。

因为"仁"即是做人之道。做人之道，至少须有二人底关系，然后可见，故"仁"字从"二""人"会意。人与人底关系，不外五类："君臣""父子""兄弟""夫妇""朋友"，谓之"五伦"。一般人以为现在不应当再有君臣一伦。不知"君臣"就是主从底关系。官署、军队中长官和僚属部队，党底领袖和党员，也都有这种主从关系的。"父子"一伦，举父可以包母，举子可以包女，更可推之于祖孙、叔侄。"兄弟"一伦，也可以包括姐妹。"朋友"一伦，也可以包括师生。至于亲族姻娅，也可由父子兄弟夫妇推而及之。人与人相处，双方各有其应遵行的道德。"为人君止于仁""君使臣以礼"，就是君对臣就有的道德。由此类推，臣对君则曰"忠"，父母对子女则曰"慈"，子女对父母则曰"孝"，以及兄弟之"友"，夫妇之"和"，朋友之"信"，都可以说是"仁"，不过因关系不同、立场不同而异其名。

"仁"以"同情心"为出发点（孟子说，"恻隐之心，仁之端也"，即此意），而同情心又起于同类意识。在动物中，凡是种类

第一章 孔子

愈接近的，愈易显示同类意识，引起同情心。在人类中，凡是关系愈接近的，也愈易引起同情心。故有"亲亲而仁民，仁民而爱物"底推爱。总之，仁是整个的做人之道，所包极广，故必须面面俱到，时时不违，事事都无愧怍，方可以称为"仁"。所以孔子于令尹子文、陈文子，仅许为"忠"与"清"，而不许为"仁"；于子路、冉有、公西华，也仅许为能"治赋""为宰""与宾客言"，而不许为"仁"；对弟子，仅曰"回也其心三月不违仁，其余则日月至焉而已"；对自己，也曰"若圣与仁，则吾岂敢"。其弟子问仁，所答不同，也是因此。

那么，我们要怎样才能做到"仁"呢？曰"忠恕而已矣"。孔子曾告子贡以为仁之方，曰"能近取譬"。取譬于近，就是"推己及人"，也就是所谓"恕"。恕有消极积极二方面。如说："己所不欲，勿施于人""施诸己而不愿，亦勿施于人"，都是消极地推己及人。《大学》说得最详细："所恶于上，毋以使下；所恶于下，毋以事上；所恶于前，毋以先后；所恶于后，毋以从前；所恶于左，毋以交于右；所恶于右，毋以交于左；此之谓絜矩之道。"这也是消极方面的推己及人。至于"己欲立而立人，己欲①达而达人"，那便是积极方面的推己及人了。《中庸》也说得较详："所求乎子以事父，未能也；所求乎臣以事君，未能也；所求乎弟以事

---

① 欲　底本作"到"，据《论语译注》（P.65）改。

兄，未能也；所求乎朋友先施之，未能也。"我所求乎子臣弟友者，曰孝、曰忠、曰弟、曰信，则我亦当以孝忠弟信事我之父君兄友。这不是积极的推己及人吗？孔子答仲弓问仁，曰"己所不欲，勿施于人"，就是教他尽恕道以行仁。又曰"出门如见大宾，使民如承大祭"，这二句却说的是"敬"。"敬"和"恭"不同。"事思敬"，"貌思恭"。恭是关于仪态方面的，就是我们现在所常说的"恭敬"。敬是职事方面的，"事君，敬其事而后其食"底"敬事"，"道千乘之国敬事而信"底"敬事"，就是对于政事职务看得非常郑重，尽心竭力去做，不敢怠、不敢忽的意思。曾子说"为人谋而不忠乎"，也只是敬人之事。不能敬事，便非怠即忽，故从政则溺职，为人谋则不忠。能敬事，即能"用其力于仁"。朱子注忠恕二字曾说，"尽己之谓忠"。近人多批评他，说《论语》中并没有这意思。不知"敬事"即是"尽己"，即是"忠"。

总而言之，"推己及人"之"恕"，是为仁的方法；"尽己"之"忠"，则是为仁的精神。孔子对子贡，仅告以"恕"，因为子贡尚未能尽恕道（子贡曰："我不欲人之加诸我也，我亦欲毋加诸人。"子曰："赐也，非尔所及也。"见《论语》）。对仲弓，则恕与敬事之忠并提；对颜渊，则仅告以非礼[①]勿视听言动的"修己"

---

① 礼　底本作"体"，因繁体形近而讹。

之敬。这又是孔子底因材施教了。求仁行仁，忠恕二字足以尽之。孔子之道，即为仁之道，故曾子曰："夫子之道，忠恕而已矣。"忠恕所以行仁，故"一以贯之"者，即是一以行之之道。现在一般人，无论从政、任事、修己，或怠惰、或轻忽，而对人则一味苛求，惟知以忠孝弟信责望于人，而不反求诸己，便是不忠不恕，便是不能行仁，便是不能尽做人之道。《论语》中论仁的话很多，阮元曾辑成一篇《论语·论仁论》，读者可以参阅。

（二）标准的人格

孔子教人，不重好高骛远，故未常以"圣人""仁人"为标准的人格。《论语》中所常见的"君子"，则是修养方面底人格之标准。如说"君子周而不比""君子和而不同""君子贞而不谅""君子矜而不争，群而不党"。能"和"，故能"周"，故能"群"；不"同"，故不"比"，故不"党"。"贞"，则有廉洁以自守；"不谅"，则不至为硁硁之小丈夫。"矜"以自持，便不至同流合污；但亦不与人为意气之"争"。以上诸章，各举二个相似的而易滋误会、易致偏駮的字作比较，使人恍然于君子之所以为君子，提示得何等明白！他又说："君子义以为质，礼以行之，逊以出之，信以成之。君子哉！"惟能"以义为质"，故能"喻于义"；故其"于天下也，无适也，无莫也，义之与比"；故能"周而不比""和而不同""群而不党"。惟能"礼以行之"，故能非礼勿视听言动；否则，便致"恭而无礼则劳，慎而无礼则葸，勇而无礼则乱，直而无礼则绞"了。能"逊以出之",故能"矜而不争"。能"信以成之",故虽"不谅"而却能"贞"。君子是能用力于"仁"的,故曰:"君子无终食之间违仁,造次必于是,颠沛必于是。"但是果能不违仁否,尚不可必,故又曰,"君子而不仁者有矣夫"。必如此致力于修养,方能成为"文质彬彬"的君子。君子之达德有三,曰知、曰仁、曰勇。"仁者不忧,知者不惑,勇者不惧",故其心境,常"坦荡荡"地。这就是所谓"泰"。"泰"和"骄"又因相似而易误会,故又曰,"君子泰而不骄"。"泰",可有庄重之意,故曰"君子不重,则不威"。能重而威,故能使人"望之俨然"。但威与猛,又似同而实异,必须"威而不猛",然后可以为君子。君子之待人,是"成人之美,不成人之恶"的。君子之用人,是"悦之不以道,不悦也;及其使人也,器之"的。君子之举人、听言,是"不以言举人,不以人废言"的。君子不以一时的毁誉为荣辱,"病无能焉,不病人之不己知",故能"遯世无闷,不见是而无闷"。君子所注意者,只是"疾后世而名不称",故惟知"求诸己",不屑"求诸人"。至于贫富贵贱,那原是君子所不屑计较的,故能"谋道不谋食""忧道不忧贫"。我们如果能把《论语》所记辑合起来,加以归纳的研究,则君子底概念,自然非常明了,可以作为我们修养底鹄的。

那么,我们应当如何地修养,方可以成君子呢?第一是"修己以敬";第二是"敏于事而慎于言",必"先行其言而后从之";

第三是"就有道而正焉"。消极方面，又有"三戒"（少之时，戒之在色；及其壮也，戒之在斗；及其老也，戒之在得）；积极方面，则有"九思"（视思明、听思聪、色思温、貌思恭、言思忠、事思敬、疑思问、问思难、见得思义）。必如此，方可"上达"，成一"不器"的君子。惟其"不器"，故不可"小知"而可以"大受"。大受者，就是曾子所谓"可以托六尺之孤，可以寄百里之命，临大节而不可夺"。不过，《论语》中如"君子笃于亲，则民兴于仁""君子学道则爱人，小人学道则易使"等章底"君子"，则别指在位者而言。这又是读《论语》时应当注意的一点。

余如"善人""成人""士"之类，似乎也是修养方面人格底标准。但均不如"君子"之常见于《论语》，读者可自于原书中求之，兹不复赘。

五　孔子论政治

孔子虽曾仕于鲁国，但不过小试其技，执政底时期是极短的，其后周游列国，终无所合，所以他政治上的抱负，始终未尝一展。他生当春秋末年，正是王室陵夷、诸侯割据、夷狄交侵、战争连年、政治黑暗、社会纷乱、民生凋敝的时代。他底政治理论，自然是针对那时代而发的。我们生今之世，尚论古人，当设身处地，就他们底时代立场着眼，不当以现代底时势和思想去衡量古人；

也不当如汉代经生,误认孔子预为现代制法。这样,方能平心静气,给他底学说下一种比较正确的评判。孔子底政治学说,并没像以后的诸子,直接地、长篇大章地发为文章。我们得从和他关系最切的书中,寻找出要点来。

(一)理想的政治

孔子曾说:"我欲托之空言,不如见之行事之深切著明也。"他不欲托之空言,故没有发表成系统的政论;欲见之行事,故把他底政治理想,寓于所修的《春秋》中。《公羊》家所谓"三世",就是他理想的三个依次演进的政治时期。第一是"据乱世",即指割据纷乱之世,也就是他身亲目睹的春秋之世。这时期是"内其国而外诸夏"的。第二是"升平世",是指中国统一的时期,故当"内诸夏而外夷狄"了。由第一期进于第二期,当先求统一,拨乱世而反之正,故"据乱世"又称"拨乱世"。第三是"太平世",则由中国一统,进于世界大同;此时已成"中国一人,天下一家",无复所谓"夏""夷"之别了。《礼记·礼运》记他告子游底话:

> 大道之行也,与三代之英,丘未之逮也,而有志焉。
>
> 大道之行也,天下为公,选贤与能,讲信修睦。故人不独亲其亲,子其子;使老有所终,壮有所用,幼有所长,矜(同鳏)寡孤独废疾者皆有所养,男有分,女有归。货,恶其

第一章 孔子

弃于地也,不必藏于己;力,恶其不出于身也,不必为己。是故谋闭而不兴,盗窃乱贼而不作,故外户而不闭。是谓"大同"。

今大道既隐,天下为家,各亲其亲,各子其子,货力为己;大人世袭以为礼,城郭沟池以为固,礼义以为纪;以正君臣,以笃父子,以睦兄弟,以和夫妇,以设制度,以立田里,以贤勇知,以功为己。故谋用是作而兵由此起。禹、汤、文、武、成王、周公,由此其选也。此六君子者,未有不谨于礼者也。以著其义,以考其信,著有过,刑(同型)仁讲让,示民有常。如有不由此者,在势者去,众以为殃。是谓"小康"。

这一段记孔子底政治理想,至为明白。所谓"大同",就是"太平世"底政治;所谓"小康",就是"升平世"底政治。他以禹、汤、文、武成王、周公之世为"小康",为"升平世",则所谓"大道之行、选贤与能"的"太平世"底"大同"之治,当然是指"禅让"的唐尧虞舜。不过尧舜底郅治,原是他主张改制所托之古,他这种最高的理想,在我国古代,恐从未实现过,所以他没有老老实实地把尧舜提出来做例。"大同"一节,孙中山先生常常提及,认为孔子最高的政治理想,确实值得憧憬。康有为作《大同书》,却硬把西洋各国底主义政策,拉扯到这一段《礼运》

上去。二人底尚论古人，根本不同，即此可见。

《论语》中记孔子赞虞舜之治说："无为而治者，其舜也欤！夫何为哉？恭己正南面①而已矣。""无为而治"，也是孔子最高的政治理想。其赞尧曰："大哉尧之为君也！巍巍乎惟天为大，惟尧则之；荡荡乎民无能名焉，巍巍乎其有成功也，焕乎其有文章。"天体运行，自然成四时，生万物，这就是天之所以为大。尧能无为而治，故曰"则天"，故民无能名。"有成功"便是"治"，"有文章"便可以见其治绩。近人见"无为"二字，以为即道家之"无为"，故有《礼运》所说，出自《老子》底话。不知孔子底"无为而治"，和道家底"无为"不同。道家只知"无为"，孔子则须"无为而治"。《论语·雍也》："子曰：'雍也可使南面。'仲弓问子桑伯子。子曰：'可也，简。'仲弓曰：'居敬而行简，以临其民，不亦可乎？居简而行简，无乃太简乎？'子曰：'雍之言然。'"道家底"无为"，就是"居简而行简"的。孔子底"无为而治"，是要"居敬而行简"的。"恭己正南面"底无为而治，就是《中庸》所说"笃恭而天下平"。"恭己""笃恭"，即是"居敬"。孔子告仲弓底"使民如②承大祭"，告子张底"居之无倦，行之以忠"，也只是"居敬"。如从政的人们，于"居敬"未能做到分毫，而行政却力求"有为"，则所谓能员，徒能扰民而已。这正是"无

---

① 面　底本"南"字后脱"面"字，据《论语译注》（P.162）补。
② 如　底本作"各"，据《论语译注》（P.123）改。

为而治"底反面，结果只是"有为而乱"！

（二）重要的政纲

"三世"之说，是《春秋》底"微言"；"尊王攘夷"，是《春秋》底"大义"。"尊王"和"攘夷"，就是孔子救时的两大政纲。一般人见"尊王"二字，便以为孔子是拥护专制帝王的，把他骂得狗血喷头。不知秦以前，我国尚无所谓"专制"。而且民主共和政体，在那时不但为我国所未闻，世界上亦尚未有此种政制、此种名词。孔子生于数千年前，岂能逆料数千年后有此政制，而先事迎合？他所谓"王"，即指诸侯底共主，是那时的中央政府。孔子主张中国须统一，须有一个强有力的中央，方能拨乱世而反之正，方能从"据乱世"进而为"升平世"，恢复夏商周全盛时期底"小康"。这种主张，在那时，不能说他不对。他常在《春秋》中大书"春王正月"。《公羊传》释之曰："大一统也。"因为三代底正朔不同，易代之际，政府虽改行新的正朔，而前代的正朔往往仍沿用于民间。民国元年，我国政府已宣布改用阳历，迄今三十余年，民间还沿着用阴历的习惯，正是同一情形。春秋时诸国各自为政，告朔之制不行，正朔当然更是纷乱。"王正月"者，就是周王所颁行的正朔，和现在所谓"公历正月"一样。孔子《春秋》中用周王底正月，而且大书特书，就是表示应当遵奉那时中央所定的正朔。就此类推，凡是中央底法令，都应当遵行。这就是他主张统一底象征。中国统一了，然后能抵抗外来的侵略，便是所谓"攘夷"了。所以"尊王攘夷",正和我们现在的口号"拥护中央,抵抗外侮"相同。

(三)根本的政策

孔子生平没有把他底政策具体地、系统地发表出来。但从《论语》中去寻绎,也可以得其要点。兹举其重要而显著者如下。

一曰"正名"。"名"和"实"相对。物是"实",所以称此物者是"名"。由实物之名推之,凡是地位、德目、事实,都各有其"名"和"实",名和实应当相符。无实之名,与实不相符,甚而至于和实相反之名,都是不正的。"正名",就是要正此类不正之名。例如"和平"是美名,如果实际上是"投降",而亦假借这美名,便是名不正。《论语》,子路曰:"卫君待子而为政,子将奚先?"子曰:"必也正名乎!"又说:"名不正,则言不顺;言不顺,则事不成;事不成,则礼乐不兴;礼乐不兴,则刑罚不中;刑罚不中,则民无所措手足。故君子名之必可言也,言之必可行也;君子于其言,无所苟而已矣。"此言"正名"之要。现在满嘴廉洁,遍地贪污;明为贪官,偏曰廉吏;以及其他舞文弄法,假借名义,重苦吾民者,都是名不正之故。齐景公问政。孔子答道:"君君,臣臣,父父,子子。"君是君,臣是臣,父是父,子是子,便是名实相符了。我们要完成建设大业,第一件要事,也是"正名"。否则,议论无论如何动听,口号无论如何堂皇,结果仍是有名无实而已。

二曰"德治"。孔子尝说："为政以德，譬如北辰，居其所而众星拱之。"为政以德，就是"德治"。能以德服人，则自西自东，自南自北，无思不服，如众星之拱北辰了。如此，方可以成一统，方可以恭己正南面，无为而治。又说："道之以政，齐之以刑，民免而无耻；道之以德，齐之以礼，有耻且格。""道"即是"导"。"齐"者，所以一之。"格"，就是"格非"之格，就是感化。以政导之，以刑一之，则人民虽不敢抗令，但求苟免于刑，而无羞耻之心；以德导之，以礼一之，则人民自耻为不善而化于正了。那么，德治如何下手呢？他答季康子说："政者，正也；子率以正，孰敢不正？"又说："苟子之不欲，虽赏之，不窃。"又说："子欲善而民善矣。君子之德风，小人之德草，草上之风，必偃。""政者，正也"，仍是"正名"。在上者欲人民之正，而不能以正率民，如何能收效呢？窃盗之多，由于在上者之贪欲，盖以不正率人民，人民自然也不正了。在上者能不欲，方能以正率民，以正率民，即是"道之以德"。人民既"有耻且格"，则虽赏之，也不肯为窃盗了。君子，指在上者；小人，指平民。《大学》说的"尧舜率天下以仁，而民从之，桀纣率天下以暴，而民从之"，便是此意。如果己不能正而贪欲，要以政令刑法求人民之正，则是"其所令反其所好"，人民虽勉强服从，也是阳奉阴违，口仁义而心盗贼，都成为无耻的小人了。故孔子又说："苟正其身矣，于从政乎何有？不能正其身，如正人何？""其身正，不令而行；其身不正，虽令不从。""临之以庄，则敬；孝慈，则忠；举善而教不能，则劝。"都是此意。

至于治国底具体办法，也散见于《论语》中。如说："道千乘之国，敬事而信，节用而爱人，使民以时。"这几项之中，"敬事"与"立信"，尤为重要。"居敬"之要，前已言之。他答子贡，"足食，足兵，民信之"，虽平列为三要项，但必不得已，无宁去食、去兵。因为失了人民底信仰，便一切无从做起。故曰："君子信而后劳其民；未信，则以为厉己也。"现在谈政治的，常注意到政府底"威信"，甚且只知立威，不知立信。不知立威只能做到"民免而无耻"，立信方能风行草偃。出令者朝令暮改，或奉行者弄法舞文，"慢令致期"，对人民毫无信用，必致使人民无所措手足。至于德治底步骤，应当从"庶""富"，以至于"教"。庶，是使人民繁殖；富，是解决民生问题。既庶①且富，然后可施教。因为仓廪实而知礼节，衣食足而知荣辱，本是人情之常。否则，民不聊生，老弱转乎沟壑，壮者散之四方，救死而恐不瞻，何暇治礼义呢？教底工夫做到了，然后可以发动战争，抵抗外侮。故曰："善人教民七年，亦可以即戎矣。"否则，便是"以不教民战，是谓弃之"了。他如"举贤才"，也是一件要事。一方面，推行政事，固然需要贤才；一方面，也因为"举直错诸枉则民服，举枉

---

① 庶　底本作"廣"。据《论语译注》（P.136）改。

错举直则民不服",仍和立信有关。而且"贤才"是德行才具并重的;有才无德,则所谓"能员",适成"民贼"。王安石底新法所以失败,就是因为奉行者都是些才而不贤的小人。这也是值得注意的一点。

孔子底学说,上文所述,仅是大概。即就《论语》一书,加以整理引申,亦不止此。总之,他是上集古人之大成,下开诸子之先河的,在我国学术史上,有特殊的地位。所以本章仅述大概,和其他诸子比较,所占篇幅已是特多了。

第二章

孟子

一 孟子事略

孔子以后，儒家底巨子，首推孟子。《史记》有《孟子荀卿列传》，记孟子生平说：

> 孟轲，邹人也。受业子思之门人。道既通，游事齐宣王，宣王不能用。适梁，梁惠王不果所言，则见以为迂远而阔于事情。当是之时，秦用商鞅，富国强兵；楚魏用吴起，战胜弱敌；齐威王、宣王用孙子、田忌之徒，而天下东面朝齐。天下方务于合纵连衡，以攻伐为贤。而孟轲乃述唐虞三代之德，是以所如者不合。退而与万章之徒，序《诗》《书》，述仲尼之意，作《孟子》七篇。

第二章　孟子

　　司马迁这篇《孟子传》，比《孔子世家》简略，但也比《孔子世家》干净。孟子之字，传中不详。赵岐《孟子题辞》也说："字则未闻也。"《孔丛子》方说孟子字子车。注云："一作子居。"按："轲""舆"与"车"，义近，"车"与"居"，音近，当同出一派。《孔丛子》为伪书，不足信。王肃在司马迁、赵岐之后，迁、岐所不知，肃何由知之？故史鹗《三迁志》、王应麟《困学纪闻》、焦循《孟子正义》皆疑出附会。邹，即邾，今山东省邹县。孟子底生卒，亦不见于《史记》。据元人程复心《孟子年谱》底推算，设生于周烈王四年（公元前三二七年），卒于赧王二十六年（公元前二八九年）。《史记》说他受业子思之门人。子思，名伋，为孔子之孙。王劭疑"人"为衍字。"人"字果衍，则孟子是子思底亲炙弟子了。但以年数考之，似不相及（详见焦循《孟子正义·孟子题辞》注）。而刘向《列女传》、班固《汉书·艺文志》自注、应劭《风俗通》、赵岐《孟子题辞》，则皆以为亲受业于子思。孟子幼时，他底母亲尝三迁其居以教之，见《列女传》，至今传为美谈。

　　赵岐《孟子题辞》，一则曰："此书，孟子之所作也。"二则曰："于是退而论集所与高第[①]弟子公孙丑、万章之徒难疑问答，又自撰其法度之言，著书七篇。"似以《孟子》七篇为孟子自作。阎若璩《孟子生卒年月考》说："《论语》成于门人之手，故记圣人

---

① 第　底本作"弟"，据《孟子赵注·孟子题辞》（P.4）改。

容貌甚悉。七篇成于己手，故但记言语或出处耳。"又说："卒后，书为门人所叙定，故诸侯王皆加谥焉。"按：《孟子》与其他诸子为长篇议论者不同，其体裁系仿《论语》，类似语录，故亦为门人所叙定；其与《论语》异者，不记孟子底日常生活与态度耳。阎氏之言，庶几得之。《汉志·诸子略》儒家有《孟子》十一篇，今存七篇。赵氏说："又有外书四篇：《性善》《辩文》《说孝经》《为政》。其文不能宏深，不与内篇相似，似非孟子本真，后世依放而记也。"按：《孟子》七篇之目：《梁惠王》《公孙丑》《滕文公》《离娄》《万章》《告子》《尽心》，都取首章第一句或第二句中二三字，与《论语》同。外书四篇之目，即与不类。赵氏知其伪，故不加注。自此以后，传《孟子》者，都以赵氏《孟子章句》为本，故不久即亡。虽然宋人孙奕《示儿编》说，前辈曾见馆阁中藏有《孟子外书》，刘昌诗《芦浦笔记》说，新喻谢氏也曾藏有残帙，明末姚士粦又曾传《孟子外书》四篇，但都是些伪书。所以我们要寻绎孟子底学说，当于现存《孟子》七篇中求之。

孔子去鲁之后，带着弟子们周游列国。孟子承其遗风，也周游于齐、梁、滕、宋各国。但孔子畏于匡，厄于宋，绝粮于陈蔡，栖栖皇皇，历了许多艰苦，受了许多嘲讪。孟子则"后车数十乘，从者数百人，以传食于诸侯，不以为泰"（见《滕文公》）：将朝齐王时，宣王来召，又不肯去，以为"大有为之君，必有所不召之臣"；将去齐时，宣王尚欲中国授室，养弟子以万钟（《公孙丑》）：

处境似比孔子好得多。但所如不合,退而著书,结果仍和孔子一样。孔子尝自叹:"苟有用我者,期月而已可也,三年有成。""如有用我者,我其为东周乎?""甚矣,吾衰也。久矣,吾不复梦见周公!""凤鸟不至,河不出图,吾已矣夫!"(并见《论语》)抱负何等伟大!故于管仲,虽称其功,而终讥为"器小"。孟子也说:"如欲平治天下,当今之世,舍我其谁哉?"(《公孙丑》)又以管仲得君,既专且久,不能以齐王,只能以齐霸,而不屑为(亦见《公孙丑》)。盖直以伊尹之欲尧舜其君,尧舜其民,使匹夫匹妇无不被其泽者自居。其抱负也是很伟大的。不过孔子讥管仲,只淡淡地说:"管仲之器小哉!"孟子则斥言其功烈之卑,并谓以齐王,易如反手。所以程子说:"孟子便有些英气,才有英气,便有圭角。"我们读了《论语》,再读《孟子》,便会觉得孔子和孟子底气象言论,各有不同。孔子底气象,浑厚和润,如春风,如冬日;孟子底气象,如秋潮,如夏日。孔子底言论,朴约含蓄,如渟泓万顷、波平浪静的湖海;孟子底言论,如一泻千里、波涛澎湃的江河。程子以水晶比孟子,以玉比孔子,水晶有光耀,而玉则温润,确是体会有得之言。

二　孟子论性善

孟子底学说,以其"性善论"为基础。孔子论性底话不多。

子贡曾说:"夫子之言性与大道,不可得而闻也。"(《论语·公冶长》)《论语》是弟子记录的,言性既不可得而闻,所记自然少了。《论语》中论及人性的,如说:"性相近也,习相远也;唯上智与下愚不移。"(《阳货》)则所谓本来相近,因习而相远的,只是"上智"与"下愚"之间底"性"。他又说:"中人以上,可以语上也;中人以下,不可以语上也。"(《雍也》)"中人",大概是指"上智"与"下愚"之间底人。但又说:"生而知之者,上也;学而知之者,次也;困而学之,又其次也;困而不学,民斯为下矣。"(《季氏》)则"中人"又似有"学知"与"困学"二等;所谓"下愚",是指"困而不学"的;所谓"上智",是指"生而知之"的了。他又说:"我非生而知之者,好古敏以求之者也。"(《述而》)孔子尚不自承为"生知",则所谓"生而知之者",恐只是理想的"上智",不见得实有此等人。"困而不学"的,就是孔子所说"不曰如之何如之何"的人,也就是孟子所说"自暴""自弃"的人,诚不得不谓之"下愚"。总之,孔子只是就一般人底智愚与可教不可教说,并没有对人"性"发表他哲理上的主张。孟子则力主"性善",反复推论,不厌其详。这也是孔子、孟子底不同。

孟子所谓"性善",是说人人性中,本同具善端,并非说人性是纯乎善的(用陈澧说,见《东塾读书记》)。故说:"恻隐之心,人皆有之;羞恶之心,人皆有之;恭敬之心,人皆有之;是非之心，人皆有之。"(《告子》)又反过来说："无恻隐之心，非人也；无羞恶之心，非人也；无辞让之心，非人也；无是非之心，非人也。"(《公孙丑》)何以见得人人都必有这四种心呢？他曾假设一种实事，来证明"人皆有不忍人之心"。"不忍人之心"，就是恻隐之心。"所以谓人皆有不忍人之心者，今人乍见孺子将入于井，皆有怵惕恻隐之心。非所以内交于孺子之父母也，非所以要誉于乡党朋友也，非恶其声而然也。"(《公孙丑》)无论哪一个人，突然见了一个无知无识的孩子，匍匐井边，势将入井，恻隐之心自必油然而生。不但对于孩子，即对于家畜，也常有"见其生不忍见其死，闻其声不忍食其肉"的心理。就是不惜糜烂其民，从事于战争的齐宣王，偶然看见牵去杀了衅钟的牛，也曾"不忍其觳觫若无罪而就死地"，而易之以不在面前的羊(《梁惠王》)。则恻隐之心，确是人人所同具的了。他又说："孩提之童，无不知爱其亲也；及其长也，无不知敬其兄也。"这"爱亲""敬兄"之心，是"不虑而知"的"良知"；"爱亲""敬兄"之事，是"不学而能"的"良能"(《尽心》)。"敬兄"即是"恭敬之心"，也是人人所同具的。由此推之，"羞恶""辞让""是非"之心，也都是人所同具。

他又说："恻隐之心，仁之端也；羞恶之心，义之端也；辞让之心(《告子》作'恭敬之心')，礼之端也；是非之心，智之端也。"(《公孙丑》)仁义礼智之"端"者，可以由此引发而为仁义礼智之谓。人人同具恻隐、羞恶、辞让、是非之心，即是同具仁义礼智四德之端。故又说："人之有是四端也，犹其有四体也。"（《公孙丑》）"仁、义、礼、智，非由外铄我也，我固有之也。"（《告子》）人人有此四种善端，故可引发为仁、义、礼、智、四德，非由外铄，不待他求。

告子以食色为性（《告子》），并没有说错。但这是人与禽兽所同具之性；就"食""色"之性说，人与禽兽毫无二致。人与禽兽底分别，即在"食""色"之性之外，人性中尚有此四种善端。孟子又说："人之所以异于禽兽者几希。庶民去之，君子存之。"（《离娄》）这"几希"，就是人性所独具的善端。去之，则近于禽兽；存之，方可以为人。亚里士多德《伦理学》说，饮食及情欲乃人与禽兽所共有，人之所以别于禽兽者，惟在其有理性耳，与孟子之意，可谓不谋而合。耳能听声、目能视物、鼻能嗅臭、舌能辨味、肢体能知劳逸，这也是禽兽与人相同的。人之所以特具理性，特具四端，全在有一能思考的"心"。故答公都子说："耳目之官，不思而蔽于物，物交物，则引之而已矣。心之官，则思，思则得之，不思则不得也。此天之所与我者。"（《告子》）自然特别赋予人类的，即此能思之心。有此能思之心，方能特具四端，有以别异于禽兽。口于味，有同嗜；耳于声，有同听；目于色，有同美；鼻之于臭，肢体之于劳逸，也有同样的感觉；所以人心也有所同"然"。心之所同然者，就是"理义"（《告子》）。因为心是能思的，同具四端的。

人既同具四端，当把他引发出来。故说："凡有四端于我者，知皆扩而充之矣；若火之始然（同燃），泉之始达。苟能充之，足以保四海，苟不充之，不足以事父母。"（《公孙丑》）火之始燃，不过星星；泉之始达，不过涓涓；引发扩充起来，则可以燎原，可以成河海。孟子曾告齐宣王说："故推恩，足以保四海；不推恩，无以保妻子。"（《梁惠王》）齐宣王之恩足以及衅钟之牛，而功不至于百姓，就是不能推其不忍觳觫之心。不忍觳觫者，就是恻隐之心；"推恩"，就是扩充此恻隐之心。孟子又说："人皆有所不忍，达之于其所忍，仁也；人皆有所不为，达之于其所为，义也。人能充无欲害人之心，而仁不可胜用也；人能充无欲穿逾之心，而义不可胜用也；人能充无受尔汝之实，无所往而不为义也。"（《尽心》）"有所不忍""无欲害人"，即是恻隐之心；"无欲穿逾""无受尔汝"，即是羞恶之心；"达"之、"充"之，即是引发扩充此仁义之端。苟能充之，则可以为"人伦之至"的圣人（《离娄》）。故"人皆可以为尧舜"，是说人人心性中同具可以引发扩充的善端，充其量，可以做到尧舜，并不是说人人都是尧舜。那些认为"满街都是圣人"的理学家，就是误会了这句话底意思。

那么，为什么世上并非都是善人呢？因为有此四端，不能扩而充之，便成为庸庸碌碌的人。有此四端而自谓不能，便成为自暴自弃的人。而且此具有四端之能思之心，是"操之则存，舍之则亡"（孟子引孔子语，见《告子》）、"求则得之，舍则失之"的（同上）。若不加存养，不事扩充，便是"放其心而不知求"了。故曰："学问之道无他，求其放心而已矣。"（《告子》）耳目口鼻肢体，既为人所同具，则声色臭味安逸自为人所同好。但此为人与禽兽所同有之本能，故谓之"小体"。此类官能，只司感觉，不能思考，故与外物接触时，常为外物所摄引而不能自主。如放其心而不知求，则失其本心，胸无主宰，为物欲所引，常至放僻邪侈，无所不为，而陷于大恶。如能求其放心，操持存养，"先立乎其大者，则其小者不能夺也"（《告子》）。孟子曾说："体有贵贱，有小大。无以小害大，无以贱害贵。养其小者为小人，养其大者为大人。"心之官，就是体之大者贵者；耳目口体之官，就是体之小者贱者。故其答公都子也说："从其大体为大人，从其小体为小人。"（《告子》）

孟子又尝以牛山之木为喻。牛山未尝无木材，徒以地处近郊，斧斤旦旦而伐之；虽然日夜之所息，雨露之所润，非无生机，非无萌蘖，牛羊又从而牧之；结果遂成濯濯的童山。人心虽同具善端，而所以放其良心者，亦犹斧斤之旦旦而伐。清夜平旦，未尽澌灭之天良，有时偶然发现，而白昼则物欲又纷至沓来，反复梏亡其夜气。于是久而久之，人之所以异于禽兽者，乃完全澌灭，便等于禽兽了。但不能因此说他本无善端呀！（详见《告子·牛山之木章》）善端为人人所同具，其所以有不善者，多为环境所陷溺。孟子曾说："富岁子弟多赖，凶岁子弟多暴。非天之降才尔殊也，其所以陷溺其心者然也。今夫麰麦，播种而耰之。其地同，树之时又同，浡然而生，至于日至之时，皆熟矣。虽有不同，则地有肥硗，雨露之养，人事之不齐也。"（《告子》）人心同具之善端，如麰麦之种子。土地之肥硗，雨露之不同，人事之不齐，则是环境。如富岁子弟多懒散依赖者，凶岁子弟多暴戾无赖者，也都是环境陷溺使然。只有能先立乎其大者，方能不为环境所陷溺。充其量，可以成为"富贵不能淫，贫贱不能移，威武不能屈"的大丈夫（《滕文公》）。吾人之性所以能具四端者，因为吾人有能思之心官。此心，此性，皆天之所与我者。故曰："尽其心者，知其性也；知其性，则知天矣。存其心，养其性，所以事天也。"（《尽心》）能存心养性以事天，尽心知性以知天，则我与宇宙万物皆为一体，达到"宇宙即是我心，我心即是宇宙"底境界，故能"上下与天地同流"（《尽心》），"万物皆备于我"（《尽心》）。这方是尽性的最高成就。

三　孟子论教学

孟子论教学，是以"性善论"为根据的。人性既同具善端，故教者只能把善端引发出来，使学者自己扩而充之，并没有加以改造底必要。所以告子说："性，犹杞柳也；义，犹桮棬也。以人性为仁义，犹以杞柳为桮棬。"孟子反驳他说："子能顺杞柳之性而以为桮棬乎？将戕贼杞柳而后以为桮棬也？如将戕贼杞柳而以为桮棬，则亦将戕贼人以为仁义乎？"(《告子》)可见教育是顺人之性以为仁义的了。孟子说："羿之教人射，必志于彀，学者亦必志彀；大匠诲人，必以规矩，学者亦必以规矩。"(《告子》)又说："梓匠轮舆，能予人规矩，不能使人巧。"(《尽心》)又说："大匠不为拙工改废绳墨，羿不为拙射变其彀率。君子引而不发，跃如也，中道而立，能者从之。"(同上)三章都是譬喻。教师所能教的，不能改变的，只是彀率，只是绳墨规矩。怎样去运用它们，以求精进，仍在学者自己。所以说："君子深造之以道，欲其自得之也。自得之，则居之安；居之安，则资之深；资之深，则取之左右逢其源。故君子欲其自得之也。"(《离娄》)孔子底"不愤不启，不悱不发""举一隅不以三隅反，则不复"，也只是欲其自得之。

孟子尝说："中也养不中，才也养不才，故人乐有贤父兄也。如中也弃不中，才也弃不才，则贤不肖之相去，其间不能以寸。"(《离娄》)他不说教不中，教不才，而说养不中，养不才；一方面固然因为"父子之间不责善，责善则离，离则不详莫大焉"(离娄)；一方面也因为学贵自得，为父兄者但须培养子弟为学底兴趣与能力而已。如其学者是一个"自暴自弃"底人，则教者无论如何努力，也得不着什么效果的。孟子以"得天下英才而教育之"

为君子三乐之一（《尽心》），而又说"人之患在好为人师"（《离娄》），似乎有些矛盾。其实，"好为人师"，就是喜以人师自居，勉强教训他人，而不知使学者自得。孟子尝说："君子之所以教者五：有如时雨化之者，有成德者，有达财（同材）者，有答问者，有私淑艾者，五者君子之所以教也。"（《尽心》）孟子自言："予未得为孔子徒也，予私淑诸人也。"（《离娄》）。"私淑艾者"，当指此类不及亲炙者而言；不及亲炙，闻风私淑，是完全出于自动的。即"成德""达材""答问"，亦是因材施教、因势利导；答问必待问而后答；成德、达材，亦就学者个性所长，由学者自己底努力。最高的一等，"如时雨化之者"，即是孔子底"不言之教"。"天何言哉？四时行焉，百物生焉，天何言哉！"（见《论语》）天不言而四时自行，百物自生；师不言而学者自化；潜移默化，感应无形，方是教育底最高的境界。孟子又说："教亦多术矣，予不屑之教诲也者，是亦教诲之而已矣。"（《告子》）《论语》记，"孺悲欲见孔子。孔子辞以疾。将命者出户，取瑟而歌，使之闻之"，这就是不屑教诲之教诲，给他一个教训，使他自己觉悟。所以教虽多术，其关键仍在学者自己。

四　孟子论道德修养

孔子以"仁"为全德之称，孟子则又提出一"义"字，常以之与"仁"平列。首篇第一章告梁惠王,便说"王亦曰仁义而已矣"。他又说:"仁,人心也;义,人路也;舍其路而弗由,放其心而不知求,哀哉!"仁,所以居;义,所以由,故又说:"仁,人之安宅也;义,人之正路也。旷安宅而弗居,舍正路而不由,哀哉!"(《离娄》)此二节意实相同。他所谓"居天下之广居",即是"居仁";"行天下之大道",即是"由义"(《滕文公》)。故答王子垫曰:"居恶在?仁是也。路恶在?义是也。居仁由义,大人之事备矣。"(《尽心》)士之"尚志",即在乎此。上节所引,《良知良能章》末说:"亲亲,仁也;敬长,义也。"《人皆有所不忍》章也是说的仁义。他有时以仁义礼智平列。如上节所引论人心有四端,在《孟子》中凡两见。《尽心》篇说:"君子所性,仁义礼智根于心。"所谓"根于心",即是有此四端。《离娄》篇也说:"仁之实,事亲是也;义之实,从兄是也;智之实,知斯二者弗去是也;礼之实,节文斯二者是也。"《尽心》篇又说:"仁之于父子也,义之于君臣也,礼之于宾主也,智之于贤者也。"都是仁义礼智四者并提的。有时仍单提一个仁字。如说:"仁者,人也;合而言之,道也。"(《尽心》)"道二,仁与不仁而已矣。"(《离娄》)是仍以仁为做人之道。又说:"仁者如射,射者正己而后发,发而不中,不怨胜己者,反求诸己而已矣。"(《公孙丑》)"强恕而行,求仁莫近焉。"(《尽心》)。仍是以"恕"为行仁之方。但是他对于义字,发挥得尤其透彻。《告子》篇有一章说:"鱼,我所欲也;熊掌，亦我所欲也；二者不可得兼，舍鱼而取熊掌者也。生，我所欲也；义，亦我所欲也；二者不可得兼，舍生而取义者也。"孔子曾说："志士仁人，无求生以害仁，有杀身以成仁。"(《论语·卫灵公》)"杀身成仁""舍生取义"，成就了我国历史上多少忠臣烈士！文天祥临刑时尚说："孔曰成仁，孟曰取义。读圣贤书，所学何事？而今而后，庶几无愧！"这真是我们民族最可宝贵的教训！

孟子中也常说到"君子"。如说"君子以仁存心，以礼存心"(《离娄》)，"君子不亮，恶乎执"(《告子》)，"君子所过者化，所存者神""君子有三乐"(《尽心》)，都是。但如"无君子莫治野人，无野人莫养君子"之类，则又指在位者而言。这是和《论语》相同的。

君子之外，又有所谓"大人"。如上文所引的"从其大体为大人""养其大者为大人""居仁由义，大人之事备矣"；及《离娄》之"大人者，不失其赤子之心者也""非礼之礼，非义之义，大人弗为""大人者，言不必信，行不必果，惟义所在"，都是指有修养的人而言。而"说大人则藐之"(《尽心》)底大人，则又指在位者而言了。至于《滕文公》篇说："居天下之广居，立天下之正位，行天下之大道；得志，与民由之，不得志，独行其道；富贵不能淫，贫贱不能移，威武不能屈，此之谓大丈夫。"这是因景春误以公孙衍、张仪为大丈夫，故答之如此。《公孙丑》篇说："予岂若是小丈夫然哉？谏于其君而不受，则怒；悻悻然见于其面。去则穷日之力而后宿哉？"也是因尹士之讥而发，并非"大丈夫"和"小丈夫"遥遥相对，代表"大人""君子"和"小人。"

《离娄》篇说："圣人，人伦之至也。"则孟子亦以"圣人"为修养之极致。但圣人之中，又有不同。他以伯夷为"圣之清者"，伊尹为"圣之任者"，柳下惠为"圣之和者"，孔子为"圣之时者"（《万章》）。但又以为"伯夷隘，柳下惠不恭，隘与不恭，君子不由也"（《公孙丑》）。则于此二人亦不无微辞了。他尝说："孔子不得中道而与之，必也狂狷乎？狂者进取，狷者有所不为也。"（《尽心》）狂和狷，都是个性底不同；修养到了极处，都可以成圣人。由进取之狂，可以修养到圣之任者；由有所不为之狷，可以修养到圣之清者。但其个性终不免有所偏胜。只有所谓"中道"者，如能得其"时中"，则可以成圣之时者。孟子说："乃所愿，则学孔子也"（《公孙丑》），就是因此。孔子所以能仁智兼尽，成为生民以来所未有的"集大成"的圣人，也是因此。

孟子答浩生不害，以乐正子（名克）为"善人""信人"，并且说："可欲之谓'善'，有诸己之谓'信'，充实之谓'美'，充实而有光辉之谓'大'，大而化之之谓'圣'，圣而不可知之之谓'神'。"则以修养之程度而言，又有"善""信""美""大""圣""神"六等底分别，而且所谓"大人"与"圣人"之上，尚有一等"神人"了。所谓"神人"底境界，大概是指"上下与天地同流"的,这方才是修养底最高的标准。

孟子答公孙丑说:"吾知言,吾善养吾浩然之气。""养气"和"知言",是孟子修养工夫底二大纲要,详见《公孙丑篇·不动心章》。公孙丑问他:"何谓浩然之气?"他答道:"难言也!其为气也,至大至刚,以直养而无害,则塞于天地之间。"浩然之气是天地之间的"正气"。大丈夫所以富贵不能淫,贫贱不能移,威武不能屈,便是因为有此正气;仁人义士所以能杀身成仁,舍生取义,也是因为有此正气。不能淫移挠屈,故"至刚";成仁取义,虽然杀其身,舍其生,而精神永存于万世,充塞于天地之间,故"至大"。至大至刚,故谓之"浩然之气"。他又说:"其为气也,配义与道;无是,馁也。是集义所生者。非义,袭而取之也;行有不慊于心,则馁矣。"浩然之气既是"正气",故须"配义与道"。"无是",谓无此气。无此气以配义与道,则怯懦委靡,有明知为道义而不敢为,或明知为非道非义而不敢不为者。何以故?以气馁故。孔子说:"见义不为,无勇也。"(《论语·为政》)正可与此互发。

反过来说,则此浩然之气,又须由集义而生。书籍底诵读,朋友底讲习,中外古今人事底评论;外之,则大而至于国家民族世界,小而至于乡族家庭,以及个人底日常生活;内之,则身心底体验反省;无论是知是行,是静是动,事事处处,都可以集义,而且不是一朝一夕之功,更不能有一暴十寒之弊。集之既久,所集又多，自然生出这"浩然之气"来。"义"须这样地"集"，不能"袭而取之"。袭而取之，是以军事为喻。不于平时集义，但偶然有一事合义，便是袭而取之。不能集义，或只是袭而取之，便不能生浩然之气。即有勇气，也只是一时冲动的虚骄之气，无道义以为之配的，必不足以持久。因为不是集义而生的正气，所以虽有时偶然合义，必多不合于义者。天良偶现，便觉不慊于心；不慊于心，便生愧怍，而气也馁了。一鼓作气，再而衰，三而竭，便是因此。把这两段话合起来看，则上一段所谓"以直养"，即是下一段所谓"集义"；所谓"无害"，即是不要"袭而取之"。

此章上文记孟子批评告子底"不动心"，曾说："夫志，气之帅也；气，体之充也。夫志至焉，气次焉。故曰持其志，无暴其气。"持其志，则志专一而不动摇；暴其气，则气专一，不但不听命于志，且足以动摇其志。故又说："志一则动气，气一则动志也。"能于平时集义，乃足以持其志；若徒袭而取之，或竟仅凭意气，便是暴其气了。孟子又说："必有事焉而勿忘；勿忘，勿助长也（原文作'必有事焉而勿正心勿忘，勿助长也'。倪思谓'忘'字乃误合'正心'二字为一字，今从之）。无若宋人然。宋人有悯其苗之不长而揠之者，芒芒然归，谓其人曰：'今日病矣！予助苗长矣！'其子趋而往视之，苗则槁矣。天下之不助苗者寡矣。以为无益而舍之者，不耘苗者也；助之长者，揠苗者也，非徒无益，而又害之。"他以耘苗比集义，以集义为无益而舍之，是不耘苗者。以揠苗助长，比袭而取之，比暴其气者，他们徒知鼓一时的虚骄之气，而不能以道义配气，故志易动而气易馁，则是非徒无益而又害之了。所以"勿忘"，就是要时时集义；勿助长，就是要无暴其气；合起来，就是所谓"以直养而无害"。"志"是指理智的，"气"是指感情的。理智是冷的、静的，感情是热的、动的。理智如轨道，感情如蒸汽。蒸汽是火车底动力，没有它，火车虽摆在轨道上，也不会行动。反过来说，火车没有轨道，或者出了轨，便会有覆车之祸。故所谓"养浩然之气"，便是要以合乎道义的理智支配感情。理智感情调节得宜，便是养气底工夫。如不能调节，而成了畸形的发展，则理智特强者是非虽明，终成一见义不为的懦夫；感情特强者虽有勇气，仍是意气用事，或盲目冲动的躁人。

他又答公孙丑问"知言"说："诐辞知其所蔽，淫辞知其所陷，邪辞知其所离，遁辞知其所穷。生于其心，害于其政；发于其政，害于其事；圣人复起，必从吾言矣。"《说文解字》："诐，古文以为颇字。"又训"颇"为"偏"。故"诐辞"是有所偏颇之辞。有偏见者，必有所蔽而然。《荀子·解蔽》篇说："凡人之患，蔽于一曲而暗于大理。"又说："墨子蔽于欲而不知得，慎子蔽于法而不知贤，申子蔽于势而不知知，惠子蔽于辞而不知实，庄子蔽于天而不知人。"因为有所蔽，故有所不知，有所偏颇。能知其所蔽，则不至为其所惑。"淫"，溢也。有所陷溺，故往往言过其实，即是"淫辞"了。各种学说主义，创之者多因有所蔽而发为"诐辞"；信仰宣传之者，则多因有所陷而发为"淫辞"。孟子时底杨墨之徒也是如此。能知其所陷，便不至为其惑。本章上文，孟子尝说："世衰道微，邪说暴行又作；臣弑其君者有之，子弑其父者有之。"弑君、弑父是"暴行"。弑君父之乱臣贼子，必张其君之罪与己之功，以文其奸而济其暴，则是"邪说"了。"邪辞"，就是"邪说"。邪辞直是悖道之言，故曰"知其所离"。"遁"，有隐藏逃避之义。为邪说者，还想假借美名，以文饰其奸；为遁辞者，则自知理曲辞穷，但图隐遁逃避，故曰"知其所穷"。现在就有这两等人：自命为"和平救国"，并且说"我不入地狱，谁入地狱"的，是一等，即是"邪辞"；自承为要吃饭，不得已而屈膝的，又是一等，则是"遁辞"。总之"诐辞""淫辞"是一类，"邪辞""遁辞"又是一类。现在诐、淫、邪、遁之辞，滔滔皆是；而且已发于其政，害于其事了。一般人底受其蛊惑，误入歧途，都是不能"知言"之故。

孟子既善养其浩然之气，故气魄非常伟大，能"说大人"而"藐之"。但于出处去就之间，又不肯"枉尺直寻"，故不肯贸贸然往见诸侯（《滕文公》篇答陈代，《万章》篇答万章）；辞受取予之间，亦不肯为人"货取"，故齐、宋、薛同是馈金，而或受或不受（《公孙丑》）。即此，可以见其操守之正，律己之严。出处辞受，一丝不苟，这些正是"集义"底工夫。他尝辟陈相学许行之道，又尝力距杨、墨（见《滕文公》），辨析分明，词严义正，便是"知言"底表现。"养气"和"知言"，虽然是孟子自己底工夫，却很可以给我们提示出修养底途径来。

五　孟子论政治

孟子尝言："人皆有不忍人之心。先王有不忍人之心，斯有不忍人之政矣。"不忍人之心，即是人人所同具的恻隐之心；不忍人之政，即是"仁政"。则仁政原是由有仁心的先王创造出来的，原是以人人所同具之不忍人的恻隐之心为出发点的了。创造仁政者，固须有仁心；施行仁政者，也须有仁心。反过来说，仅有仁心，而没有仁政，则虽欲扩充此仁心以达之于天下，也没有办法达到目的。故又说："离娄之明，公输子之巧，不以规矩，不能成方圆；师旷之聪，不以六律，不能正五音；尧舜之道，不以仁政，不能平治天下。今有仁心仁闻，而民不被其泽，不可法于后世者，不行先王之道也。"仁心是推行仁政的动力，仁政是实现仁心的工具，二者缺一不可。故曰："徒善不足以为政，徒法不能以自行。""徒善"，是只有仁心，没有仁政，故不足以为政；徒法，是只有仁政，没有仁心，故不能以自行。以有仁心的人，施行仁政，则二者备具，方可以平治天下，方可以泽及人民而为法于后世。故又曰："圣人，既竭目力焉，继之以规矩准绳，以为方圆平直,不可胜用也;既竭耳力焉,继之以六律,正五音,不可胜用也;既竭心思焉,继之以不忍人之政,而仁覆天下矣。"以近事为例,如孙中山先生有救国救民底心,方能创造三民主义。这就是"先王有不忍人之心,斯有不忍人之政"。必须有真正的救国救民之心者,方能实行三民主义;否则,"徒法不能以自行"。即使勉强推行,必致差以毫厘,失之千里;或者甚至以之为招牌,以救国救民者祸国殃民!反过来说,真正有救国救民之心,方能成救国救民之大功;否则,"徒善不足以为政",虽有救国救民底宏愿,也无从实现。

那么,孟子所谓"仁政",是怎样的呢?他以为应该先解决民生问题。故曾告梁惠王说,"养生丧死无憾"是"王道之始"。怎样方能使人民养生丧死无憾呢?他说:"不违农时,谷不可胜食也;数罟不入洿池,鱼鳖不可胜食也;斧斤以时入山林,材木不可胜用也。谷与鱼鳖不可胜食,材木不可胜用,是使民养生丧死无憾也。"又说:"五亩之宅,树之以桑,五十者可以衣帛矣;鸡豚狗彘之畜,无失其时,七十者可以食肉矣;百亩之田,勿夺其时,数口之家可以无饥矣。"人民既有以为生,然后可加以教训。故又说:"谨庠序之教,申之以孝悌之义,颁白者不负戴于道路矣。"(告齐宣王亦如此,同见《梁惠王》篇)这仍和孔子"先富后教"底意思相同。为什么要先解决民生问题呢?他曾对齐宣王说出理由来:"无恒产而有恒心者,惟士为能。若民,则无恒产,因无恒心；苟无恒心，放辟（同僻）邪侈，无不为已。及陷于罪，然后从而刑之，是罔民也。焉有仁人在位，罔民而可为也？是故明君制民之产，必使仰足以事父母，俯足以畜妻子，乐岁终身饱，凶年免于死亡；然后驱而之善，故民之从之也轻。今也制民之产，仰不足以事父母，俯不足以畜妻子，乐岁终身苦，凶年不免于死亡；此惟救死而恐不赡，奚暇治礼义哉！"（《梁惠王》）

孟子之时，还是农业社会底时代，所以"有恒产"，生活便安定。"有恒产者有恒心，无恒产者无恒心"，便是说，生活安定了，民心才能安定；没有安定的生活，便朝不保暮，民心惶惶了。铤而走险，则小之朊箧越货，大之资敌作伥，苟有利可图，即无恶不作，偶而侥幸，则傥来之财，得之既易，嫖赌吃着，恣意挥霍；邪僻放恣，乃成为一时的风气，即欲齐之以刑，以难挽回了。所以治本之策，在乎安定人民底生活。生活安定了，方可加以教训，管子所谓"衣食足、知荣辱；仓廪实、知礼节"，也是这个道理。越王勾践底"十年教训"，必先之以"十年生聚"，也是这个道理。反之，如明末流寇之起，由于民不聊生；第一次欧战，德之失败，由于经济崩溃。可见人民无以为生，结果直足以亡国。所以尧命舜，舜命禹，都说："四海困穷，天禄永终。"（见《论语·尧曰》）往事古训，昭示如此，能不寒心？

那么，怎样制民之产呢？孟子底主张，要实行"井田制度"。"方里而井，井九百亩，其中为公田，八家皆私百亩，同养公田。"

（答毕战，见《滕文公》）这种井田制度，在多山陵、多湖沼的地方，未必能实行。孟子生长在山东大平原，所以有此理想。这种制度，在殷周二代统治黄河流域时，或确曾实行过；但在古代，土地为贵族所专有，平民仅为助耕之氓，则原有的井田制度，也与孟子底理想不合。孟子底井田制度，乃以土地为国家所有，画成井田，以外面的八百亩分授八家，中央的一百亩留作公田。耕种时八家同养公田，即以公田底收获，作为赋税，是为"耕者九一"底"助法"。他以为夏代底田赋制度是"贡"，殷代底田赋制度是"助"。又批评这二种制度说："'贡'者，校数岁之中，以为常。乐岁粒米狼戾，多取之而不为虐，则寡取之；凶年粪其田而不足，则必取盈焉。为民父母，使民盻盻然，将终岁勤动，不得以养其父母，又称贷而益之，使老稚转乎沟壑，恶在其为民父母也？"井田制度助法，当然是征收实物的，而且征收九分之一，税率也并不轻。不过既用助法，则赋额自随年岁底丰歉而增减，较之以贡法征收实物，而且以乐岁底收获为标准制定赋额者，公平得多了。所以孟子一面主张"薄税敛"，一面又主张"九一"的助法，只须"助而不税"而已。助而不税，即是田赋之外，不再巧立名目，收取捐税。

田赋之外，孟子又主张，"市，廛而不征，法而不廛""关，讥而不征""廛，无夫里之布"，也都是"薄税敛"。但税敛之中，终以田赋为主，而且孟子底井田制度，是含有社会主义性质的经济制度，故"制产"在仁政中所占的地位尤为重要。他说："夫仁政必自经界始。经界不正，井地不均，谷禄不平，是故暴君污吏必漫其经界。经界既正，分田制禄，可坐而定也。"(《滕文公》)"分田"，就是上文所说分授一家百亩之制；"制禄"，则孟子答北宫锜问周室班爵禄之制，曾举其大要。大抵庶人在官者，其禄以足代其耕为标准，而下士之禄与之同；大夫、上士、中士、下士，其禄之差各为一倍；国君之禄，十倍于卿；卿之禄，则大国四倍于大夫，次国三倍，小国二倍。这是禄制底大概。至于爵位，则有天子、公、侯、伯、子男五等之爵，有君、卿、大夫、上士、中士、下士六等之位。天子之卿与侯，大夫与伯，上士与子男，各为同等。爵位和禄制底关系当然是密切的(《万章》)。此种爵禄之制是周制否，实亦疑问；或者和井田制度一样，也经过孟子主观的理想之修正，亦未可知。所以和《礼记·王制》及《周官》所记，均有出入。诸子之"托古改制"，绪论中已曾言之。孟子底井田制和禄制，实都托于殷周二代之古，并非拥护旧有制度，反对改革。

上文所述，是孟子所谓"仁政"底大要。"徒法不能以自行"，行仁政者，必须仁人。故说："是以唯仁者宜在高位；不仁而在高位，是播其恶于众也。"所以为"天子"者，必须"圣人"。但天子底子孙，未必世世都是圣人，所以他底最高的政治理想，仍和孔子相同，主张"禅让"，托之尧舜。他认为"天子能荐人于天，不能使天与之天下",天不言,势不能"谆谆然命之",只能"以行与事示之而已矣"。他曾述尧舜禅让底经过说:"舜相尧,二十有八载。非人之所能为也,天也。尧崩,三年之丧毕,舜避尧之子于南河之南。天下诸侯朝觐者不之尧之子而之舜,讼狱者不之尧之子而之舜,讴歌者不讴歌尧之子而讴歌舜,故曰天也。夫然后之中国,践天子位焉。而(如也)居尧之宫,逼尧之子,是篡也,非天与也。"又述舜禹禅让底经过说:"昔者舜荐禹于天,十有七年,舜崩。禹避舜之子于阳城。天下之民从之,若尧崩之后,不从尧之子而从舜也。"

那么,禹何以传子启而不传贤呢?孟子又说:"禹荐益于天,七年,禹崩。三年之丧毕,益避禹之子于箕山之阴。朝觐讼狱者不之益而之启,曰:'吾君之子也。'讴歌者不讴歌益而讴歌启,曰:'吾君之子也。'"尧举舜、舜举禹、禹举益,其事正同。但一则因尧子丹朱和舜之子都不肖,而启却贤;二则因舜相尧历二十八年,禹相舜历十七年,而益之相禹仅七年,故结果不同。此二者,都非人之所能为,都是莫之为而为、莫之致而致的,所以说是"天",是"命"。朝觐讼狱讴歌者底向背,便是所谓"以行与事示之"。照前一层说,是"天意";照后一层说,则表示天意的即是"民意"。孟子又引《尚书·泰誓》曰:"天视自我民视,天听自我民听。"(《万章》)说得非常明了。质言之,就是"得乎丘[①]民为天子"。能得乎丘民者，必是才德最优的圣人。柏拉图底理想国，其主张和此极相似。孟子在战国时代，已有此种政治理想，真是难能而可贵的。

孟子为什么这样重视民意呢？他底根本观念，实谓一切政治制度皆为人民而设。为了人民，方需要国家、国君。并非为了国君，方有国家，方有人民。所以说："民为贵，社稷次之，君为轻。"（见《尽心》。社，祀土神；稷，祀谷神。古以农业立国，故祀社稷，并以之代表国家）。为君者，如残贼人民，便不成其为君，因为民意已完全舍弃他了。故说："贼仁者谓之贼，贼义者谓之残，残贼之人谓之一夫。闻诛一夫纣矣，未闻弑君也。"又说："今之事君者曰：'我能为君辟土地，充府库。'今之所谓良臣，古之所谓民贼也！……'我能为君约与国，战必克。'今之所谓良臣，古之所谓民贼也！"（《告子》）凡是残害人民的，无论以战杀人、以聚敛杀人，君则为独夫、臣则为民贼；在数千年前，发此种言论，是何等胆大识远，何等严正痛快！反过来说，则仁者执政，必能处处为人民着想，一切与民同之。所以说："古之人与民偕乐，故能乐也。""今王与百姓同乐，则王矣。"文王之国，与民同之，故七十里而民犹以为小。好勇、好货、好色，与民同之，于王何有？因为"乐民之乐者，民亦乐其乐；忧民之忧者，民亦忧

---

① 丘　底本作"邱"，据《孟子译注》（P.328）改。

其忧",人民都以国君之忧乐为忧乐,便可以王天下。否则,"民欲与之偕亡",无论领土如何广大,人口如何众多,经济如何充实,军事如何优良,也不能不土崩瓦解。这并不是纸上空谈,事实确是如此。

处处为人民着想,一切与民同之。这样的心术谓之"仁心",这样的政策谓之"仁政"。以仁心行仁政,可以"王天下",故又谓之"王道"。反之,即其居心、行政,处处为自己着想,一切不与民同之,对内则以政治的权力压制人民、剥削人民,对外则以军事的武力侵略他国、征服他国,以恣其欲、以逞其志的,便只能"霸天下",故又谓之"霸道"。"王"与"霸",孟子辨别得最严而且最明。他说:"以力假仁者霸,霸必有大国;以德行仁者王,王不待大,汤以七十里,文王以百里。以力服仁者,非心服也,力不赡也。以德服人者,中心悦而诚服也,如七十子之服孔子也。《诗》云:'自西自东,自南自北,无思不服。'此之谓也。"霸者虽以力服人,但也借种种好听的名词,如"兴灭继绝""共存共荣"等,以为号召,而且自命为"王道",所以说他们"假仁",他们以假仁为欺骗民众、鼓舞民众底手段,故其民众有"欢虞如也"底气象。"欢虞"是"欢娱"底通借字,"如"为状词底语尾。霸者之民何尝能真正地欢娱?只是就表面看,觉得他们有"欢虞如"底气象而已。王者之民底气象,则是"皞皞如也"的。"皞皞"犹"蚩蚩""浑浑""噩噩"。"皞皞如"是"不识不知"底气象。下文所谓"杀之而不怨，利之而不庸，民日迁善而不知为之者"，《诗经》说的"不识不知，顺帝之则"，便是"皞皞如"底气象。因为王者之治是"则天"的，如天地之自然运行，而成四时、生百物，故荡荡乎民无能名。孟子主王道，斥霸道，故齐宣王问齐桓晋文之事，孟子以"仲尼之徒无道桓文之事者，臣未之闻也，无以，则王乎"答之(《梁惠王》)；其讥管仲而不屑为，也是因此。

孟子对陈相曾说："有大人之事，有小人之事……或劳心，或劳力；劳心者治人，劳力者治于人；治于人者食人，治人者食于人：天下之通义也。"(《滕文公》)因此，有人批评孟子，说他主张分"治人""治于人"底阶级，仍不高明。实则人类社会既不能没有政治的组织，则事实上不能没有"治人"和"治于人"底区别。人类社会，最要紧的是"分工互助"。因为"一人之身而百工之所为备"，势不能"必自为而后用之"。依据分工互助底原则，"或劳心，或劳力""通功易事"，正和农商陶冶一样，"各尽所能，各取所需"，是最经济最公平的办法。许行"君臣并耕"底主张，要一方面劳心于政治，一方面劳力于耕农，是违背分工互助底原则的，事实上是行不通的。

第三章

荀子

一　荀子事略

孔子之后，百余年而有孟子（孟子自言，"由孔子而来，至于今，百有余岁"，见《孟子·尽心》）；孟子之后，又有荀子。儒家巨子，惟此三人。冯友兰《中国哲学史》说："孔子在中国历史中之地位，如苏格拉底之在西洋历史；孟子在中国历史中之地位，如柏拉图之在西洋历史，其气象之高明亢爽亦似之；荀子在中国历史中之地位，如亚里士多德之在西洋历史，其气象之笃实沉博亦似之。"比拟得很不错。

荀子事略，见《史记·孟子荀卿列传》。此传记荀子曰："荀卿，赵人，年五十，始来游学于齐……田骈之属皆已死齐襄王时，而荀卿最为老师；齐尚修列大夫之缺，而荀卿三为祭酒焉。齐人或逸荀卿。荀卿乃适楚，而春申君以为兰陵令。春申君死而荀卿废，因家兰陵。李斯尝为弟子，已而相秦。荀卿嫉浊世之政，亡国乱君相属，不遂大道，而营于巫祝，信禨祥，鄙儒小拘，如庄周等，又滑稽乱俗；于是推儒墨道德之行事兴坏，序列著数万言而卒，因葬兰陵。"

《史记》不言荀子游齐在于何时。刘向《荀子叙录》说："威王、宣王之时，聚天下贤士于稷下，号曰列大夫。是时孙卿有秀才，年五十，始来游学。"按：荀子在楚为兰陵令，春申君死而卿废。春申君为李园所杀，在楚考烈王二十五年，当齐王建二十七年，上距宣王之末，凡八十七年。如荀子在宣王末年来齐，年已五十，则至春申君死时，已一百三十七岁了。《盐铁论·毁学》篇说："方李斯之相秦也，始皇任之，人臣无二，然而荀卿为之不食，睹其罹不测之祸也。"按《史记·始皇本纪》，三十四年，李斯相秦。上距春申君死，又十八年。荀子最早卒于此年，则寿已一百五十五岁。应劭《风俗通·穷通》篇作"年十五，始来游学"。故晁公武《郡斋读书志》谓《史记》"年五十"为讹；胡元仪《郇卿别传·考异》亦谓当作"年十五"，其来齐当在湣王末年。按颜之推《家训·勉学》篇说："荀卿五十，始来游学。"则之推所见之《史记》已作"年五十"。应、晁、胡三氏殆亦因推算结果，年寿过长，故以为传写误倒耳。《史记》并未言荀子始来齐在何王时，但云"年五十，始来游学于齐"，正因年已五十，故

"最为老师"。而且"田骈之属皆已死齐襄王时而荀卿最为老师",上句当于"时"字绝句,因为下句首有"而"字,语气本很明白。《史记》本意是说田骈等都已死于齐襄王之时,而荀卿年五十,故最为老师。下文所说"齐尚修列大夫之缺,而荀卿三为祭酒焉",最早亦当在襄王五年以后;因为襄王五年,田单方败燕,杀骑劫,而复齐国,当襄王虽处莒城之日,怎能修列大夫之缺呢?刘向、应劭所说,也是上溯威王、宣王时事,以明"修列大夫之缺"是齐国复兴后,恢复旧观;所谓"是时",并非指威王、宣王之时。荀子如及见李斯相秦,而年五十始至齐,则最早也当在襄王之末。虽李斯相秦,荀子为之不食的话,未必可靠;但春申君死时,荀子尚存,则是事实。他底年寿,大约有八九十岁。但其生卒的确实年数,则已无从考证了。

《汉志·诸子略》儒家有《孙卿子》三十三篇。自注曰:"名况,赵人,为齐稷下祭酒,有列传。"《史记索隐》也说:"名况,'卿'者,时人相尊而号曰卿也。"称荀况为荀卿,和称荆轲为荆卿同。以为名况,字卿;以为祭酒为列大夫之长,即是卿,荀子亦曾为卿于齐,故号荀卿(此胡元仪说):都是错的。《索隐》又说:"后亦谓之孙卿子者,避汉宣帝讳也。"颜师古注《汉志》亦曰:"本曰荀卿,避宣帝讳,故曰孙。"按:汉宣帝名询。避询字底讳,而改"荀"曰"孙",是避嫌名了。谢墉《荀子校录》说:"汉不避嫌名。时人荀淑、荀爽,俱用本字,《左传》荀息至荀瑶亦不改字。何独于荀子改之耶？盖荀、孙二字同音，语遂移易。如荆轲谓之荆卿，又谓之庆卿；又如张良为韩信都，"信都"，司徒也，俗音不正，曰"信都"。其说甚是。胡元仪则以荀氏为郇伯之后，郇氏又作荀者，如许国许氏，字当作"鄦"，而经传皆作"许"。其又称孙者，盖郇伯公孙之后，或又以孙为氏。按：郇国在今山西猗氏县境，战国时属赵。荀子正为赵人。郇字作荀，胡氏之说是不错的。但以荀孙为二氏，不由字音而变，则非。胡氏举陈完、陈恒，《史记》作田完、田常；《荀子》中陈仲、田仲互见；田骈，《吕氏春秋》作陈骈，陈、田皆氏，故两称之为例。不知古无舌上音，"陈"字与"田"字同读舌头音；陈、田互称，荀、孙改易，正都是字音底关系。

汪中谓"荀卿之学出于孔氏，而尤有功于诸经。"《诗》之《毛诗》《鲁诗》，《春秋》之《左传》《穀梁传》，皆传自荀子。而《大戴礼记》之《曾子立事》载《荀子·修身》《大略》二篇之文，《小戴礼记》之《乐记》《三年问》《乡饮酒义》载《荀子·礼论》《乐论》二篇之文；《大略》篇"《春秋》贤穆公善胥命"，则为《春秋》公羊之学；刘向又称荀卿善为《易》，其义亦见《非相》《大略》二篇。故荀子实传经之儒。其书中《宥坐》《子道》《法行》《哀公》《尧问》五篇，杂记孔子与其弟子的言行；且以《劝学》始，以《尧问》终（篇末附荀子弟子之词，其为末篇显然。故刘向所编，不如杨倞改订本），首末二篇正仿《论语》(详见《述学·荀卿子通论》)。则荀子也是私淑孔子的了。至其《非十二子》排斥子思、孟轲,则犹宋明理学,朱派与陆王派底门户之争,儒家至此,已分为数派了。

二 荀子论性恶

荀子学说底中心是"性恶论"。荀子所以大受宋儒底抨击,也是为了"性恶论"。《性恶》篇开口便说:"人之性恶,其善者伪也。"南宋时,曾目朱子为"伪学"。今见荀子说"其善者伪也",自然激动道学家底愤怒了。不知"伪"字之义本是"人为"。《尚书·尧典》"平秩南讹",《史记·五帝本纪》作"南为",《汉书·王莽传》作"南伪":此"伪"即"为"之证(见钱大昕《荀子跋》)。下文曰:"凡性者,天之就也,不可学,不可事;礼义者,圣人之所生也,人之所学而能,所事而成者也。不可学不可事之在天者,谓之'性'(原文作'而在人者',今依顾千里校改),可学而能,可事而成之在人者,谓之"伪":是性伪之分也。今人之性,目可以见,耳可以听。夫可以见之明不离目,可以听之聪不离耳。目明而耳聪,不可学明矣。"已把"性"与"伪"分别得非常明白。

下文又说:"故陶人埏埴而为器,然则器生于陶人之伪('陶人'原文作'工人',今依杨倞说改),非故生于埴之性也。故工人斫木而成器，然则器生于工人之伪，非故生于木之性也（原文并作'非故生于人之性也'，王念孙以为原文涉上下文而误，上句当云'非故生于陶人之性'，下句当作'非故生于工人之性'。按：如王校，义仍未安；当云'非故生于埏之性''非故生于木之性'）。圣人积思虑习伪，故以生礼义而起法度；然则礼义法度，是生于圣人之伪，非故生于人之性也。"此以陶人埏埴为器，工人斫木为器作比，明礼义法度非故生于人之性，而生于圣人之为，其意更为显著。

下文又翻过来说："夫陶人埏埴而生瓦，然则瓦岂埴之性也哉？工人斫木而生器，然则器岂木之性也哉？（原文作'然则瓦埴岂陶人之性也哉''然则器木岂工人之性也哉'，义不可通。疑是先涉下文而误，作'岂人之性也哉'，后又增'陶'字'工'字于'人'字之上）。夫圣人之于礼义积伪也，譬则陶埏而生之也，然则礼义岂人之性也哉？"他以陶人埏埴为器，工人斫木为器，比圣人之化性积伪以为礼义，与告子所说"以人性为仁义，犹以杞柳为桮棬"之喻正同。"性""伪"之分，愈为显明。《正名》篇也说："生之所以然者谓之'性'。生之和所生，精合感应，不事而自然，谓之'性'（原文作'性之和所生'，依王先谦校改）。性之好恶、喜怒、哀乐谓之'情'。情然而心为之择，谓之'虑'。心虑而能为之动，谓之'伪'。虑积焉，能习焉，而后成，谓之'伪'。"也是分别"性""伪"二者的。"伪"

字之义既明，便不至误解"其善者伪也"句是说"其善者是假是诈"了。

《性恶》篇又说："今人之性，生而有好利焉，顺是，故争夺生而辞让亡焉；生而有疾恶焉，顺是，故残贼生而忠信亡焉；生而有耳目之欲，好声色焉（原文作'有好声色焉'，从王先谦校，删'有'字），顺是，故淫乱生而礼义文理亡焉，然则从人之性，顺人之情，必出于争夺，合于犯分乱理，而归于暴。故必将有师法之化，礼义之道，然后出于辞让，合于文理，而归于治。"又说："今人之性，饥而欲饱，寒而欲暖，劳而欲休，此人之情性也。""若夫目好色，耳好声，口好味，心好利，骨体肤理好愉佚，是皆生于人之情性者也。"孟子认为人性中有"恻隐""羞恶""辞让""是非"诸善端，故可扩充为"仁义礼智"诸善德。荀子认为人性中有"好利""疾恶""好声色"……诸恶端，而"争夺""残贼""淫乱"诸恶德，皆由之生。二人底主张，恰是相反。

谢墉《荀子笺释·序》说："孟子言性善，盖勉人以为善而为此言；荀子言性恶，盖疾人之为恶而为此言。"钱大昕也说："孟言性善，欲人之尽性而乐于善；荀言性恶，欲人之化性而勉于善；立言虽殊，其教人以善则一也。宋儒言性，虽主孟氏，然必分义理与气质而二之，则已兼取孟荀二义。至其教人以变化气质为先，实暗用荀子化性之说。"康白情底白话诗《草儿》，曾有"草儿在前，鞭儿在后"两句。孟子底性善说，是"草儿在前"的奖诱；荀子底性恶说，是"鞭儿在后"的督责。詹姆士曾说，哲学家，可依其气质，分硬心的及软心的二派，柏拉图为软心派代表，亚力士多德为硬心派代表。冯友兰因此谓孟子是软心的哲学家，荀子是硬心的哲学家。盖二人性质不同，学说亦异。观于二人之论性而益信。

《性恶》篇又说："涂之人可以为禹，曷谓也？曰：凡禹之所以为禹者，以其为仁义法正也。然则仁义法正，有可知、可能之理。然而涂之人也，皆有可以知仁义法正之质，皆有可以能仁义法正之具。然则其可以为禹，明矣。""可以知仁义法正之质"，似即孟子所谓"良知"；"可以能仁义法正之具"，似即孟子所谓"良能"。"涂之人可以为禹"，亦即孟子中"人皆可以为尧舜"之说。孟子说"性善"，不过说人性皆有"善端"，皆有"良知""良能"，而扩充四端，发展良知良能，亦尚有待于后天人为之修养。故戴震《孟子字义疏证》说："此与性善之说，不惟不相悖，而且若相发明。"

《正名》篇说："情然而心为之择，谓之虑。心虑而能为之动，谓之伪。"又说："欲，不待可得；而求者从所可。欲不待可得，所受乎天也；求者从所可，受乎心也。天性有欲，心为之节制（此九字，据久保爱所据宋本增）……故欲过之而动不及，心止之也……欲不及而动过之，心使之也。"是荀子认为天性中有欲，而所以节欲者为心。心何以有节欲？因"心"能"虑"，而"能"

为之动故。《解蔽》篇又说:"何谓衡?曰'道'……人何以知'道'?曰'心'。"《正名》篇亦说:"道者,古今之正权也。离道而内自择,则不知祸福之所托"。"内自择",即所谓"情然而心为之择"。心何以能择?以能"虑"故。心之"虑",心之"择",盖以"道"为权衡故能无所蔽。孟子所谓"耳目之官不思而蔽于物""心之官则思",其理正与此同。《礼论》说:"无性,则伪之无加;无伪,则性不能自美。"性之所以成为"美"者,固赖有人为的工夫;但"伪之"而"有所加",则性中非绝无善端可知已。我认为荀子所说人之性,生而有"好利""疾恶"及好声色之耳目之欲,与饥欲饱、寒欲暖、劳欲休……,孟子亦未尝认为性中绝对没有,不过这些都是人与禽兽所同具的食色之性之类;孟子所说"大者""贵者"之能"思"的心,以及"良知""良能",荀子亦未尝认为性中绝对没有,不过孟子以为人之所以异于禽兽者即在此,故特别重视之。故孟子所谓"性",仅指人之所以异于禽兽之"性";荀子所谓"性",则兼包人与禽兽同具之"性"。一主"性善",一主"性恶",实因他们所谓"性"者内涵外包不同之故。

孟子只说到"心之官则思"为止。荀子则更进一步,说明心所以能虑之故。《解蔽》篇说:"心何以知?曰'虚一而静'。心未尝不臧(同藏)也,然而有所谓'虚'。心未尝不满也,然而有所谓'一'。心未尝不动也,然而有所谓'静'。……不以所已臧害所将受,谓之'虚'。……不以夫一害此一,谓之'一'。……不以梦剧乱知,谓之'静'。……将须道者,虚之;虚则入。将事道者,一之;一则尽。将思道者,静之;静则察。……虚一而静,谓之大清明。……夫恶有蔽矣哉!"《庄子·天道》篇以水镜喻圣人之心之"虚静",《老子》亦云"致虚极,守静笃"。荀子底心理学,殆亦有取于老庄之说,特略加修正而已。

三　荀子论教学

荀子既谓"人之性恶,其善者伪",故认为后天的教与学底力量是非常伟大的。荀子首篇《劝学》底首句便说:"君子曰:学不可以已。"又说:"木受绳则直,金就砺则利,君子博学而日参省乎己,则知明而行无过矣。""吾尝终日而思矣,不如须臾之所学也。"他并认为环境和人底力量很大,所以说:"蓬生麻中,不扶而直;白沙在泥,与之俱黑。"(后二句依王念孙校增)"故君子居必择乡,游必就士,所以防邪僻而近中正也。"为学之要则在乎"积善"与"专一"。故又说:"积土成山,风雨兴焉;积水成渊,蛟龙生焉;积善成德,而神明自得,圣心备焉。""蚓无爪牙之利,筋骨之强,上食埃土,下饮黄泉,用心一也。蟹八跪而二螯(跪即足,'八'字本作'六',依卢文弨校改),非蛇鳝之穴无可寄托者,用心躁也。……目不能两视而明,耳不能两听而聪。……故君子结于一也。"《儒效》篇也说:"故圣人者,人之所积也。人积耕耨而为农夫,积斫削而为工匠,积反(同贩)货而为商贾,积礼义而为君子。"所谓"积",就是渐渐养成良好习惯的意思。惟能积善,方能化性。《不苟》篇又说:"君子养心莫善于诚,致诚则无他事矣。唯仁之为守,唯义之为行。诚心守仁则形,形则神,神则化矣。诚心行义则理,理则明,明则变矣。"所谓"化""变",即是变化其本来是恶的性。又说:"善为道者,不诚则不独,不独则不形。""独行而不舍,则济矣。济而材尽,长迁而不反其初,则化矣。""诚"有真实之义,"独"有专一之义。能真实,故能专一。因为人性本恶,本无仁义;化性起伪,完全在学,此如逆水行舟,必真实专一,积之既久,方能使人习于仁义,以化其性。主性善者,旨在尽性以复其初;主性恶者,旨在化性而不反其初:此亦孟荀二家不同之点。

《劝学》篇又说:"学恶乎始,恶乎终?曰:其数则始乎诵经,终乎读礼;其义则始乎为士,终乎为圣人。"诵经,指诵《诗》《书》而言,故又曰:"《书》者,政事之纪也;《诗》者,中声之所止也;礼者,法之大分,类之纲纪也。故学至乎礼而止矣。"如不能隆礼,则仅能"学杂识志[①],顺《诗》《书》","末世穷年,不免为陋儒"。因为文字的记诵的知识,只是口耳之学;能影响于

---

① 学杂识志　底本作"学杂志",据《荀子集解》(P.15)改。

身心言动者，只有礼而已矣。故曰："君子之学也，入乎耳，箸乎心，布乎四体，形乎动静，端而言，蠕而动，一可以为法则；小人之学也，入乎耳，出乎口，口耳之间则四寸耳，曷足以美七尺之躯哉？古之学者为己，今之学者为人。君子之学也，以美其身；小人之学也，以为禽犊。"他认为足以陶冶身心的只有礼，故说："故隆礼，虽未明，法士也；不隆礼，虽察辩，散儒也。"《修身》篇也说："凡用血气志意知虑，由礼则治达（'达'本作'通'，依王引之校改），不由礼则勃乱提慢（弛慢也）；食饮衣服居处动静，由礼则和节，不由礼则触陷生疾；容貌态度进退趋行，由礼则雅，不由礼则夷固僻违，庸众而野。故人无礼则不生，事无礼则不成，国家无礼则不宁。"其崇礼，可谓至矣尽矣。所以荀子之学可以名之曰"礼学"；荀子之教，可以名之曰"礼教"。

《修身》篇说："礼者，所以正身也；师者，所以正礼也。无礼，何以正身？无师，吾安知礼之为是也？礼然而然，则是情安礼也；师云而云，则是知若师也。情安礼，知若师，则是圣人也。故非礼是无法也，非师是无师也。不是师法，而好自用，譬之是犹以盲辨色，以聋辨声也，舍乱妄无为也。"可见隆礼之外，还须得师。不但师，友也是要紧的。《修身》篇又曾说："故非我而当者，吾师也；是我而当者，吾友也；谄谀我者，吾贼也。故君子隆师而亲友，以致恶其贼。好善无厌，受谏而能诫，虽欲无进，得乎哉？"又说："以善先人者，谓之教；以善和人者，谓之顺；

以不善失人者，谓之谄；以不善和人者，谓之谀。"教我者师，顺我者友，谄谀我者贼。隆师亲友而致恶其贼，则学自日进了。

综以上所述，则学者所贵凡三，曰"专一"，曰"得师"，曰"隆礼"。故《修身》篇又说："凡治气养心之术，莫径由礼，莫要得师，莫神一好。"这是荀子论学底总结。

那么，师应当怎样教人呢？《劝学》篇说："故不问而告谓之傲，问一而告二谓之囋。傲非也，囋非也，君子如响矣。"俞樾《诸子平议》引《论语·季氏》篇"言未及之而言谓之躁"。《释文》曰："鲁读躁为傲。"傲即躁之假借字。卢文弨以"多言"释"囋"字。按：不问而告，则失之躁；问一而告二，则失之囋。君子不问则不告，问一不告二，大叩则大鸣，小叩则小鸣，故曰"如响"。下文又说："故未可与言而言，谓之傲；可与言而不言，谓之隐；不观气色而言，谓之瞽。故君子不傲、不隐、不瞽，谨顺其身。"（"顺"，宋本作"慎"，今依卢校从元刻本）。谨顺其身者，谓顺其人。此与《论语》"不愤不启，不悱不发"及因材施教之旨相同。

四　荀子论道德修养

荀子也和孔子、孟子一样，以"君子"为道德修养的标准人格。各篇中说到君子的很多，而尤以《不苟》篇为甚。如说："君子行不贵苟难,说不贵苟察,名不贵苟传,唯其当之为贵。""君子易知而难狎,易惧而难胁,畏患而不避义死,欲利而不为所非,交亲而不比,言辩而不辞。""君子宽而不僈,廉而不刿,辩而不争,察而不激,寡立而不胜,坚强而不暴,柔从而不流,恭敬谨慎而容,夫是之谓至文。""君子养心,莫善于诚。""君子至德,嘿然而喻,未施而亲①,不怒而威。""君子位尊而志恭,心小而道大,所听视者近而所闻见者远。"并且常常以"小人"与"君子"对比,如说:"君子,小人之反也。君子大心则敬天而道('敬'字依卢校增),小心则畏义而节,知则明通而类,愚则端悫而法,见由则恭而止,见闭则敬而齐,喜则和而理,忧则静而理,通则文而明,穷则约而详。小人则不然,大心则慢而暴,小心则淫而倾,知则攫盗而渐,愚则毒贼而乱,见由则悦而倨,见闭则怨而险,喜则轻而翾,忧则挫而慑,通则骄而偏,穷则弃而儑。传曰:'君子两进,小人两退。'此之谓也。"但他仍以性恶为根本观念,故曰:"人之生固小人,无师无法,则唯利之见耳。人之生固小人,又以遇乱世、得乱俗,是以小重小也,以乱得乱也。"(《荣辱》篇)人之生本为小人,所以能成君子者,全在人为后天的教与学。得师以受其教,隆礼专一以致力于学,然后能积善化性,长迁而不反其初。

---

① 亲 底本作"视",因二字繁体形近而误,据《荀子集解》(P.46)改。

孔子以"仁"为全德之称，孟子以"义"配"仁"，荀子则以"礼"为处仁行义之本。《大略》篇说："仁，爱也，故亲；义，理也，故行；礼，节也，故成。仁有里，义有门，仁非有里而处之，非仁也（原文作'而虚之，非礼也'，今依王念孙校改）；义非其门而由之，非义也。……君子处仁以义，然后仁也；行义以礼，然后义也；制礼反本成末，然后礼也；三者皆通，然后道也。"又说："行也者，行礼之谓也。""礼者，人之所履也。"《礼论》篇又说："故绳墨诚陈矣，则不可欺以曲直；衡诚悬矣，则不可欺以轻重；规矩诚设矣，则不可欺以方圆；君子审于礼，则不可欺以诈伪。故绳者直之至，衡者平之至，规矩者方圆之至，礼者人道之极也。"又尝推论礼之起源："礼起于何也？曰：人生而有欲，欲而不能得，则不能无求；求而无度量分界，则不能无争；争则乱，乱则穷。先王恶其乱也，故制礼义以分之，以养人之欲，给人之求，使欲必不穷乎物，物必不屈于欲，两者相持而长，是礼之所起也。"《非相》篇也说："人之所以为人者何已也？曰：以其有辨也。……夫禽兽有父子而无父子之亲，有牝牡而无男女之别，故人道莫不有辨。辨莫大乎分，分莫大乎礼。"是礼之本旨在乎"分"。有分，故有辨；有分，故能节。有辨，故不乱；能节，故不争。这是礼底效用之一方面。又一方面，则在乎"文"。《礼论》篇说："礼者，以财物为用，以贵贱为文，以多少为异，以隆杀为要。文理繁，情用省，是礼之隆也；文理省，情用繁，是礼之杀也。文理情用，相为内外，表里并行而杂，是礼之中流也。"文理是礼之威仪，情用是礼之本质。以礼仪表示内心的情感，是谓文饰。文胜情，是礼之隆；情胜文，是礼之杀。这又是礼底效用之一方面，故礼之用，在定分以节人之欲，又为文以饰人之情。反之，人能以礼节其欲，以礼饰其情，夫然后可为君子。

儒家之祖孔子即重视礼乐，以为是道德修养之工具，修治须礼，而涵养则有待于乐。《乐论》篇首明乐之起源："夫乐者，乐也，人情之所必不免也，故人不能无乐。乐则必发于声音，形于动静。而人之道，声音动静性术之变尽是矣。故人不能不乐，乐则不能无形，形而不为道则不能无乱。先王恶其乱也，故制《雅》《颂》之声以道之，使其声足以乐而不流，使其文足以辨而不諰，使其曲直、繁省、廉肉、节奏足以感动人之善心，使夫邪污之气无由得接焉，是先王立乐之方也。"次论乐之效用："故乐在宗庙之中，君臣上下同听之，则莫不和敬；闺门之内，夫妇兄弟同听之，则莫不和亲；乡里族长之中，长少同听之，则莫不和顺。故乐者，审一以定和者也，比物以饰节者也，合奏以成文者也，足以率一道，足以治万变，是先王立乐之术也。"因为乐是发于人之内心的情感的，"其入人也深，其化人也速"，故可以化性陶情，可以"移风易俗"。《乐论》篇又说："乐也者，和之不可变者也；礼也者，理之不可易者也。乐合同，礼别异。……穷本极变，乐之情也；著诚去伪，礼之经也。"礼乐备，乃可以修养身心，可以治安国家。

荀子论人臣,谓有"态臣""篡臣""功臣""圣臣",有"谏""争""辅""拂"(同弼),且以"苟合取容,持禄养交"者为"国贼",立论也很正大。但又说:"迫胁于乱时,穷居于暴国,而无所避之,则崇其美,扬其善,违其恶,隐其败,言其所长,不称其所短",为事暴君之道;并以为"有补削,无矫拂"(均见《臣道》篇),已和孔子"勿欺也而犯之"之义不合。《仲尼》篇更畅论"持宠处位、终身不厌之术""擅宠于万乘之国,必无后患之术",一则曰"莫若好同之",再则曰"莫若早同之",则直是"苟合取容"之法了。所以荀子于气节方面,似乎不及孟子底刚直而光明。其弟子李斯相秦,便用这种苟合取容的持宠处位之术,结果,仍不能无后患。

五　荀子论政治

《荀子·富国》篇说:"无君以制臣,无上以制下,天下害生纵欲。欲恶同物,欲多而物寡,寡则必争矣。故百技所成,所以养一人也;而能不能兼技,人不能兼官。离居不相待,则穷;群而无分,则争。穷者,患也;争者,祸也。救患除祸,则莫若明分使群矣。"此仍以性恶论为根据,而以功利的唯物的观点说明政治之起源。他以为人类天性皆有所欲,有所欲,必有所求;而人之所欲所恶同物，欲求之者多而物少，则不能无所争。个人的生活需要，为百技之所成，而一人不能兼百技，故个人不能离群而独立生活。要使人群居生活而不至于争，莫如"明分使群"。欲明分使群，于是乎有政治。有政治，则有君以制臣，有上以制下，使个人不得纵欲，而争自息。《王制》篇也说："水火有气而无生，草木有生而无知，禽兽有知而无义；人有气、有生、有知、有义，故最为天下贵也。力不若牛，走不若马，而牛马为用，何也？曰：人能群，彼不能群也。人何以能群？曰分。分何以能行？曰义。故义以分，则和，和则一，一则多力，多力则强，强则胜物，故宫室可得而居也。……故人生不能无群，群而无分，则争，争则乱，乱则离，离则弱，弱则不能胜物，故宫室不可得而居也。不可少顷舍礼义之谓也。"人之所以能胜禽兽而生活者，在乎"群"；人之所以群居而不致因争而分，以削弱其力量者，在乎"分"。人类所以需要有政治者，在乎使人有"分"而能"群"。《非相》篇又说："故人道莫不有辨，辨莫大于分，分莫大于礼，礼莫大于圣王。"此言圣王能为人制礼，以明分使群；是"礼"为明分使群之具，亦为一切政治的根本。故《礼论》篇论礼之起源（见上节引），亦在使人之欲求各有其度量分界，而不至于争乱，其大意与《富国》《王制》二篇所说相同。

荀子竭力推崇礼的言论，散见于全书各篇。例如《礼论》篇曾说："好恶以节，喜怒以当，以为下则顺，以为上则明，万物变而不乱，二之则丧也，礼当不至矣哉！"又说："天下从之者治，不从者乱，从之者存，不从者亡，小人不能测也；礼之理诚深矣！"所以孟子所主张的是"仁政"，先王所以能创仁政，由于有人人同具的不忍人之心；荀子所主张的是"礼治"，圣王所以创礼治的原因，在于人人同具欲求，要使他们明分能群。孟荀二子论政治的根本观念，一为"性善"，一为"性恶"；而且孟子底理论，是唯心的，非功利的；荀子底理论是唯物的，功利的。孔子论政治，主张"道之以德，齐之以礼"。孟子偏重在"道之以德"，荀子偏重在"齐之以礼"。故二子虽同宗孔子，同为儒家，而派别不同。

"法先王"与"法后王"，似乎也是孟荀二子底不同。孟子言必称先王。荀子《非十二子》篇攻击子思、孟轲，首斥其"略法先王而不知其统"。荀子既反对孟子之法先王，故言必称后王。例如《王制》篇说："王者之制，道不过三代，法不二后王；道过三代谓之荡，法二后王谓之不雅。"《非相》篇说："故曰：文久而息，节族久而绝，守法数之有司极而襐。故曰，欲观圣王之迹，则于其粲然者矣，后王是也。彼后王者，天下之君也，舍后王而道上古，譬之是犹舍己之君而事人之君也。"《不苟》篇说："百王之道，后王是也。君子审后王之道，而论于百王之前，若端拜而议。"《孟子·滕文公》篇言孟子言必称尧舜，是先王指尧舜而言。其实，孟子所主张的，仍是三代之制，而大部分仍是周制。故田

第三章 荀子

赋主用"助法",而引诗以证明"虽周亦助";其答北宫锜论爵禄之制,亦以为是周制;不过以尧舜禅让为最高的政治理想而已。此与孔子盛赞文王、周公,而以尧舜为所憬憧的最高的政治理想正同。《非相》篇亦说:"欲知上世,则审周道。"是荀子以三代为后王,而侧重周道,其主张实同于孟子;所不同者,孟子托于尧舜,荀子不复托于尧舜而已。所以"法先王"与"法后王",倒不是孟荀二子底歧异之点。

孟子辨"王""霸"甚严,且说"仲尼之徒无道桓文之事者"。荀子中有《王霸》篇,也辨别"王"和"霸"之不同,而且说:"仲尼之门人,五尺之竖子,言羞称乎五霸。"恰和孟子同一论调。他说霸者"非服人之心也""诈心以胜""以让饰争,依乎仁而蹈利",也和孟子说霸王"以力假仁""以力服人""非心服也"相同。他以"田野什一,关市几而不征,山林泽梁以时禁发而不税""草木荣华滋长之时,则斧斤不入山林""鼋鼍鱼鳖鳅鳝孕别之时,罔罟毒药不入泽""春耕、夏耘、秋收、冬藏,四者不失其时"为王政,也和孟子相同。《正论》篇论汤武征诛,以为"汤武非取天下","天下归之也","桀纣非去天下也","天下去之也","故桀纣无天下,而汤武不弑君";又论尧舜禅让,以为"圣在后子,则天下不离,朝不易位","圣不在后子而在三公,则天下如归":其见解也同于孟子。其不同之点,在于孟子主张贵民轻君,荀子则主张尊君。《正论》篇说:"天子者,势位至尊,无敌于天下……南面而听天下，生民之属，莫不振动服从，以化顺之。"因为崇礼明分是荀子底根本主张，故重视君民底尊卑之分，这一点，其思想似不及孟子的前进。

第四章

其他儒家之言

西汉时戴德、戴圣所辑的大小戴《礼记》，是战国至秦汉的儒家之言底总汇，而小戴《礼记》所辑尤精。其中《大学》《中庸》二篇，曾经宋代理学家程朱提倡，朱子且以与《论语》《孟子》并列为四书，认为足以代表孔、曾、思、孟相传的道统，故其影响于后世学术者更大。其他关于礼、乐、孝的言论，也可在小戴《礼记》中见其大概。现在分述如左。

一 《大学》

《大学》，王柏以为是子思（孔伋，孔子之孙）所作。朱子把它分做经一章、传十章，以为经是孔子之言，而曾子（曾参，孔子弟子）述之，传是曾子之意，而其门人记之。这都是猜度之辞，并没有确实证据的。明人丰坊据虞松引贾逵之言，谓"孔伋穷居于宋,惧先圣之学不明,而帝王之道坠,故作《大学》以经之,《中庸》以纬之",故《大学》也是子思底作品,似乎与王柏之说正合。但朱彝尊《经义考》、翟灏《四书考异》,已考明丰坊之言系出伪造了。俞正燮曾谓"《大学》本汉时《诗》《书》博士杂集"。日本人武内义雄说《学记》是记学校之制度,《大学》是记大学教育之目的,关系甚切。陆奎勋又曾以《学记》引《古文尚书·说命》者三,断为出于汉儒,《大学》亦曾引《古文尚书》之《太甲》,故断定其时代在汉武帝以后。此虽未能作为定论,但较之王柏、朱子底猜想,则似近理。且全篇为组织完善之议论文,和《论语》《孟子》底记言体不同,其著作时代当然应后于孟子,故决非孔孟之间的曾子所作。

《大学》本文,组织自成系统,层次亦极明白。朱子所谓经一章,即全篇之总论。此段原文如左:

> 大学之道,在明明德,在亲民,在止于至善。知止而后有定,定而后能静,静而后能安,安而后能虑,虑而后能得。物有本末,事有终始,知所先后,则近道矣。古之欲明明德于天下者,先治其国;欲治其国者,先齐其家;欲齐其家者,先修其身;欲修其身者,先正其心;欲正其心者,先诚其意;欲诚其意者,先致其知;致知,在格物。物格而后知至,知至而后意诚,意诚而后心正,心正而后身修,身修而后家齐,

第四章 其他儒家之言

家齐而后国治，国治而后天下平。自天子以至于庶人，一是皆以修身为本。其本乱而末治者，否矣；其所厚者薄，而其所薄者厚，未之有也。此谓知本，此谓知之至也。

"明明德""亲民""止至善"，是大学底三纲领；"格物""致知""诚意""正心""修身""齐家""治国""平天下"，是大学底八条目。程子读"亲民"之"亲"为"新"，是"革其旧"底意思。"明明德"是自明其明德，"新民"是使人民去其旧染之污。按：《尚书·金縢》以"新逆"为"亲迎"，正是大学以"亲民"为"新民"底证据。"止至善"是做到理想的最高的善，下文所说"为人君止于仁，为人臣止于敬，为人子止于孝，为人父止于慈，与国人交止于信"，就是"止至善"。能"知止"，就是能知所应止之至善，则做人已有一理想的正鹄，而其志定；志定，则心静而神安，然后能思虑而有所得了。物事皆有其本末终始；"本"与"始"，是其所"先"；"末"与"终"，是其所"后"。能思虑而有所得，则可以洞见物之本末，事之终始，以定其孰"先"孰"后"。就上文言，则"明明德"为先，"亲民"为后；"知止"为始，"能得"为终。就下文言，则"身""心"为本，"天下"为末；"格物致知"为始，为先，"治国平天下"为终，为后。这八条目中，"修身""正心""诚意""致知""格物"，都是自身修养底工夫；"齐家""治国""平天下"，方是由身推而及人。下文明言

"一是皆以修身为本"。不能修身,便是"本乱",本乱则末不治,便是不能奏治平之功。吾人所厚者莫如身;与吾身较,则家国天下都是所薄者了。能知修身之要,方是"知本",方是"知之至"。其意思本极明白。

但是因为本篇下文没有详释"格物致知"之义,故后来学者解说纷歧,朱子和王阳明便因此在理学史上成为对峙的两派。朱子认为《大学》有脱简,亡第五章传,释格物致知之义者,故为之补作一章。他以"即物穷理"为"格物",故训"格"为"至"。王阳明则训"格"为"正",与孟子"格君心之非"底格字同义,故曰"为善去恶是格物",而以"致知"为"致吾心之良知"。朱子底格物致知是于身外的事物下工夫的;王阳明底格物致知是于内心本有的知善知恶的良知下工夫的。其实所谓"物",内之,可以包括吾身的"心""意",外之,可以包括身外的"家""国""天下"。所谓"格物",就是事事物物都经历过,而经历云者,又须兼向内的体验存养,向外的待人处事而言。更推而广之,则读书、亲师、会友,也可以知道古人及师友所经历的事物,间接地获得许多知识,也可以谓之格物致知。故必把朱王二说综合起来,内外并顾,方足以言"格物",方足以云"致知"。

《孟子·离娄》篇说:"人有恒言,皆曰'天下国家'。天下之本在国,国之本在家,家之本在身。"这和《大学》先修身而后齐家,而后治国,而后平天下底议论相同。又说:"惟大人为能格

第四章 其他儒家之言

君心之非。君仁莫不仁，君义莫不义。一正君而国定矣。"这也和《大学》"尧舜率天下以仁而民从之"底见解一致。《荀子·解蔽》篇说："凡以知，人之性也；可以知，物之理也。以可以知——人之性——求可以知——物之理——而无所止之（原文作'疑止之'，俞樾训'疑'为'定'；按：'疑'字似衍），则没世穷年，不能遍也。……故学也者，固学止之也。恶乎止之？曰止诸至足。曷谓至足？曰圣也。"又说："圣也者，尽伦者也。"荀子所谓"止诸至足"，就是《大学》底"止于至善"；《大学》说君止于仁，臣止于敬，子止于孝，父止于慈，交至于信，也就是荀子所谓"尽伦"。《君道》篇又说："请闻为国。曰闻修身，未闻为国也。君者，仪也，仪正而景①正；君者，槃也，槃圆而水圆；君者，盂也，盂方而水方。"这也和《大学》尧舜率天下以仁，桀纣率天下以暴，民各从之底见解一致。又如《大学》所说平天下的"絜矩之道"，也就是荀子所谓"操五寸之矩，尽天下之方"。所以《大学》底思想，是综合孟荀二子的，而其本文，有纲有目，从格物致知以至治国平天下，把道德修养和政治理论，打成一片，确是一篇有系统有价值的儒家之言。

---

① 景，即影。

二 《中庸》

《史记·孔子世家》明言子思困于宋，作《中庸》。《隋书·经籍志》引沈约之言，亦谓《中庸》取于子思子。郑玄《目录》、陆德明《经典释文》亦皆明言《中庸》为子思所作。按：《中庸》曾引孔子之言："吾学夏礼，杞不足征也；吾学殷礼，有宋存焉。"此语亦见于《论语》："子曰：吾说夏礼，杞不足征也；吾说殷礼，宋不足征也。"殆因子思作《中庸》，在居宋时，故把"宋不足征也"句改作"有宋存焉"。观此，则子思之作《中庸》，可说是确凿有据的了。但是有很显明的三点疑问：

《中庸》有云："在下位，不获乎上，民不可得而治矣；获乎上有道，不信乎朋友，不获乎上矣；信乎朋友有道，不顺乎亲，不信乎朋友矣；顺乎亲有道，反诸身不诚，不顺乎亲矣；诚身有道，不明乎善，不诚乎身矣。诚者，天之道也；诚之者，人之道也。"这一段，和《孟子·离娄》篇几乎完全相同。如果《中庸》是子思所作，则孟子是引用子思之言，何以并未说明？此其一。孔子、孟子言山必举泰山，因鲁与邹均在古之兖州，其山镇为泰山。华山和岳山都是秦底山镇。子思为孔子之孙，足迹未尝入秦，何以《中庸》言山，独云"载华岳而不重"？此其二。战国之时，车途异轨，律令异法，文字异形，见于许慎《说文解字·序》。子

第四章 其他儒家之言

思正当战国之时，而《中庸》所说"今天下，车同轨、书同文、行同伦"，却是秦始皇一统以后的情形。此其三。

所以欧阳修、王柏等皆曾致疑于《中庸》。冯友兰亦谓首段自"天命之谓性"至"天地位焉，万物育焉"，末段自"在下位不获乎上"至"至于无声无臭至矣"，其文体为议论体；中段自"仲尼曰君子中庸"至"道前定则不穷"，其文体为记言体。疑首段末段即《汉书·艺文志》礼类之《中庸说》二篇之类，中段则为子思所作之《中庸》。日本学者武内义雄也有相似的说法。他以为从朱子所分第二章至第十九章（"仲尼曰君子中庸"至"治国其如示诸掌乎"）是记所传闻的孔子之言，言非一时，而记之者为一人，与《礼记》中《坊记》《表记》《缁衣》诸篇相似；第二十章（"哀公问政"至"虽柔必强"）是记所传闻的孔子一时之言，而敷演润色之，与《礼记》中《儒行》《哀公问》诸篇相似；首章（"天命之谓性"至"万物育焉"）及二十一章以后（"自诚明"至"至于无声无臭至矣"），则为说理之体。并谓第十六章（"子曰鬼神之为德"至"如此夫"）是错简，当在第二十四章（"至诚之道"至"故至诚如神"）之下。故除去第十六章，从第二章至第十九章，可推想为子思所作之《中庸》。此外，为秦汉之际子思后学所述，乃由《汉志》所录《中庸说》之类羼入者（见《子思子考》）。冯氏及武内氏所说，都不无理由。余另有专篇考之，兹不复赘。

《中庸》本篇底思想，即是以"中庸"为道德修养之标准。无过无不及,谓之"中";道不远人,造端夫妇,谓之"庸"。又说,"忠恕违道不远",则所谓"中庸",也就是孔子底"忠恕"之道了。这是做人之道:从"孝"做起,可以施于有政;从学问思辨入手,总须见之笃行。而所以学之行之者,则说者以为其要在"诚"。至于至诚可以尽其性,可以尽人之性与物之性,可以成己成物,可以赞天地之化育而与天地参,即是首段"致中和,天地位焉,万物育焉"底意思,则是后学对于《中庸》的赞语了。所以"中庸"本就人事言,推而极之,则人生与宇宙可以打成一片。因为人性本是天命的。所谓"天命之谓性",即是现在所谓人性是自然所赋予。而此自然所赋予人的性,又本是善的,故承之曰"率性之谓道"。由其本善之性而行,即是人人所应由之道。所谓"率性",即是孟子就人人同具之善端扩而充之之意。但是此时尤贵有操之养之之方,这就是所谓"修"了,故又承之曰"修道之谓教"。"教",并不专指教人而言,凡是后天的工夫,无论是教是学,都可以谓之"教"。下文博学、审问、慎思、明辨以至笃行,都可以说是修道之教。我们人人同具善端,这是"诚";我们能体认此善端,则是"明";故曰"自诚明,谓之性"。反之,我们从学问思辨行去用工夫,去体认吾性本具之善,这是"明";体认得明白,践行得笃实,便能做到尽性的地步,"反身而诚"了;故曰"自明诚,谓之教"。如能做到极精微广大之至,便有孟子所谓"上下与天地同流""万物皆备于我"底境界,故曰"天地位焉，万物育焉"。所以现存的《中庸》，可以说是子思、孟子一派的儒家底人生哲学与宇宙论打成一片的思想底结晶。

三 《孝经》及其他

《孝经》这部书，郑玄《六艺论》以为六艺之总汇。《孝经纬·钩命决》且引孔子之言曰："吾志在《春秋》，行在《孝经》。"似乎它底地位是非常之高的。孔子作《孝经》，见于《孝经中契》《授神契》等纬书。《汉志·六艺略·孝经》下班固自注说："孔子为曾子陈孝道也。"似乎《孝经》是孔子作的。即使退一步说，也是曾子记述孔子论孝之言。蔡邕《明堂论》尝引魏文侯《孝经传》曰云云（见《后汉书·祭祀志》刘昭注引），《孟子外书》中又有说《孝经》的篇名，似乎《孝经》一书是成于魏文侯和孟子以前的。按《孟子外书》之伪，前已言之。蔡邕所引，不知根据何书。文侯曾受学于子夏，子夏与曾子虽同为孔子弟子，而其学不同，何以文侯独为曾子所传述之《孝经》作传？文侯之传，如至蔡邕时尚存，又何以不见录于《汉志》？《孝经》首曰"仲尼居，曾子侍"，无论为孔子手著，或曾子记述，都无称"曾子"之理。且其文体，仅首章似记言体，以全篇而论，则为议论体，其时代不当在《论语》与《孟子》之间。孟子答然友为滕文公问丧礼，但引曾子"生事之以礼，死葬之以礼，祭之以礼，可谓孝矣"

云云。如《孝经》果为曾子所述,孟子何以不举《丧亲章》以详告然友?至于孔子作《孝经》,孔子行在《孝经》等语,均出《孝经纬》。疑是西汉纬书盛行之后,《孝经》方为诸儒所推崇。西汉诸帝庙号,各冠一"孝"字;"孝弟力田",又特设一科;西汉帝皇提倡所谓"以孝治天下",学者因撰此一书,而名之曰《孝经》。故其地位,至多只能与《礼记》诸篇平列;不能以其依托孔子、曾子,便信奉为孔门宝典。《孝经》之外,《礼记》中论孝者颇多。综合观之,可以得秦汉之际儒家对于"孝"的理论。

《论语》记有子语曰:"君子务本,本立而道生。孝弟也者,其为仁之本欤!"有子以为孝是为仁之本者,就是孟子"仁之实,事亲是也""孩提之童无不知爱其亲也"底意思。他认为为仁当从孝弟着手,如对于最亲的父母和兄长尚且不能孝弟,何能推而及于他人?孔子、孟子、荀子,都未尝以孝综括一切道德;有之,盖自秦汉之际之儒家始。《孝经》说:"夫孝,德之本也。""夫孝,始于事亲,中于事君,终于立身。""夫孝,天之经也,地之义也,人之行也。"《礼记·祭义》也说:"居处不庄,非孝也;事君不忠,非孝也;莅官不敬,非孝也;朋友不信,非孝也;战阵无勇,非孝也。""仁者,仁此者也;礼者,履此者也;义者,宜此者也;信者,信此者也。强者,强此者也。"直以一"孝"字总括一切道德,故以"孝"为"置之而塞乎天地,溥之而横乎四海,施诸后世而无朝夕,推而放诸东海而准,推而放诸西海而准,推而放诸南海而准，推而放诸北海而准"。孔子以"仁"为一切道德底根本，孟子以"仁""义"为一切道德底根本，荀子以"礼"为一切道德底根本，秦汉底儒家则以"孝"为一切道德底根本了。

孝，可分二方面：

一为肉体方面：第一，须保养父母所遗之身体。故乐正子下堂而伤足，数月不出，犹有忧色（见《祭义》）；曾子临终，令弟子启视手足，以为"而今而后，吾知免夫"（见《论语》）。此即《孝经》所谓"身体发肤，受之父母，不敢毁伤"，《祭义》所谓"不亏其体""不敢以先父母之遗体行殆"，盖"父母全而生之，子全而归之"，方可谓孝。第二，须生子以为父母之后嗣，故孟子说："不孝有三，无后为大。"而婚礼之所以重要，即为可以上事宗庙，下继后世（见《昏义》），其目的在于"嗣亲"（见《曾子问》）。

二为精神方面：第一，亲存时，不仅当养其口体，而且当养其志（见《孟子》论曾参、曾元之孝章），不仅当先意承志，而且当喻父母于道，有过，并须加以规劝（《孝经》有《谏诤章》，谓父有争子，则身不陷于不义；故当不义，则子不可以不争于父）。第二，父母殁后，不仅丧祭尽哀，致其思慕之诚（即所谓"死，葬之礼，祭之以礼"），尤当继志述事（《中庸》："夫孝者，善继人之志，善述人之事者也"），努力于立德、立功、立言，"扬名于后世，以显父母"（见《孝经》），方能谓之"大孝尊亲"（见《祭义》)。

孝底理论，至此可云已发挥尽致。在以家族为国家之基本的时代，这种"孝"底理论，确是可以风行的，而且是有益于国家社会的。

四 关于礼乐的理论

孔子以《诗》《书》《礼》《乐》教人，故礼乐自孔子时已为儒家所重视。《论语》中如"礼与其奢也宁俭，丧与其易也宁戚"，"礼云礼云，玉帛云乎哉，乐云乐云，钟鼓云乎哉"，及语鲁太师各条，孔子对于礼乐的理论，也不一而足。但《论语》所记孔子之言，本只是片言只语。儒家对于礼乐的理论，除《荀子》底《礼论》《乐论》之外，尚当求之于《礼记》之中。不过《礼记》所辑，有许多是孔门再传以后的弟子记录传闻之辞，我们不能完全认为是孔子之言罢了。

《礼记·坊记》说："礼者，因人之情而为之节文，以为民坊者也。"《孟子·离娄》有言："仁之实，事亲是也；义之实，从兄是也；礼之实，节文此二者是也。"故礼之功用，有节人之情与文人之情二者。何谓节人之情？因为人们底个性不同，故其"情"亦有强弱厚薄之不同。《礼记·檀弓》记子思曰："先王之制礼也，过之者，俯而就之；不至焉者，跂而及之。"本篇又载："子夏既除丧而见，予之琴，和之而不和，弹之而不能成声，作而曰：'哀未忘也，先王制礼而弗敢过也。'子张既除丧而见，予之琴，和之而和，弹之而成声，作而曰：'先王制礼，不敢不至焉。'"子夏情过于礼，其遵礼除丧，是"俯而就之"；子张情不及礼，其遵礼除丧，是"跂而及之"。故《礼记·仲尼燕居》记孔子说："礼乎礼！夫礼，所以制中也。""制中"，就是所谓"节人之情"。《礼记·三年问》也说："故人于其亲也，至死不穷。将由夫患邪淫之人欤？则彼朝死而夕忘之，然而从之，则是曾禽兽之不若也，夫焉能相与群居而不乱乎？将由夫修饰之君子欤？则三年之丧，二十五月而毕，若驷之过隙；然而遂之，是无穷也。是故先王为之立中制节，一使足以成文理，则释之矣。"（此段与《荀子·礼论》同）这也是说礼之用在节人之情。《荀子·礼论》又说："人生而有欲，欲而不能得，则不能无求。求而无度量分限，则不能不争。争则乱，乱则穷。先王恶其乱也，故制礼义以分之，以养人之欲，给人之求，使欲必不穷乎物，物必不屈于欲，两者相持而长，是礼之所起也。"则礼不但用以节人之"情"，并且用以节人之"欲"了。《荀子·修身》说："容貌态度进退趋行，由礼则雅，不由礼则夷固僻违，庸众而野。"因为礼底另一功用是"文"。人们底容态举止，加以礼底文饰，则"雅"；不加以礼底文饰，则"野"。婚姻起于男女之情，无礼以文之，则"野"；丧祭起于哀悼之情，无礼以文之则"野"；其他一切之礼，皆可类推。

尤其妙的，是儒家对于丧礼的理论。《礼记·檀弓》，孔子说："之死而致死之，不仁而不可为也；之死而致生之，不智而不可为也。"因为纯依理智判断，则死者必不可复生，且凡人皆有死，是不可逃的自然法则，而灵魂存在与否，又难证明，尽不妨"之死而致死之"。反之，若纯依情感想像，则生者皆有死者可以复生之希望，皆有灵魂继续存在之憧憬，认种种迷信为真理，又尽可以"之死而致生之"。但如前者则完全违反情感，故不仁；如后者则又完全违反理智，故不智；不得已，惟有调和于二者之间，以丧礼文饰其情感，而以求其无背于理智，故有"竹不成用，木不成斫，琴瑟张而不平，笙竽备而不和，有钟磬而无簨虡"的，"备物而不可用"的"明器"（见《檀弓》）。有"若将复生焉"，"必诚必信，勿之有悔"的敛殡之礼（见《问丧》及《檀弓》）；有"往送则望望然汲汲然如有追而弗及，反哭则皇皇然若有求而复得"，"如慕""如疑"的送葬反哭之礼；有"侥幸复反"（见《问丧》）"僾然有见乎其位，肃然有闻乎其声，忾然有闻乎其叹息之声，以其恍惚，与神明交"（见《礼记·祭义》）及"状乎无形影"（见《荀子·礼论》）的祭礼；故曰："丧礼者，以生者饰死者也，大象其生以送死也。"（见《荀子·礼论》）此其对于死者的态度，是诗的、艺术的，而不是宗教的、迷信的。（冯友兰说，见《中国哲学史》）这便是所谓"文人之情"。他如"定亲疏，决嫌疑，别同异，明是非"（《礼记·曲礼》），则礼又有辨别的作用；如"慎终追远，

第四章 其他儒家之言

民德归厚"（曾子语，见《论语·为政》），则丧祭之礼又具敦厚民俗的作用；"大昏，万世之嗣"，则婚礼旨在嗣续，以生物学的观点言之，又有使自己底生命得繁衍传殖的作用了。

《礼记·乐记》论乐底起源说："凡音之起，由人心生也。人心之动，物使之然也。感于物而动，故形于声。"这是人心感于物而动的自然之音声。又说："是故其哀心感者，其声噍以杀；其乐心①感者，其声啴以缓；其喜心感者，其声发以散；其怒心感者，其声粗以厉；其敬心感者，其声直以廉；其爱心感者，其声和以柔。六者，非性也，感于物而后动。"感于物而后动的，是"情"非性；而所谓乐者，即摹拟调节此种种情感所发之自然的声音而成。《荀子·乐论》说："夫乐者，乐也，人情之所必不免也。故人情不能无乐，乐则必发于声音，形于动静。"发于声音，即是《乐记》所云"感于物而动，故形于声"的声音；"形于动静"，即是《乐记》所说"不知手之舞之足之蹈之"的动作。前者为"乐"所由起，后者为"舞"所由起。《乐论》又说："故人不能不乐，乐则不能无形。形而不为道，则不能无乱。先王恶其乱也，故制雅颂之声以道之，使其声足以乐而不流，使其文足以辨而不息（'息'字从郝校），使其曲直、繁省、廉肉、节奏足以感动人之善心，使夫邪污之气无由得接焉，是先王立乐之方也。"所

---

① 心　底本作"声"，据《礼记译注》（P.525）改。

以乐底功用，在乎导人之情，使能发而中节；质言之，也是在于"节""文"人之情的。

但礼乐二者，其功用虽同而作用则异："礼节民心，乐和民声""乐者为同，礼者为异，同则相亲，异则相敬""乐胜则流，礼胜则离""乐由中出，礼由外作""大乐必易，大礼必简；乐至则无怨，礼至则不争""天高地下，万物散殊，而礼制行矣；流而不息，合同而化，而乐兴焉。春作夏长，仁也；秋敛冬藏，义也；仁近于乐，义近于礼""礼者，天地之别也""乐者，天地之和也"。（均见《乐记》）礼乐二者相比较，礼是以理智节制情感的，乐是以声音宣导情感的；礼之用在"别"，乐之用在"和"；看似相反，实是相辅的。仅崇礼而无乐，则使人有过感拘束之弊；仅有乐而无礼，则又易流而无节。儒家主以礼乐治国，并不是毫无理由的空想。不过所谓礼不仅在繁缛的末节，乐也不是指靡靡之音而言的。

第五章

墨子

一 墨子考略

《史记》有《孔子世家》《孟子荀卿列传》，记载孔子、孟子、荀子底事实。墨子，则仅在《孟子荀卿列传》末，附记了几句："盖墨翟，宋之大夫，善守御，为节用。或曰并孔子时，或曰在其后。"细读本篇，至"自如孟子至于吁子，世多有其书，故不论其传云"，传文已首尾完具。后面所加关于墨子的几句，究竟是否司马迁底原文，正不可必。且首用"盖"字，"盖"为疑词；末用两"或曰"，"或"亦疑词。是附记这几句的人，对于墨子生平，除了"宋大夫，善守御，为节用"九字之外，可以说是别无所知，墨子底时代更不能断定了。故孙诒让以为："墨子遗事在西汉时已莫得其详，太史公述其父谈论六家之旨，尊儒而宗道，墨盖非其所喜。"所以墨子底生平,尚待考证的问题甚多。

第一是墨子底姓名。前人都以为墨子姓墨名翟。钱穆则以为"墨"乃古代刑法之一,刑徒乃奴役之流。墨子主张刻苦的生活与奴役者同,而与士大夫相反,故从其学者,当时称之为"墨者",意谓此辈乃刑徒奴役之流。《墨子·贵义》篇记穆贺谓墨子曰:"子之言则善矣,而君王天下之大王也,毋乃曰'贱人之所为'而不用乎?"贱人亦奴役之类。冯友兰亦谓墨子以墨名其学派,正像希腊安提斯塞尼斯(Antisthenes)因人称其学为"犬学",即以此名其学,死后并于墓上刻一石犬以为标帜。(钱说见商务版《国学小丛书·墨子》)江瑔《读子卮言》有"论墨子非姓墨"一章,列举八证:

(一)周秦以前,凡言某家之学,其上不能系之以姓,故孔子不称孔家,庄子不称庄家(汉人始以姓氏置"家"字之上,为某家之学,如《易》有施、孟、梁丘三家之类);"墨"如为姓,则不应称"墨家"。

(二)九流十家,除墨家之外,如儒、道、名、法、阴阳、纵横、杂、农、小说,皆举其学术之宗旨以为名,而不用各派开祖之姓氏;"墨"如为姓,则独异于九家。

(三)《汉志》录墨家之书,首列《尹佚》二篇,远在周初成康之世,是未有墨子之前,已有墨家之学。墨子生古人之后,以己之姓氏名其学,而尽废古人,不特为诸家所无,且于理亦未安。

（四）周秦时，除墨子一人外，前后绝无姓墨之人，恐当时并无墨之一姓。

（五）《汉志》所录，墨家之书，除《史佚》及《墨子》外，仅《我子》《随巢子》《田俅子》《胡非子》四人，似皆为姓名外之别号。疑墨主兼爱无亲疏人我之分别，故去姓称号，以示不分畛域，与释氏之法同。孟子斥墨子为无父，正因其革父之姓氏，故《孟子》书中所记当世之人皆详其姓氏，独于夷之，仅称"墨者"，不言何姓。

（六）墨子书中多称"子墨子"。唐宋以前，绝无于姓之上下均加"子"字者（唐人刘禹锡作自传，始自称子刘子，宋人程颐亦称子程子。此自是唐宋以后事。《荀子》书中间有称宋钘为子宋子者，《列子》书中亦有子列子之称，此出后人羼乱），故"墨"非姓氏。盖墨子以"墨"自名，或径别字子墨，故有子墨子之称，正与孔伋之子思子同。

（七）孟子辟杨墨，于墨子或曰"墨子"，或曰"墨氏"，或单曰"墨"（"墨之治丧，以薄为其道也"）。韩非显学亦单称"墨"（"有相里氏之墨，有相夫氏之墨，有邓陵氏之墨"）。古者称人，宁单举其名而去其姓（例如《汉志》兵权谋家有《婕》一篇，颜注说婕是人名），无单举其姓者。故墨是学术之称，非墨子之姓。

（八）墨家之徒亦可称之曰"墨者"，与儒家可称儒者正同。他如"卜者""日者""渔者"，亦皆非加"者"字于姓氏之下。因断言"墨"非姓氏之称，乃学术之称。墨之义为墨黑，为瘠墨，为绳墨；墨者囚首垢面以自苦，腓无胈，胫无毛，其生也勤，其死也薄，重在以绳墨自矫，故称其学为墨学，其徒曰墨者，其开祖亦自号为墨翟，这一学派因亦称为墨家。高诱注《吕氏春秋》曰："墨子，鲁人也，著书七十篇，以墨道称。"曰"墨道"，足见"墨"是道术之称，不是墨子一人之姓了。

江氏所举八证，第三条说《汉志》于墨家首录《尹佚》之书，足见未有墨子之前，已有墨家之学。按《尹佚》之书，明系后人依托，与道家黄帝、农家神农等同。此条不足为据。其余七条，都能持之有故，言之成理。钱、冯二氏底理想，可与江氏之说互发。所以"墨"非墨子之姓，似已可成为定论。"翟"，为墨子之名。犹咸、彭为人名，因二人皆为巫，故称之曰巫咸、巫彭（见《离骚》）；鮀为祝，故称之曰祝鮀（见《论语》）；子韦司星象，故称之曰司星子韦（见《汉志》）；杜善乘，故称之曰乘杜（见《荀子》）；秋善弈，故称之曰弈秋（见《孟子》）;《论语》又有鼓方叔、播鼗武、击磬襄等；他如孟、斿为优，称优孟、优斿；智永、大颠等为佛徒，称释智永、释大颠之类——皆与翟号墨翟，同于名上另加一字。此亦江氏之说。江氏又疑翟或为姓，墨翟为系"墨"于其姓者，则与上文所引八证中第五条墨家去姓以示兼爱不分畛域之说，自相矛盾。虽孔璋《北山移文》称墨子为翟子，此与孟子称匡章为章子同。《琅环记》言墨子姓翟名乌，谓因其母

第五章 墨子

梦日入怀而生,更不足信了。近人又有谓"翟"即"狄",言非中国人,墨翟疑系印度黑种人,故其说与佛说相似云云,则为好奇者架空之谈,不足置辩。

第二是墨子底国籍。《史记》只说"宋大夫"。葛洪《神仙传》、《文选·长笛赋》李善注引《抱朴子》、《荀子·修身》杨倞注、《元和姓纂》都说墨子是宋人,实因《史记》而误。当从《吕氏春秋·当染》《慎大》篇注,说他是鲁人。本书《贵义》篇说"墨子自鲁即齐",《鲁问》篇记越王迎墨子于鲁,《吕氏春秋·爱类》篇、《淮南子·修务训》都说楚王信公输般,将攻宋,墨子自鲁至楚,说而止之。这些都是墨子为鲁人底确证。毕沅《墨子注序》、武亿《墨子跋》,又以鲁为鲁阳。鲁阳是楚邑。《渚宫旧事》载鲁阳文君对楚惠王曰:"墨子,北方圣贤人。"其非楚人可知了。故孙诒让《墨子后语》考定墨子为鲁人。

第三是墨子底年代。孙诒让《墨子年表》起于周贞定王元年(公元前四六八年),止于周安王二十六年(公元前三七六年)。钱穆《墨子年表》起于周敬王四十一年(即孔子卒年,公元前四七九年),止于周安王二十一年(即吴起卒年,公元前三八一年)。梁启超《墨子年代考》墨子生于周定王初年(元年至十年,公元前四六八—前四五九),卒于周安王中世(十二年至二十年,公元前三九〇—前三八二)。这三种说法中,钱氏较早。但相差也不过十年左右。墨子底生卒,已无法确定,大约生在孔子卒后,死在孟子生前而已。这正是儒家在鲁国最盛的时期。墨子是鲁国人，生当此时，故《淮南子·要略》说他曾学儒者之业，受孔子之术。大概他因为不满意于儒家底主张，故自创一新学派。《要略》说他，"以为其礼烦扰而不悦，厚葬靡财而病民，久服丧生而害事，故背周道而用夏政"。"周道"，即儒家之道；"夏政"，则因墨子每称道夏禹，即墨子所托之古了。

以上三个问题，既有眉目，当进而考墨子底事实。墨子事实，当于本书中求之，而参以他书。《吕氏春秋·当染》篇说："鲁惠公使宰让请郊庙之礼于天子。桓王使史角往，惠公止之，其后在于鲁，墨子学焉。"《淮南子·主术训》说："孔墨皆修先圣之术，通六艺之论。"与《要略》所说略同。本书常引《诗》《书》及诸国《春秋》。惟于礼，则法夏绌周，且力持非乐之论。此其为学之可考者。公输般为楚造云梯等械，将以攻宋。墨子闻之，自鲁至楚，因公输般见楚王，与公输般在王前以模型试验。公输般九设攻城之机变，墨子九拒之。公输般之攻械尽，而墨子之守御有余。公输般曰："吾知所以拒子矣，吾不言。"墨子曰："吾知子之所以拒我，吾不言。"楚王问其故。墨子曰："公输子不过欲杀我，以为我死，宋莫能守耳。然吾之弟子禽滑釐等三百人已持臣守御之械在宋待楚兵矣。"楚于是罢攻宋之兵（见本书《公输》篇）。后又献书楚王。楚王欲以书社五百里封墨子，不受而去（见《渚宫旧事》）。其弟子公尚过游越，越王使公尚过迎墨子于鲁，欲以故吴地五百里封之，墨子辞不肯往（见本书《鲁问篇》及《吕氏春秋·高义》篇）。其为宋大夫，当在昭公时。昭公末，司城皇喜专政劫君，墨子曾被囚（见《墨子后语》）。犹及见齐太公田和（见本书《鲁问》篇）。此其出处大事之可考者。

《墨子》本书，《汉志》所录为七十一篇（《神仙传》作十篇，《荀子》杨倞注作三十五篇，并非），今存五十三篇。这五十三篇可分为五类：（一）《亲士》《修身》《所染》三篇，非墨家之言，疑伪记羼入。（二）《法仪》《七患》《辞过》《三辩》四篇，是墨学纲领。（三）《尚贤》《尚同》《兼爱》《非攻》《天志》《非命》（各有上中下三篇）、《节用》（上下），及《节葬》下、《明鬼》下、《非乐》上、《非儒》下，共二十三篇，是本书底中坚。同一篇题各有上中下三篇者，疑因墨家分为三派，各记所闻之故。但《非儒》篇独无"子墨子曰"，所记当非墨子之言。《耕柱》《贵义》《鲁问》《公输》五篇，记墨子言行，体裁极近《论语》。（四）《经》上下、《经说》上下四篇，所记为关于名学及其他科学之定义与解说；《大取》《小取》二篇，纯为名学。（五）《备城门》《备高临》《备梯》《备水》《备突》《备穴》《备蛾傅》（即蚁附）、《迎敌祠》《旗帜》《号令》《杂守》十一篇，是论防御战术的。以上五组，第一组三篇，不必读；第五组十一篇，也不必细读；第四组是战国后期墨者所作，当于下章述之。本章述墨子底学说，以第二组四篇，第三组底二十三篇为主。

二　儒墨底异点

《淮南子·要略》说:"墨子学儒者之业,受孔子之术,以为其礼烦扰而不悦,厚葬靡财而病民,久服丧生而害事,故背周道而用夏政。"本书《公孟》篇也说儒之道足以丧天下者有四:一曰不信天鬼,二曰厚葬久丧,三曰习为声乐,四曰笃信有命。墨子生在鲁国,当孔门全盛之时,其独树一帜,自创新学,实由反对儒学而起。《公孟》篇所说,是最显明的四点:

(一)儒书中所说之"天",不外四种意义:一指天体(例如《中庸》"今夫天,斯昭昭之多"),一指命运(例如《论语》"富贵在天"),一指自然(例如《中庸》"天命之谓性"),一以代表民意(例如《孟子》引《泰誓》"天视自我民视,天听自我民听")。又常以"君"配"天"(例如《易传》"乾[①]为君、为天",《左传》"君,天也")。《墨子·天志》《法仪》诸篇所说之"天",则为有意志,有情感,操祸福之权的主宰。《天志》中说:"天子为善,天能赏之;天子为恶,天能罚之。"是以"天"制"君"了。孔子答子路问"死",问事鬼神,说"未知生,焉知死""未能事人,焉能事鬼"(见《论语》)。答子贡问死后有知未知,说"死,徐

---

①　乾　底本作"朝",据《周易译注》(P.284)校改。

自知之，未为晚也"（见《说苑》）。又说"祭如在，祭神如神在"（见《论语》）。"如"之云者，明知其不在而想像其"如"在之谓。可见孔子对于"死"，抱存而不论的态度；对于鬼神，抱怀疑的态度了。《墨子·明鬼》却引了许多鬼的故事，竭力证明有鬼，而且说儒家不信鬼神而重祭礼是"无鱼而下网，无客而行客礼"。故《公孟》篇说："儒以天为不明，鬼为不神，此足以丧天下。"

（二）儒家以为"惟送死可以当大事"，故丧欲其久，葬欲其厚。宰予欲改三年之丧为期年，孔子斥为"不仁"（见《论语》）。孟子力劝滕文公实行三年之丧；孟子母丧，充虞疑棺木太好，孟子以为"得之为有财"，就可以用（均见《孟子》）。试读《仪礼》《礼记》讲丧祭诸篇，儒家之主厚葬，重丧祭之礼，更可了然。墨子则力主薄葬短丧，"冬日冬服，夏日夏服，服①丧三月"（见《韩非子·显学》），"衣衾三领，桐棺三寸而无椁"（见《墨子·节葬》）。故《公孟》篇说："重为棺椁，多为衣衾，送死若徙，三年哭泣，扶然后起，杖然后行，耳无闻，目无见，此足以丧天下。"

（三）儒家谓"死生有命"，道之将行与将废也是命（均见《论语》），得之不得亦有命（《孟子》），故"不知命，无以为君子"（《论语》），"君子居易以俟命"（《中庸》）。《墨子·非命》则力攻"执有命者之言"，以为是"暴人之道""凶言之所自生"，故《公

---

① 服　底本作"制"，据《韩非子新校注》（P.1129）校改。

孟》篇说："以命为有,贫富夭寿、治乱安危有极矣,不可损益也。为上者行之,必不听治矣,为下者行之,必不从事矣,此足以丧天下。"

(四)儒家"乐"与"礼"并重,以"乐"为"政治人情之大本"。故孔子答问政,以为"礼乐不兴,则刑罚不中";对问成人,以为当"文之以礼乐"。试读《荀子·乐论》《礼记①·乐记》,对于乐的理论,何等精辟。《墨子·非乐》却以为乐不能救人民之贫苦、国家之危亡,徒然耗废光阴与钱财,养成奢惰的习惯,故《公孟》篇又说:"弦歌鼓舞,习为声乐,此足以丧天下。"

墨子底学说,也有和儒家之言,似同而实异的。韩愈《读墨子》以为论语之"泛爱众",即是墨子底兼爱。其实,儒家虽主"泛爱",其"爱"仍是"别爱",由"亲亲而仁民,仁民而爱物"(《论语》),"老吾老以及人之老,幼吾幼以及人之幼"(《孟子②》),都是由己及人,由近及远,全在"推爱"。墨子则主张"爱人之父若其父,爱人之身若其身,爱人之家若其家",人己之间,毫无差别,故曰"兼爱"。所以同是一"爱",儒墨有"贵别"和"贵兼"之异。此其一。

《论语》记卫灵公问阵,孔子对曰:"军旅之事,未之学也。"明日遂行。似乎孔子也是"非攻"的。但他又称"善人教民七

---

① 礼记 底本作"礼乐",据文意校改。
② 孟子 底本作"大学",不知何据,疑出自《大学》注文。

年,可以即戎",并以"足兵"为国政三要事之一(均见《论语》)。墨子《非攻》上则论攻国之不义,《非攻》中下则论攻国之不利,《备城门》以下十一篇讲究防御战术极强,且由鲁至楚制止楚之攻宋(见《公输》篇)。故同一非攻,儒墨有彻底与不彻底之异。此其二。

儒家主张贤人政治,故为政须"举贤才"(《论语》),以为"不信仁贤,则国空虚"(《孟子》)。但"贵贵""亲亲",都和"贤贤"并重。《墨子·尚贤》则云须"不党父兄,不偏富贵"。故同一尚贤,而儒墨有专与不专之异。此其三。

《春秋》底"大一统"(《公羊》说),《荀子》底"居是邦不非其大夫",也和《墨子》底"尚同"相似。但儒家只上同于天子,墨家则更须上同于天。此其四。

儒家"非先王之法服不敢服,非先王之法言不敢言",这都由"信而好古"之故。墨子则曰:"所谓古者,皆尝新矣。"可见儒信古而墨贵今。此其五。

他如儒家以"宜"为"义",墨家则以"利"为"义";儒家斥技巧为"奇技淫巧",墨家则长于制器,两家歧异之点,不一而足。"道不同,不相为谋"(用《论语》语),故虽"同是尧舜,而取舍不同"(用《韩非·显学》语),《墨子·非儒》《公孟》二篇排诋孔子,虽未必为墨子之言,当亦是墨者之论。儒家如孟子、荀子,下及董无心、孔鲋诸人,亦力攻墨者。所以韩愈强说儒墨同道，直是牵强附会。俞樾作《墨子间诂序》偏说唐以后仅韩愈为知墨子，直是阿其所好之谈。

三　墨子底中心思想——兼爱

孟子说："墨子兼爱，摩顶放踵，利天下，为之。"这几句话，最足以表示墨子底主旨和精神。墨子常说："兼相爱，交相利。""兼相爱"和托尔斯泰底利他主义相似，"交相利"和克鲁泡特金底互助主义相似。他认为人类种种罪恶都起于人们底自私自利，所以说："圣人以治天下为事者也，不可不察乱之所自起。尝察乱何自起，起不相爱……子自爱不爱父，故亏父而自利；弟自爱不爱兄，故亏兄而自利；臣自爱不爱君，故亏君而自利……虽父之不慈子，兄之不慈弟，君之不慈臣，皆起不相爱……盗爱其室，不爱异室，故窃异室以利其室；贼爱其身，不爱人，故贼人，以利其身……大夫各爱其家，不爱异家，故乱异家以利其家；诸侯各爱其国，不爱异国，故攻异国以利其国。"（《兼爱上》）又说："凡天下祸篡怨恨……以不相爱生也。是以仁者非之。何以易之？……以兼相爱交相利之法易之。"（《兼爱中》）他不但主张以"相爱"易"不相爱"，并且主张"兼以易别"（见《兼爱下》）。

儒家未尝不讲"爱"（如《论语》云"泛爱众"），但由"亲亲"而"仁民"，"老吾老以及人之老，幼吾幼以及人之幼"，终

第五章 墨子

是"别爱"而非"兼爱"。墨家主张"兼爱",故曰"爱人之父若其父,爱人之子若其子"。可见儒家贵"别",墨家贵"兼",是根本不同的。所以墨者自称"兼士",称当时非墨者为"别士"。《小取》篇说:"爱人,待周爱人,然后为爱人。不爱人,不待周不爱人;不周爱,因为不爱人矣。"所以"兼爱",是人我平等的,而且是普及于人人的爱,无人己之别,无爱此不爱彼之别的。果能兼相爱,则一切祸篡怨恨可以消灭,故曰:"视人之室若其室,谁窃?视人之身若其身,谁贼?视人之家若其家,谁乱?视人之国若其国,谁攻?"(《兼爱上》)这种兼相爱的社会,和《礼运》中孔子底理想的"大同"之治相似。不过孔子以为由"据乱世"至"大同"的"太平世",还得有"小康"的"升平世"做过渡;墨子则以为只要实行兼爱,便可实现。

因为主张"兼爱",所以"非攻"。不但战国,即现代也还以为国际的道德和个人的道德不同。为国家底利益起见,便可不择手段,或以欺诈巧取,或以武力豪夺了。墨子则根本反对此说。他认为亏人自利,便是不道德;亏人愈多,则不义愈甚,其罪亦愈大。入人园圃,窃其桃李,是罪之最小的;攘人鸡豚的,加一等;取人马牛,又加一等;夺人衣裘戈剑的,又加一等;攻人之国,其罪最大。以窃盗为不义,而以攻人之国为义,是犹少见黑曰黑,多见黑曰白,少尝苦曰苦,多尝苦曰甘,直是不知义与不义之辨(见《非攻上》)。其议论何等严密!由褊狭的爱国论造成的侵略主义者闻之，当亦无辞自解！

春秋末年，已有宋向戌所倡导的弭兵运动，但只是政客底策略，并不影响于一般人底思想。儒家虽也反对战争（孔子不答卫灵公问阵，已见上文。孟子亦说，"春秋无义战"，又说慎子为鲁将，即使一战胜齐，然且不可，又以战胜攻克之良臣为民贼），但并不彻底。墨子底主张，却是明白而且彻底。他所"非"的是"攻"，以现代语译之，便是"反对侵略"。反对侵略，绝对不能用苟安的"妥协"、投降的"和平"，当先有自卫的力量。所以墨子对于防御底兵法和器械，都曾竭力去研究，并有所发明。本书《备城门》以下十一篇，便是那时代底防御战术。墨子本是鲁人，闻楚将攻宋，一面使其弟子三百人助宋防守，一面亲自不远千里赶往楚国，制止楚王。可见他底"非攻"，不仅见之言论，而且是切切实实去做的。他以为攻国非但是不"义"的，而且是不"利"的，故说："计其所自胜，无所可用也；计其所得，反不如其所丧。"（《非攻中》）这是说攻而得胜者也不上算。又说："今大国之攻小国，攻者（即被攻者）农夫不得耕，妇人不得织，以守为事；攻人者亦农夫不得耕，妇人不得织，以攻为事。"（《耕柱》）这是说攻守双方彼此都不上算。墨子底非攻，以其不"利"；孟子底反对战争，则以其不"义"（宋𰀀闻秦楚构兵，将往说秦楚之王，论战争之不利；孟子以为当以"仁义"说之，不当以"利"说之）：说法亦不相同。

四　墨子底经济学说

"兼爱"是墨子底中心思想。但他说到"兼相爱",必继之以"交相利"。本书中以"爱""利"并提的,不一而足。他所谓"爱",必以"利"为前提;他所谓"利",不是褊狭的利己之"利",而是人己交利之"利"。墨子认为人类底生活,当以足维持其生命所必需之最低限度为标准。所以饮食则当"黍稷不二,羹胾不重"(《节用中》),衣服只要"冬以御寒,夏以御暑"(《节用上》),居室仅须"高足以避湿润,边足以御风寒,上足以待雨露霜雪,墙高足以别男女"(《辞过》)。这正是"凡足以奉给民用则止"(《节用中》)。过此限度,即是"暴夺人衣食之财"(《节用中》)。这是经济的第一原则。

他又说:"诸加费不加利于民者弗为。"(《节用中》)"凡费财劳力不加利者弗为也。"(《辞过》)"衣服,适身体和肌肤而已矣。……饰绣文采靡曼之衣……此非云益暖之情也,殚劳力,毕归之于无用也。"(同上)他认为费财劳力,必须能加利于民,方为经济,若归之无用,即是加费而不加利于民,即是无谓的浪费。厚葬、音乐、美术,都是加费而不加利于民的,所以他一律都反对。他底意思,以为资财劳力都当用于加利于民的生产事业。这是经济的第二原则。

墨子以为禽兽和人不同。禽兽"因其羽毛以为衣裳,因其蹄爪以为裤履,因其水草以为衣食",故不必工作而"衣食之材已具"。人则必须"竭其股肱之力,亶其思虑之智",方得维持生活。故"赖其力则生,不赖其力则不生"(见《非乐上》)。所以要"各从事其所能"(《节用中》),"各因其力所能至而从事焉"(《公孟》)。人能各尽所能,然后社会上各种事业方能成就,故曰:"譬若筑墙然,能筑者筑,能实壤者实壤,能欣(同掀)者欣,然后墙可成也。"(《耕柱》)人非工作不能生活,故人须各尽其力之所能及以从事,如有"贪于饮食,惰于从事"的,那便是"罢(同疲)而不肖"者(《非命上》)。这是经济的第三原则。

劳力工作底重要如此,故时间是一个重要的条件。"以时生财,财不足,则反之时"(《七患》),和西谚"光阴即金钱"(Time is money)底意思正同。他认识时间底重要,所以反对音乐,因为听乐,则王公大人不能早朝晏退,听狱治政,农夫不能早出暮入,耕稼树艺,妇人不能夙兴夜寐,纺绩缝纫,足以"废国家之从事"(详见《非乐上》)。所以反对久丧,因为服丧日子过久,便无时间作工(见《节葬下》)。节省时间,是经济的第四原则。

劳力工作既重要如此,故人口也是一个重要的问题。墨子"欲民之众而恶其寡"(《辞过》),主张使"丈夫年二十,无敢不处家,女子年十五,无敢不事人"(《节用上》),又以为"内无拘女，外无寡夫，则天下之民众"(《辞过》)。可见他是以"提倡早婚"与"反对蓄妾"为增加人口的方法的。《节葬下》说："此其为败男女之交多矣，以此求众，譬犹使人负剑而求寿也。"《节用下》说："攻伐邻国，久者终年，速者数月，男女久不相见，此所以寡人之道也。"可见他反对久丧和战争，也以不能增加人口为理由。墨子底人口论，正和马尔塞斯底人口论相反。增加人口，是经济的第五原则。

《尚同上》说："有余力以相劳，有余财以相分。"这就是《礼运》所谓"力恶其不出于身也，不必为己""货恶其弃于地也，不必藏于己"的意思，也就是所谓"交相利"，果能做到，便是理想的完全互助的社会了。就人力物力底分配方面说，可以说是经济的第六原则。

《易·文言》虽说"利者义之和"，但《论语》记"子罕言利"，孟子对梁惠王首曰"王何必曰利，亦有仁义而已矣"，汉代儒家巨子董仲舒也有"正其义不谋其利，明其道不计其功"的话，所以儒家思想是"非功利的"。《墨子》则以为"利"即是"义"，除了"利"别无所谓"义"，正是反儒家的"功利主义"。

墨子言"利"，有二要义：其一，凡事，利多于害者谓之利，害多于利者谓之不利；其二，凡事，利于最大多数者谓之利，利于少数者谓之不利。《大取》篇说："断指以存臂，利之中取大，害之中取小也。害之中取小者，非取害也，取利也。"这是第一义底譬喻。《非攻中》说："今有医于此，和合其祝药之于天下之有病者而药之，万人食之，若医四五人得利焉，犹谓之非行药也。"这是第二义底譬喻。《大取》又说："杀己以存天下，是杀己以利天下。"此即孟子所说"摩顶放踵利天下为之"。杀己，是大不利。仅以一己与天下较，则"己"为少数，天下之人为多数，杀一己之害小，利天下之利大，仍是有利，仍是合算的。英人边沁（Bentham）以"最大多数之最大幸福"为道德标准，恰与墨子不谋而合。

墨子所说之"利"底含义如此。他所谓有利的，就是他认为有用的。而其利不利与有用无用底标准，又专着眼于现实的具体的人类生存之最低限度的生活，所以完全是极端的、唯物的。一切精神的、娱乐的，非目前所能看到的有益于生活的事，便都在反对之列。例如相当的娱乐休息可以增加劳作的能率，早婚足以减弱儿女底体力智力，以及一切文化艺术底效用，都被墨子忽视，便是因此。庄子批评他"其道大觳，使人忧，使人悲，其行难为""反天下之心，天下不堪"，荀子批评他"蔽于用而不知文"，也是因此。

墨子既是功利主义者，所以他评判言论的"三表"，最注重的是第三表。《非命上》说："言而无仪，譬犹运钧之上而立朝夕者也，是非利害之辨，不可得而知也。故言必有三表。何谓三表？

第五章 墨子

子墨子言曰：'有本之者，有原之者，有用之者。于何本之？上本之于古者圣王之事。于何原之？下原察百姓耳目之实。于何用之？发以为刑政，观其中国家人民之利。此所谓言有三表也。'"其实，墨子估计一切言论价值底标准，全在第三表。凡有用的，有利的，必是是的，必是有价值的。《公孟》篇说：

> 子墨子问于儒者曰："何故为乐？"曰："乐以为乐也。"子墨子曰："子未我应也。我今我问曰：'何故为室？'曰：'冬避寒焉，夏避暑焉，室以为男女之别也。'则子告我为室之故矣。今我问曰：'何故为乐？'曰：'乐以为乐也。'是犹曰：'何故为室？'曰：'室以为室也。'"

《耕柱》篇也说：

> 叶公子高问政于仲尼。仲尼对曰："善为政者，远者近之而旧者新之。"子墨子闻之曰："叶公子高未得其问也，仲尼亦未得其所以对也。叶公子高岂不知善为政者之远者近之而旧者新之哉？问所以为之若之何也……"

前一例，儒者认为"乐所以为乐"。墨子否认快乐即是用，故以为没有把乐底功用说出。后一例，孔子认为善为政者应该远者近之、旧者新之。墨子以为当更进一步，说出怎样为政方能收得远者近之、旧者新之的功效。孔子是"知其不可而为之"的，故曰"道之不行，已知之矣"（见《论语》）。已知道之不行，而犹栖栖皇皇，周游列国，只是认为"应该"如此而已。墨子则认为其徒①不得黥，必有功用可见。《贵义》篇说："子墨子自鲁即齐，遇故人，谓子墨子曰：'今天下莫为义，子独自苦而为义，子不若已。'子墨子曰：'今有人于此，有十子，一人耕而九人处，则耕者不可以不益急矣。何故？食者众而耕者寡也。今天下莫为义，则子如劝我者也，何故止我？'"他不说我应当为义，却以一子耕九子处为譬，以明己之愈当急急，因为虽一人为之，其"功"犹胜于无人为之，仍是功利的打算。

五　墨者之团体组织及纪律

一般人以为墨学是一种宗教，墨者有他们宗教的团体，而墨子为其教主，墨子以后的"巨子"为这种宗教团体底领袖，犹基督教之教皇。因为墨子以为有"天"存在，"天"是有意志、能赏罚人的。故"顺天意者，兼相爱，交相利，必得赏"，如禹、汤、文、武；"反天意者，别相恶，交相贼，必得罚"，如桀、

---

①　其徒不得黥　底本作"其突不得黥"，语意不详。推其意，"突"应为"徒"之误，意思是，墨家弟子不应该遭受黥刑。据上下文意酌改。

第五章 墨子

纣、幽、厉（见《天志上》）。"天"之外，又有鬼神，也能赏贤罚暴（见《明鬼》）。而且以为建国都、立政长，以为万民兴利除害，富贫、安危、治乱的，也是上帝鬼神（见《尚同中》），完全是宗教家底说法。其实，这些只是墨子宣传其学说的底手段。故说墨子底学说有极浓厚的宗教色彩则可，径说墨学是一种宗教，则不可。

墨子论国家底起原说："古者民始生未有刑政之时，盖其语，人异义。是以一人则一义，二人则二义，十人则十义。其人兹众，其所谓义者亦兹众。是以人是其义以非人之义，故交相非也。是以内者父子兄弟相怨恶，离散不能和合，天下之百姓皆以水火毒药相亏害。至有余力不能以相劳，腐朽余财不以相分，隐匿良道不以相教，天下之乱若禽兽然。夫明乎天下之所以乱者，生于无政长，是故选天下贤良圣知辨慧之人立以为天子，使从事乎一同天下之义。政长既已具，天子发政于天下之百姓，言曰：'闻善而不善，皆以告其上。上之所是，必皆是之；上之所非，必皆非之。'"（《尚同上》）霍布士（Hobbes）说上古人类未有国家，在天然状态中时，人人皆互相争夺，不得已乃设一统治者而相约服从之，此统治者之权威，为绝对的，直如上帝。其说国家之起原，可谓与墨子极相似。

墨子说："凡国之万民，上同乎天子而不敢下比：天子之所是，亦必是之；天子之所非，亦必非之。……天子者，固天下之仁人也。"(《尚同中》)。他主张选天下贤良圣知辨慧之人以为天子，故天子必为天下之仁人。又说，"智者为政乎愚者则治，愚者为政乎智者则乱"(《尚贤中》)，故执政者必为智者。以仁智之人为天子执政，故其所是非，为绝对的是非，人民非绝对服从不可。所以现代议会制的"多数政治"和所谓"全民政治"，墨子都不见得赞成，墨子所主张的却是领袖底"独裁政治"。他理想中的领袖，不但是政治的独裁者，而且是思想的独裁者。"天子"如何选举？是①建国时选一次，以后便世袭？还是每代有一次选举？《墨子》中都未有说明。但以《墨子》考之，则墨者底团体似不仅为学术或宗教的团体，而是一种组织极密、规律极严的政治团体；其领袖，第一任当然是墨子，以后便是所谓"巨子"。或者他底理想，即以"巨子"为天子，如果他们一旦能获得政权。

墨子往楚止公输般攻宋时，曾对楚王说："臣之弟子禽滑釐等三百人，已持臣守御之器，在宋城上而待楚寇矣。"(《公输》篇)《淮南子》也说："墨子服役者百八十人，皆可使之赴火蹈刃，死不旋踵。"《吕氏春秋》也记墨者巨子孟胜为阳城君守国，孟胜死，弟子死之者八十三人。可见墨者服从墨子及巨子孟胜的精神。《耕柱》篇记墨子使高石子游卫，卫君使为卿，而不用其言；高石子去而之齐，告之墨子。《鲁问》篇记墨子使胜绰事项子牛，项子

---

① 底本"是"前有"还"。于义不顺，故删。

第五章 墨子

牛三侵鲁，胜绰三从；墨子闻之，使高孙子请而退之。可见墨者出仕，如自行辞职，仍须报告墨子；如曲学阿世，墨子可请于其主而退之。《耕柱》篇又记墨子使耕柱子仕楚，未几而遗十金于墨子，言愿供夫子之用。可见墨者出仕后，须分其所得以供其领袖。《庄子·天下》篇说墨者"以巨子为圣人，皆愿为之尸，冀得为其后世"。墨者底巨子，有孟胜，有田襄子，有腹䵍，见于《吕氏春秋·上德》《去私》二篇。《上德》篇记孟胜为巨子，将死阳城君之难，使二人传巨子于田襄子。二人已致命于田襄子，欲反楚，与孟胜俱死。田襄子止之曰："孟子已传巨子于我矣。"不听，卒反楚而死，墨者以为不听巨子。由此，可知继任的巨子是由前任指定的。《去私》篇记腹䵍为墨者巨子，而其子杀人。秦惠王命吏勿诛。腹䵍以为"墨者之法，杀人者死，伤人者刑……王虽为之赐而令吏勿诛，腹䵍不可不行墨者之法"，卒不许惠王而遂杀之。由此，可知巨子执墨者之法，有生杀之权，腹䵍且不私其独子。这种纪律森严的团体，求之现代政党中，亦不可多得。墨者底团体，既如此严密，思想又是统一的，所以个人绝对没有自由，个性底发展也绝对被否认。荀子批评他说，"墨子有见于齐，无见于觭"（《荀子·天论》），便是因此。

批评墨子，最适当的，我以为还得推《庄子·天下》篇。现在把它原文摘录，作为本章底结论：

不侈于后世，不靡于万物，不晖于数度，以绳墨自矫而备世之急，古之道术有在于是者，墨翟、禽滑釐闻其风而悦之。为之太过，已之大甚，作为《非乐》，命之曰《节用》，生不歌，死无服。墨子泛爱兼利而非斗，其道不怒；又好学而博，不异，不与先王同，毁古之礼乐。黄帝有《咸池》，尧有《大章》，舜有《大韶》，禹有《大夏》，汤有《大濩》，文王有《辟雍》之乐，武王、周公作《武》。古之丧礼，贵贱有仪，上下有等，天子棺椁七重，诸侯五重，大夫三重，士再重。今墨子独生不歌，死无服，桐棺三寸而无椁，以为法式。以此教人，恐不爱人；以此自行，固不爱己。未败墨子道。虽然，歌而非歌，哭而非哭，乐而非乐，是果类乎？其生也勤，其死也薄，其道大觳；使人忧，使人悲，其行难为也。恐其不可以为圣人之道。反天下之心，天下不堪。墨子虽独能任，奈天下何？离于天下，其去王也远矣。墨子称道曰："昔者禹之湮洪水，决江河而通四夷九州也，名川三百，支川三千，小者无数。禹亲自操橐耜，而九杂天下之川，腓无胈，胫无毛，沐甚雨，栉疾风，置万国。禹大圣也，而形劳天下也如此！"使后世之墨者多以裘褐为衣，以跂蹻为服，日夜不休，以自苦为极。曰："不能如此，非禹之道也，不足谓墨。"……墨翟、禽滑釐之意则是，其行则非也。将使后世之墨者必自苦，以腓无胈、胫无毛相进而已矣，乱之上也，治之下也。虽然,墨子真天下之好也,将求之不得也,虽枯槁不舍也,才士也夫!

这段批评,褒贬抑扬,各有根据,各有理由,不苛责,不阿私,所以我认为是最适当的。

第六章

后期的墨者

一 后期墨者之派别及《墨经》

《韩非子·显学》篇以儒墨为世之显学,说"自墨子之死也,有相里氏之墨,有相夫氏之墨,有邓陵氏之墨",故墨子之后,墨离为三,他们"取舍相反",而皆自谓真墨。可见后期的墨家分为三派。《庄子·天下》篇说:"相里勤之弟子,五侯之徒,南方之墨者苦获、己齿、邓陵氏之属,俱诵《墨经》而倍谲不同,相谓别墨。以坚白同异之辞相訾,以觭偶不仵之辞相应;以巨子为圣人,皆愿为之尸,冀得为其后世,至今不决。"《庄子》底相里勤,当即《韩非子》底相里氏。邓陵氏与苦获、己齿,当同为南方之墨者。只有《韩非子》底相夫氏是否即《庄子》底五侯之徒,无从悬揣。《意林》"相夫"作"相芬"。山仲质说:"相夫一作祖夫。"《广韵》陌韵"伯"字注云:"《韩子》有伯夫氏,墨家者流。"或者因"相""柏"形近而误,"柏"又转作"伯"字吧?"取舍相反",故"倍谲不同"。"相谓别墨",不是自谓"别墨",是三派各谓他二派为墨学之别派,而以墨学之正统派自居,自谓得墨子底真传。胡适把他们称做"别墨",未免失当。墨子之后墨家分为三派,正和"孔子之后,儒分为八"(见《显学》篇)一样。各派取舍相反,倍谲不同,相谓别墨,正和《荀子·非十二子》排斥子思、孟轲底情形一样。但他们都以巨子为圣人,皆愿为之尸,冀得为其后世,则墨者团体底组织,巨子底制度,似尚存在。后期墨者底情形,大致如此。

《墨子》中有六篇——《经上》《经下》《经说上》《经说下》《大取》《小取》——和其他诸篇不同。汪中以为这六篇就是《天下》篇所谓"《墨经》"。晋鲁胜取《经》及《经说》四篇,加以注解,称之曰"《墨辩》"。胡适加入《大取》《小取》二篇,仍称之曰"《墨辩》"。这"《墨辩》"之名,是鲁胜定的。《天下》篇所云"《墨经》",当指《经》及《经说》而言。不过《大取》《小取》二篇,内容都和《经》及《经说》相近,不妨附之《墨经》。这六章底主要目的,在阐明墨学,驳斥其他的学说。因为那时所谓"名家"的诡辩者,已很有势力,故墨者亦根据名学立论,其辩论之术,较《墨子》中其他各篇精确得多。这和《荀子》中特列《正名》一篇,其辩论术也较孟子为长一样。所以关于"名学"的,是后期墨者运用的工具，是这六篇中的副产物，当于下文述名家一章详及之。本章只扩述《墨经》中关于墨学的要旨而已。

这六篇和其他诸篇有什么不同？何以知其为后期墨家之言呢？从春秋末到战国末，著作体裁底演变，大致可以分为四期。古代私人著作，以《论语》为最早，此书为纯粹的、简约的、零星的记言体，是为第一期。《墨子》底大部分和《孟子》虽亦为记言体，但已由简约的进而为铺排的，零星的进而为长篇的了，这是第二期。《庄子》则又加以设寓的记言体了，铺排也更甚了，已在记言体与议论体之间了，这是第三期。《荀子》和《韩非子》，则大多为据题抒意的议论体了，这是第四期。

《经》及《经说》，文体虽简约，但非记言体；《大取》《小取》则为据题抒意的议论文，和其他诸篇截然不同。此其一。孟子，时人称为好辩，但《孟子》中并无辩"坚白同异"之言，因为孟子时尚无所谓"名家"底诡辩。墨子自谓能辩，故说："以其言非吾言者，是犹以卵投石也；尽天下之卵，其石犹是也，不可毁也。"（《贵义》）但其年代，在孟子之前，故《墨子》其他各篇中也没有"坚白同异"之辩。只有这六篇中，多讲究名学及难诡辩派的言论，和其他诸篇也截然不同。此其二。《诗》《书》《礼》《乐》《易》《春秋》之称为经，最早见于《庄子》之《天运》篇。似以"经"名书，为战国后半期底风气。战国后期，游说之风大盛，学者诵习简编，力求简练，易于记诵，于是各家各有其提要钩玄之"经"。如《荀子》所引之"道经",《韩非子》底《内外储说》之"经"是。战国初,尚无此种体裁之著作(顾颉刚说,见《古史辨》)。《经上》很像几何学底"界说",《经下》很像几何学底"定理",《经说》上下则为"界说"与"定理"底解释,其文体都极为简练;即《大取》《小取》,也是辞经椎练,言无枝叶:和其他诸篇截然不同。此其三。由此三端,可以推断这六篇不是墨子时的作品,是战国后期的作品。

《经》和《经说》底排列,是特别的。《经上》里有一句"读此书旁行"。因此,知道这二篇《经》,应当每向旁行,分为上下行排读。《经说》前半篇是解说《经》底上行诸条的,后半篇是解说《经》底下行诸条的。例如《经上》篇首说:"故,所得而后成也。止,所以久也。"《经说上》前半说:"故,小故,有之不必然,无之必不然,体也,若有端;大故,有之必然,无之必不然,若见之成见①也"。后半说:"止,无久之不止,当牛非马,若矢过楹;有久之不止,当马非马,若人过梁。"排列起来,当如下表:

（上行）	（下行）
经:故,所得而后成也。 经说:故——小故,有之不必然,无之必不然,体也,若有端;大故,有之必然,无之必不然,若见之成见也。	经:止,以久也。 经说:止——无久之不止,当牛非马,若矢过楹;有久之不止,当马非马,若人过梁。

---

① 底本脱"见"字,据《墨子校注》(P.460)补。

二 《墨经》对于墨子学说的阐发

后期墨者对于墨子旧有学说之阐发，可于《经》《经说》及《大取》《小取》中见之。约举之，可分为二种：一为辩护，二为引申。今各举例如左：

上章曾说，墨子底中心思想是"兼爱"。当时反对墨家者，攻击兼爱之说，有二种说法：一曰"无穷害兼"。说天下之人无穷，如何能尽爱之？一曰"爱人当爱盗"。说墨家既主兼爱，则当人人皆为所爱，何以又主张杀盗？这六篇中，便有为"兼爱说"辩护的言论。《经下》说："无穷不害兼，说在盈否。"《经说》加以解说道："无，南者（疑当作'南方'）有穷则可尽，无穷则不可尽。有穷无穷未可知，则可尽不可尽（从毕校）未可知。人之盈之否未可知，而必人可尽不可尽，亦未可知，而必人之可尽爱也，悖！人若不盈无（从孙校）穷，则人有穷也；尽有穷，无难。盈有穷，则无穷尽也；尽有穷，无难。"难者说：南方有穷，则可尽；无穷，则不可尽。有穷无穷既未可知，则可尽不可尽亦未可知；而墨者必人之可尽爱，悖。答之曰：人若不能盈彼无穷之南方，则人数为有穷了；人数既有穷，何难尽爱之？人若能盈彼南方，则南方之无穷亦有时而尽；有时而尽，则南方非无穷的，而是有穷的了；地既有穷，则盈此有穷之地之人亦有穷，又何难尽爱之?（采邓高镜说）《经下》又说："逃臣狗犬，遗者不知其所处，不害爱之，说在丧子。"《经说下》加以解说道："逃臣不知其处，狗犬不知其名也，遗者巧，弗能两也。"难者说：逃臣及狗犬，遗失者既不知其所在，即使求之巧，也不能两合，何从爱之？答者曰：譬如父失其子，虽不知其所在，未尝不爱之。由此推之，则天下无穷之人，吾所不知其所在，也未尝不爱之了。这是对于"无穷害兼"说辩护。

《小取》篇说："白马，马也；乘白马，乘马也。骊马，马也；乘骊马，乘马也。获，人也；爱获，爱人也。臧，人也；爱臧，爱人也。此乃是而然者也。获之亲，人也；获事其亲，非事人也。其弟，美人也；爱弟，非爱美人也。车，木也；乘车，非乘木也。船，木也；入船，非入木也。盗，人也；多盗，非多人也；无盗，非无人也。奚以明之？恶多盗，非恶多人也；欲无盗，非欲无人也。世相与共是之。若无是，则虽盗，人也；爱盗，非爱人也；不爱盗，非不爱人也；杀盗，非杀人也；无难矣（依孙校）。此与彼同类。世有彼而不自非也，墨者有此而非之，无也（即他）故焉，所谓外胶内闭欤？心无空乎内，胶而不解也！此乃是而不然者也。"这是对于"爱人当爱盗"说的辩护。

上章曾述墨子底经济学说，即此，可见墨子底学说是"功利的"，和儒家学说之为"非功利的"适相反。但墨子未尝说明所以须重"利"的理由。《墨经》则引申墨子之说，进一步，与功利主义以心理的根据。如《经上》说:"利,所得而喜也。害,所得而恶也。"《经说》加以解说道:"得是而喜,则是利也;其害也,非是也。得是而恶,则是害也;其利也,非是也。"人们所喜者为利,所恶者为害,故趋利避恶,是人性之自然;故"欲利"为人们之正当的行为。但"欲"是盲的,必须有"智"为其指导,方能趋将来之利,避将来之害。《经说上》云:"为'欲'斩(砍也,依孙校)指,'智'不知其害,是智之罪也。若智之慎之也,无遗于其害也,而犹欲斩之,则离之。是犹食脯也,骚之利害(孙云:'疑即言臭之善恶'),未可知也。欲而骚,是不以所疑止所欲也。墙外之利害,未可知也;趋之而得刀(从孙校),则弗趋也,是以所疑止所欲也。"欲斩指,欲食脯,欲趋墙外,都是"欲"。斩指之害,脯之骚,墙外之有刀,则必"智"始能知之。"智"能逆睹现在的行为之结果,所以能指导"欲",能使吾人趋利避害,或舍目前之小利,以避将来之大害,或受目前之小害,以趋将来之大利。这种作用,名之曰"权"。

《经上》说:"欲正权利,恶正权害。"(从孙校)《经说上》说:"权(从孙校)者,两而无偏。"《大取》篇也说:"于所体之中而权轻重,谓之'权'。权,非为是也,非为非也;权,正也。断指以存臂,利之中取大,害之中取小也。害之中取小,非取害也,取利也;非所取者,人之所执也。遇盗人而断指以免身,利也;其遇盗人,害也。……利之中取大,非不得已也；害之中取小，不得已也。所未有而取焉，是利之中取大也；于所既有而弃焉，是害之中取小也。""权"，犹权衡之权。人们所欲者为利，但将来之利大于目前之利，则我们权衡的结果，不如舍小利以取大利；所恶者为害，但将来之害大于目前之害，则我们权衡的结果，不如受小害以避大害。《墨经》殆以"利"为道德之要素，故《经上》说："义，利也。""忠，利君也。""孝，利亲也。""功，利民也。"这都是就墨子学说关于"功利"的一点加以引申者。

三 《墨经》对于别派学说的辨驳

上节所述，为后期墨者，就墨子底学说，或辩护，或引申，加以阐发，都是力求自己一面底"能立"。反之，他们并驳斥别派底学说，则是所谓"能破"了。兹举数例于左：

（一）驳"仁内义外"说

孟子认为仁义之端都是人性中生来具有的，都是从内心发出的。告子则说："仁，内也；义，外也。"（孟子批评告子之说，见《孟子·告子》）按：《管子·戒》篇也说："仁从中出，义从外作。"《管子》一书，不是管子自己作的；但可见"仁内义外"之说，不是告子一人底主张，在当时也颇占势力了。《经下》说："仁义之为内外也，非（从孙校）。说在仵颜。"（从孙校）按：《吕氏春秋·明理》说"其民顽齗"。高诱注:"顽,犹火;齗,逆也。"《经说》加以解释说:"仁,爱也;义,利也。爱利,此也;所爱所利,彼也。爱利不相为内外;所爱所利亦不相为内外。其谓仁内也,义外也,举爱与所利也,是狂举也。若左目出,右目入。"他们底意思,以为能爱能利在我,所爱所利者人;故能爱能利俱由内,所爱所利俱在外。今言"仁内义外",是于"仁",则举"能爱"而言;于义,则就所利而言;是犹谓左目司出,右目司入,非狂举而何?

(二)驳儒家称述尧舜

儒家祖述尧舜,以为尧舜之道可复行于今世。但古今时异势殊,尧舜之治,宜于古者未必宜于今。故《经下》说:"尧之义也,生于今而处于古而异时,说在所义二。"《经说》加以解释道:"尧、霍,或以名视(同示)人,或以实视人。举友富商也,是以名视人也;指是霍也,是以实视人也。尧之义也,是声也于今,所义之实处于古。"他们底意思,以为儒家所称道之尧舜,是尧舜之义名,不是尧舜之义实。其义名,为生于今之儒者所称道;其义实,则处于与今异时之古。故所义之名与实,是二非一。如举某友是富商,是举名以示人;如指此人是霍,是举实以示人。是不但治于古者未必宜于今,今世儒家所举的尧之义名,亦未必合于尧之义实。《韩非子·显学》说,"孔墨俱道尧舜,而取舍不同",故又有此说。

(三) 驳老子

《老子》说，"绝学无忧"，又说，"有无相生"。《经下》驳他说："学之益也，说在诽者。"《经说下》云："学也，以为不知学之无益也，故告之也。是使知学之无益也，是教也。以学为无益也，教悖！"《老子》以学为无益，故说"绝学无忧"。墨家以为不知学之无益，故告之以教之；如已知学之无益，而又以学之无益告人，是亦教人学也。学既无益，则又何必教人？《经下》又说："无不必待有，说在所谓。"《经说下》云："无，若无马（从孙校），则有之而后无；无天陷，则无之而无。"《老子》以为有无是相生的，是有与无是相对的，必有"有"而没有"无"了。但要看所说的是什么。例如说"无马"，因为世界上原有马，所以说"无马"，是待"有马"而其意始明，这是有"有"而后有"无"的。但如说"无天陷"，则世界上决无天陷之事，是"无"不待"有"了。

(四) 驳《庄子》

《庄子·齐物论》以为天下事物及人之意见。万有不齐，不能执一以为是；执一以为是，则其所谓是者皆非；故主张"辩无胜""大辩不言""言为尽悖"。《经下》驳他说："谓辩无胜，必不当；说在辩。"《经说下》加以解释说："谓，所谓。非同也，则异也。同，则或谓之狗，其或谓之犬也。异，则或谓之牛，其（从孙校）或谓之马也。俱无胜，是不辩也。辩也者，或谓之是，或谓之非，当者胜也。"这是驳《庄子》"辩无胜"的主张的。《经下》又说："以言为尽悖，悖，说在其言。"《经说下》说："以悖，不可也。之人（从孙校）之言可，是不悖；则是有可也。之人之言不可，以当，必不审。""以悖不可也"，是说以言为尽悖是不可的。若以此言为可，则至少此言为不悖了，何得说言尽悖？若以此言为不可，则言固不尽为悖了。

《墨经》中驳当时所谓"名家"的话尤多，兹不具引。

四 《墨经》中的"知识论"

"知识论"（Epistemology）为哲学上所讨论的问题。《墨经》中论知识底获得，有以下五条，均见《经上》，《经说》每条都有解释。兹先列举如左：

（一）《经》："知，材也。"《经说》："知材——知也者，所以知也，而不必知（从胡适校），若明。"

"材"即才能。此"知"字，指能知之才。有了能知的才，未必即有知识。例如眼能见物，谓之"明"；但有此能见物之明，不必即有所见，因为有了能见之眼，又须有所见之物，方可有见。知亦如此，有了能知之才，又须有所知之物，方可有知。故"知材也"底"知"，即佛书所谓"根"。

（二）《经》："虑，求也。"《经说》："虑也者，以其知有求也，而不必得之，若睨。"

上条说的是能知之才，此条进一步说到以能知之才求知。上条例如眼有能见之明，无所见之物不必即有见。此条则有意以其能知求所知了，例如动眼睨视，以求有见；但所见之物不可必得，如求而不得，则仍无所见。

（三）《经》："知，接也。"《经说》："知——知也者，以其知遇物而能貌之，若见。"

"以其知遇物而能貌之"，即是以其能知之才，遇可知之物，而能感觉其形体状貌，方可有知。例如眼有能见之明，有意的或无意的接触到物，而能得其形态状貌，方得谓之有见。

（四）《经》："恕（从道藏本及嘉靖本），明也。"《经说》："恕——恕也者，以其知论物，而知之也著，若明。"

上条之"知"，还是由感觉所得之知，是具体的，个别的。此条之"恕"，方是心知，方是所谓知识。因为由感觉只能得零碎的知识，而没有心底联合的作用，仍不足谓之为知识。"论"是论次。以其知论物者，把由感觉所得的知识，联络综合，成一种观念，其知识方为明确。

（五）《经》："知而不以五路，说在久。"《经说》："知以目见，而目以火见，而火不见，惟以五路知。久，不当以目见，若以火见。"

"五路"，就是感觉所从人的五条路，就是眼、耳、鼻、舌、身，分司视、听、嗅、味、触五感，接触所感之物，以成色、声、香、味、触者。由感觉所得之知，都由此五路。但知识有不由此五路而得者，其说在"久"。久者，即是往时所得的经验，由经验可以推得知识。如惟以五路知，则例如见火，能见者眼，所见者火，而火有时不见者，因为火未尝接触于眼之故，但以过去之经验推之，则即"火"之名，即可知"火"之实，不必眼见而后知之。

以上五条，第一条说仅有"能知"之才，不必即知；第二条说仅有求知之意，不必即知；第三条说必以其能知之才，接触所知之物，而能知其状态形貌，方可谓有知；第四条说必以其能知之才，综合所知之物，则其知方明确；第五条说既有已往之经验，又能综合之以得明确的观念，则虽不由五路，也可得到知识。

《墨经》论知识底种类的，又有一条：

《经》："知，闻、说、亲。"《经说》："知——传受之，闻也；方不障，说也；身观焉，亲也。"

此条说知识有三种：（一）"闻知"，是从传受得来的。是从传受而得的闻知。（二）"说知"，是从推论得来的。（三）"亲知"，是从亲身实验，直接而得的。例如我们亲眼看见某人某人，是"亲知"；由所见的许多人，推论得"人"底概念，便是"说知"；古今相传，知道古代有孔子、孟子、荀子、墨子等人，便是"闻知"。"亲知"，最切实，但范围最狭；一人所亲身接触的事物有限，故"亲知"有时为方域所障。进一步，则为"说知"，由推论得之，才能不为方域所障，故曰"方不障"。但也有不能亲知，亦不能说知的事物，如历史底事或人是，则非有赖于"闻知"不可。但偏于"说知"，易陷于"思而不学则殆"的空想；偏于闻知，又易陷于轻信他人的盲从。所以这三种知识，应当并重，应当调和。

《墨经》中论知识的，不仅这几条；本节所述，不过举其重要者而已。

五 《墨经》中的科学知识

《墨经》是数千年以前的著作，但里面有许多关于科学的定理的。且举关于几何学的几条为例，因为在《墨经》里是最多的。

（一）《经》："体，分于兼也。"《经说》："体——若二之一，尺之端也。"

"体"指一部分，"兼"指全部。"二"是"兼"，"一"是"体"；"尺"（即线）是"兼"，"端"是"体"。一为二之一部分，点为线之一部分，故曰"体，分于兼也"。这就是几何学上所讲的公理"全量大于其一部分""全量等其各部分之和"。

（二）《经》："端，体之无序而最前者也。"《经说》："尺前于区而后于端。""尺"即"线"，"端"即"点"，"区"即"面"。积点成线，积线成面，故端最先，尺次之，区最后。即几何学"点为一切形之始""有点而后有线，有线而后有面"的公理。

（三）《经》："厚，有所大也。"《经说》："厚——区无所大。"

"厚"指体积。即几何学所说"体有容积，面无容积"的公理。

（四）《经》："盈，莫不有也。"《经说》："盈——无盈无厚。"

"盈"指容积。有容积才成为"体"，故曰"无盈无厚"。由点成线，由线成面，由面成体，有容积之"体"，点线面俱备，故曰"莫不有"。

（五）《经》："撄，相得也。"《经说》："撄——尺与尺俱，不尽；端与端俱，尽。"

"撄"就是相交。线与线相交，只有一交点，故不尽；点是无面积的，故相交即完全相交。

（六）《经》："圆，一中同长也。"《经说》："圆，规写交也。"

"一中"，说圆只有一中心点；"同长"，说圆底径皆同长。"规写交"，说圆是用圆规画成，两端相接的形。

（七）《经》："正而不可摇，说在转。"《经说》："正，凡无所处而不中，悬转也。"

圆球悬在空中，无论如何旋转，其中心不动，故曰"正而不可摇"。

此外，关于物理、经济……科学的很多，不能俱引；关于论理学，即当时所谓"名学"的尤多，则当于下文详之。我国为现代科学落后的国家，而《墨经》中已有这许多关于科学常识的话，可见我国底科学知识萌芽很早，不过后来没有继续研究、发扬光大的人，以致中绝，这是很可惜的。

第七章

老子

一 老子考略

《史记》老子与庄子、申不害、韩非合传,记老子事实,虽不能如《孔子世家》之详,但较墨子已详得多了。日本人武内义雄作《老子原始》一文,曾以单行的《集解》本和单行的《索隐》本校《集解》《索隐》《正义》合刻本,订正今本《史记》中的《老子列传》。兹录其订正后之传文于下:

> 老子者,楚苦县厉乡曲仁里人也,名耳,字聃,姓李氏,周守藏室之史也。(以上第一段)孔子适周,将问礼于老子。老子曰:"子所言者,其人与骨皆已朽矣,独其言在耳。且君子得其时则驾,不得其时则蓬累而行。吾闻之,良贾深藏若

第七章 老子

虚，君子盛德，容貌若愚。去子之骄气与多欲，态色与淫志；是皆无益于子之身。吾所以告子，若是而已！"孔子去，谓弟子曰："鸟，吾知其能飞；鱼，吾知其能游；兽，吾知其能走。走者可以为网，游者可以为纶，飞者可以为矰。至于龙，吾不能知，其乘风云而上天。吾今日见老子，其犹龙邪！"（以上第二段）老子修道德，其学以自隐无名为务。居周久之，见周之衰，乃遂至关。关令尹喜曰："子将隐矣，强为我著书。"于是老子乃著书上下篇言道德之意五千言而去，莫知其所终。（以上第三段）或曰：老莱子亦楚人也，著书十五篇，言道家之用，与孔子同时云。（以上第四段）自孔子死之后百二十九年，而史记周太史儋见秦献公曰："始秦与周合而离，离五百岁而复合，合七十岁而霸王者出焉。"或云"儋即老子"，或曰"非也"，世莫知其然否。盖老子百六十有余岁，或言二百余岁，以其修道而养寿也。（以上第五段）老子，隐君子也。老子之子名宗，宗为魏将，封于段干。宗子注。注子宫。宫玄孙假。假仕于汉孝文帝。而假之子解，为胶西王卬太傅，因家于齐焉。（以上第六段）世之学老子者则绌儒学，儒学亦绌老子。道不同不相为谋，岂谓是邪？（以上第七段）

武内义雄把这篇《老子传》分作七段：一叙老子姓名里居；

二叙孔子问礼于老子；三叙老子西游著书；四插叙老莱子；五插叙周太史儋并论老子年寿；六叙老子之子孙；七论儒家与老子之关系。《老子传》经过这番整理，较今本《史记》原文清楚得多了。但里面还有许多问题，须略加考证。

（一）老子底姓李氏，名耳，字聃，已无问题。震泽王氏本作"姓李氏，名耳，字伯阳，谥曰聃。"梁玉绳《史记志疑》，谓先秦古书无称老子字伯阳者。王念孙《读书杂志》称《文选·反招隐诗》李善注引《史记》，亦但曰"老子名耳字聃"；其云"字伯阳"者，乃衍《列仙传》之文。《说文》："聃，耳曼也。"名耳，字聃，正因其字义相关。但李耳何以又称"老子"，亦称"老聃"？胡适疑"老"或为字，因《说文》又有"聃然，老貌"之训，又疑"李"与"老"，一为姓，一为氏。字老而称老子者，犹孟子称匡章为章子；称老聃者，犹孔子父叔梁纥。老氏为颛顼子老童之后，一说即老聃之后，宋有老成氏云云。胡氏所疑亦似有理。但孟子称匡章为章子，记事者仍曰匡章。老子则无称之为"李老"者。今世诚有老姓，但为后起，不见于周秦之际；其以老成氏证老为氏，又和以夷齐底墨台氏证墨子姓墨相同。按周秦时称"某子"，正与现代称"某先生"同。"以其年老，故曰老子"，亦犹现代称人曰"老先生"；其曰"老聃"，犹宋元人称苏东坡曰"老坡"而已。

（二）孔子适周观书问礼事，亦见于《孔子世家》，先记孟釐

第七章 老子

子将死，嘱其嗣子懿子，往师孔子，及釐子卒，懿子与南宫敬叔往学于孔子；次记南宫敬叔言于鲁君，请与孔子俱适周，鲁君与之一乘车，两马，一竖子，适周，问礼于老子。其下云："辞去，而老子送之曰：'吾闻富贵者送人以财，仁者送人以言。吾不能富贵，窃仁人之号，送子以言曰：聪明深察而近于死者，好议人者也；博辩广大，危其身者，发人之恶者也。为人子者，毋以有己；为人臣者，无以有己。'"按：孟釐子遗言，命其子师事孔子，亦见《左传》。但釐子卒于鲁昭公二十四年，敬叔方居丧，不应随孔子适周；敬叔生于昭公十二年，至釐子卒，年仅十二，更不能从孔子适周；敬叔家岂无车马、竖子，何必待鲁君与之？（此崔述说，见《洙泗考信录》）但以南宫敬叔不随孔子，便断定孔子未尝适周，似亦欠允当。孔子时为平民，由鲁适周，须得鲁君许可、介绍，并得其资助，也是合于情理的；但为孔子请于鲁君者，不必为南宫敬叔而已。《庄子》称孔子适周观书，子路言柱下史聃可与谋。"柱下"，指其在朝之位；"守藏室"及"征藏"，指其所掌之事；史掌藏书。孔子适周观书，势必往见此掌藏书之史官。见此掌藏书之史而问礼，亦合于情理之事。

老子言行，见于儒书者，《礼记·曾子问》中凡四条。孔子曾问礼于老子，似亦为事实。又按：《晏子春秋·杂上》云："晏子送曾子曰：'君子赠人以轩，不若以言。'"《说苑·杂言》篇及《孔子家语·六本》篇并载此事，惟"轩"字作"财"。《说苑·杂言》篇又载:"子路将行,辞于仲尼。仲尼曰:'赠汝以车乎?以言乎?'子路曰:'请以言。'"《世家·索隐》于"送人以财"四字下注云:"《庄》用'财'作'轩'。"则《庄子》佚篇中亦记此事了。可见赠人以财(或曰"以轩")以言云云,是古时赠别者常用之言,传说者因以用于李耳与孔子而已。又《大戴记·曾子制言上》云:"良贾深藏如虚,君子有盛教如无。"

《庄子·寓言》篇记老聃告杨朱亦云:"大白若虚,盛德若不足。"《老子》本书亦云:"大白若辱,广德若不足。"并与《老子传》"良贾深藏若虚,君子盛德容貌若愚"二句极相似。《庄子·外物》篇记老莱子告孔子语,"丘,去汝躬矜与汝容知,斯为君子矣",也和《老子传》"去子之骄气与多欲、态色与淫志"二语极相似。老莱子告孔子语,亦见《国策》。《孔丛子·抗志》篇则以为老莱子语子思,《说苑·敬慎》篇则以为常枞教老子。《庄子·天运》篇:"孔子见老聃归,三日不谈。弟子问曰:'夫子见老聃,亦将何规哉?'孔子曰:'吾乃今于是乎见龙。龙,合而成体,散而成章,乘乎云气而养乎阴阳。予口张而不能嗋,予又何规老聃哉?'"《史记》所载"老子犹龙"之赞,似即本此。

司马迁记老子与孔子事,显系杂采传说而成。我以为:孔子适周观书,因见掌藏书之史官而问礼,是有这件事的;谓孔子请于鲁君及随之适周者为南宫敬叔,则为传说之误。《庄子》所载孔子赞叹老子语,为庄子之寓言,与《盗跖》篇记孔子见盗跖同。

第七章 老子

司马迁误信为实事而采之，又与《屈原传》以《楚辞·渔父》篇为实事相同。其记老子告孔子语，也是撷拾缀集而成。西汉之初，"老学"极盛，为"老学"者欲崇奉老子，乃有此铺张夸饰之传说，司马迁乃采入《孔子世家》及《老子传》。所以此段未可一笔抹杀，也未可尽信。

（三）《史记·老子列传》所叙有三个人：一个是姓李，名耳，字聃，孔子适周观书曾见而问礼的；一个是老莱子，与孔子同时，曾著书十五篇的；一个是周太史儋，后来入秦见献公的。于此有二疑问：其一，老莱子即老子否？其二，周太史儋即老子否？

《老莱子》十六篇，见《汉志》道家，其篇数与《史记》所云十五篇，只差一篇。《庄子·外物》篇及《国策·楚策》并载老莱子告孔子语，已见上。《大戴记·卫将军文子》篇亦曰："德恭而言信，终日言不在尤之内，贫而乐也，盖老莱子之行也。"《曾子立事》篇曰："君子终日言，不在尤之中；小人一言，终身为罪。"《论语》孔子告子张亦曰，"言寡尤"。是老莱子之书虽列道家，而其言则似儒家之言。《国策·楚策》所载老莱子之言，《说苑·敬慎》篇及《淮南子·缪称训》以为是常枞（亦作商容）告老子语；《庄子》所载老莱子之言，则又与《老子传》所记老子告孔子语相近；均与《卫将军文子》篇异趣。《老子》五千言仅上下二篇，《老莱子》则有十五篇之多。由此可以推知，老莱子与老子实为二人。

老子生地，王阜《老子圣母碑》以为生于曲涡之间（《水经注》引）；边韶《老子铭》以为楚相县（见《隶释》）；司马彪以为是陈国之相（《庄子·天运》篇、《释文》①引）；《列子·黄帝》篇、《庄子·天运》篇并言孔子至沛见老子。姚鼐以为当从《庄子·天运》篇，定为沛人（见《老子章义序》）。以上诸说，均与《史记·老子传》异。汪中《述学·老子考异》说："按，周室既东，辛有入晋（《左传·昭公三十年》），司马适秦（《太史公自序》），史角在鲁（《吕氏春秋·当染》），王官之族，或流播于四方。列国之产，惟晋悼尝仕于周，其他固无闻焉。况楚之于周，声教中阻，又非晋郑之比？且古之典籍旧闻，惟在瞽史，其人并世官宿业，羁旅无所置其身……本传又云：'老子，隐君子也。'身为王官，不可谓隐。"由此推之，《老子传》底"楚县苦厉乡曲仁里"疑亦因老莱子为楚人而致误；《国策》所记老莱子告孔子语，《孔丛子》以为老莱子告子思；《老子传》以为老子告孔子之言，正因其误以老莱子为老子。

周太史儋见秦献公，亦见《秦本纪》献公十一年。此年去魏文侯卒十三年。《魏世家》安釐王四年，魏将段干子请予秦南阳以和。《国策》华阳之战，魏不胜秦；明年，将使段干崇割地而讲。按：《六国年表》秦破魏华阳下军，在昭王三十四年。疑段干崇即《老子传》所云"老子之子名宗，为魏将，封于段干"者，却是周

---

① 《释文》，即《经典释文》之省称。

第七章 老子

太史儋底儿子。《老子传》又云："见周之衰，乃遂去，至函谷关。"《抱朴子》以为是散关，又说是函谷。但由周入秦，函谷关方是必经之路。春秋时，二崤属于晋。贾谊《新书·过秦》说"秦孝公据函崤之固"。秦之强，自献公始。函谷置关，或正在献公之世。故见周之衰，经函谷关入秦的，正是太史儋，并不是孔子问礼的老子（详见汪中《老子考异》）。由此可以断定，太史儋和老子，也是二人。所以《史记·老子传》所叙的三个人，不能混合为一。

二 《老子》底时代与作者

照《史记》底《老子传》看，著书五千言，言道德之意的，是孔子问礼的李耳。从《汉志》以来，都主此说。但以此书为春秋末年的人所作，则可疑的点极多。其一，我国私人著述，最早的是《论语》。其体裁为记言的，问答的，断篇零碎的。《老子》上下二篇论道德之意，直是议论体，虽似分章分段，不是首尾完具的长篇，但决不是记言的，问答的体裁。以上章所说周秦文体演变底情形按之，不但后于《论语》，而且后于《墨子》《孟子》。一方面，老子言简而意赅，极似战国后期所谓"经"底体裁。《道德经》底名称，虽非起于秦汉以前，而《汉志》录《老子》，已有所谓"经"和"传"了。即此亦可证《老子》为战国时的作品（采冯友兰说）。崔东壁《洙泗考信录》、梁启超《评胡适〈中国哲学史大纲〉》也曾列举证据，推论老子为战国时人所作。

汪中《老子考异》亦谓《文子·精诚》篇引《老子》曰，"秦楚燕魏之歌异传而皆乐"，又称"燕自文侯之后，始与冠带之国"。燕在春秋时未通会盟，文公始与赵约六国为纵，见《史记·燕世家》。魏之建国，亦在战国，老子以燕魏与秦楚并提，则其年代决不在春秋之末。且《曾子问》所记老聃事，如助葬遇日食，以为嫌，止柩以听变，是谨于礼的人，而老子则以"礼"为"忠信之薄乱之首"；如称"下殇"，引周、召、史佚之言，是尊信前哲的人，而老子则甚至说"圣人不死，大盗不止"：是此书决非《曾子问》所载的老聃所作。因而断定《老子》底作者即是周太史儋。儋自周入秦，恰须经函谷关，与过关著书一事可谓巧合。但《史记·秦本纪》载儋说秦献公，纯是游说策士之言，与《老子》全不相似。汪氏底推断，亦未可信。按：《老子》言道德，孔子言仁，孟子仁义并重，荀子崇礼，荀子弟子韩非为法家。《老子》云："失道而后德，失德而后仁，失仁而后义，失义而后礼，礼者忠信之薄乱之首。"述周秦学术之变，恰似预言。所以《老子》为战国后期底作品，《老子传》所叙的三个人，都不是《老子》底作者。

《庄子·天下》篇说："以本为精，以物为粗，以有积为不足，澹然独与神明居，古之道术有在于是者，关尹、老聃闻其风而悦之。建之以常无有，主之以太一，以濡溺谦下为表，以空虚不毁万

第七章 老子

物为贵。……老聃曰:'知其雄,守其雌,为天下溪;知其白,守其辱,为天下谷。'人皆取先,己独取后,曰'受天下之垢'。人皆取实,己独取虚,无藏也,故岿然而有余。其行身也,徐而不费,无为也而笑巧。人皆求福,己独曲全,曰'苟免于咎'。以深为根,以约为纪,曰'坚则毁矣,锐则挫矣'。常宽容于物,不削于人,可谓至极。关尹、老聃乎!古之博大真人哉!"这段所述老聃之旨,恰与《老子》相合。似乎这部《老子》,是这位"古之博大真人"老聃所作的。但这老聃,只能如冯友兰所说,认为是传说的人物而已。

按之实际,《老子》一书,恐非一人所作,是收集荟萃而成的。

(一)《老子》中有许多重见的句子。如第二章云:"生而不有,为而不恃,功成而弗居。"第十章云:"生而不有,为而不恃,长而不宰,是为玄德。"第五十一章亦有此四句,完全与第十章同。第四章云:"挫其锐,解其纷,和其光,同其尘。"第五十六章亦有此四句,惟"纷"作"忿",下多"是谓玄同"一句。第五十二章、第五十六章,均有"塞其兑,闭其门"二句。第三十章、第五十五章,均有"物壮则老,谓之不道,不道早已"三句。第二十二章云:"不自见,故明;不自是,故彰;不自伐,故有功;不自矜,故长。"第二十四章云:"自见者不明,自是者不彰,自伐者无功,自矜者不长。"句法虽一正一反,意义亦完全相同。寥寥五千言而语句多重复，不似一人所作。

（二）《老子》中杂有百家之言。如老子第三十六章有云："将欲弱之，必固强之；将欲废之，必固兴之；将欲夺之，必固予之。"《国策·魏策》任章引《周书》曰："将欲败之，必姑辅之；将欲取之，必姑予之。"《老子》第二章有云"功成而弗居"，《史记·蔡泽传》亦云："成功之下，不可久处。"《老子》第四十七章有云："不出户，知天下；不窥牖，知天道。"《鬼谷子》亦曰："不出户而知天下，不窥牖而见天道。"此《老子》中杂纵横家言者。《老子》第四十一章云："强梁者不得其死。"第六十六章云："江海之所以为百谷王者，以其善下也。"第七十九章云："天道无亲，常与善人。"黄帝《金人铭》亦云："强梁者不得其死，好胜者必遇其敌……夫江河长百谷者，以其卑下也。天道无亲，常与善人。"（见《说苑》《家语》《韩诗外传》）此《老子》与《黄帝书》相同者。《老子》第六十七章云："慈，以战则胜，以守则固；天将救之，以慈卫之。"第六十八章云："善为士者不武，善战者不怒，善胜敌者不与。"第六十九章有云："祸莫大于轻敌，轻敌几丧吾宝。故抗兵相加，哀者胜矣。"此《老子》中所杂兵家之言。其他见于《庄子》及类法家之言者，因《庄子》亦道家，法家原出于道，故不复举。司马谈《论六家要旨》说道家"因阴阳之大顺，采儒墨之善，撮名法之要"，乍看似在说杂家；但《老子》中确杂有诸家之言，则司马谈所说，亦不为无见。《老子》之由杂集而成，而非一人底著作，此亦一证。

《老子》非一人所作，本不能定其作者为何人。恰好传说中有"古之博大真人"的老聃，因此便依托他为作者。这部书之所以名曰《老子》，正由于依托传说中之老聃。恰好与孔子同时的李耳亦字曰聃，亦常有"老子"之称。老莱子当是别号，较"老子"仅增一字。周太史名儋，"儋"与"聃"又音近而义通，且由周人秦，与老子过关著书之传说复相似。汉初人疑为即是一人，故有"老子百六十余岁，或言二百余岁"之说。其实，所谓"老子"，本与孔子等指一人之专名不同，孔子尚有与其孙子思混淆之时，何况本以泛称年老学者的"老子"呢？汉代对于孔子，尚有许多怪诞不经的传说，何况《老子》底作者本依托传说的古之博大真人老聃，汉初盛行"老学"，学者又有意故神其说呢？所以《史记·老子传》底恍惚离奇，也不足为司马迁病。

老子和《老子》，既略加考证如上。现在纂述"老子"底学说，只能据今存这部《老子》，所以本章述"老子"，特加书名号以别之。

三　老学底先河

依上二节所推论，《老子》成书的时代在战国，非一人之著作，由掇拾荟萃而成，其作者则依托于传说的古之博大真人老聃。

但此书自有其学术的宗旨，不但不同于孔墨，亦不同于并列道家之庄子，足以独树一帜；而且《庄子》称扬之，《韩非子》解之喻之，在战国时已成为显学。故老子虽不能实指其人，而《老子》则可以代表当时一种特殊的学说。此种学说，不能前无所承，突然产生，故亦有为其前驱的人物与思想。

《论语·宪问》："贤者避世，其次避地，其次避色，其次避言。"在孔子时，已有一种"避世"的贤者了。其见于《论语》者，如子路在石门所遇的"晨门"（《宪问》），子路问津时所遇的"长沮""桀溺"，子路从而后所遇的"荷蓧丈人"（均见《微子》），孔子击磬于卫过其门的"荷蒉者"（《宪问》），孔子游楚所遇的"狂人"（《微子》）。"晨门""长沮""桀溺""接舆"，都和荷蒉、荷蓧一样，不是人名。他们志在避世，又是无意邂逅的，岂能知其名号？"晨门"以孔子为"知其不可而为之者"，必自居于"知其不可而不为者"；"桀溺"说"滔滔者天下皆是也，而谁以易之"，必认为不必易之；荷蒉丈人，则明为不仕的隐者了。此种人底思想，是消极的"独善其身"。但既以避世为旨，斯不欲以其主张发为议论，其个人底思想，终不成为系统的理论的著作，故但有"思想"而无"学说"。

此种消极的独善其身的思想，既为许多"贤者"所同有，自然蔚为当时一部分有知识者底风尚。有学者出，从而整理之，发挥之，乃形成一种系统的理论的学说，化此种"独善其身"的思

第七章 老子

想为学说，予以理论的根据者，即为杨朱。孟子曾言："杨墨之言盈天下；天下之言，不归杨，则归墨。"又说，"逃墨必归于杨，逃杨必归于儒"，以为"杨墨之道不息，孔子之道不著"，而以"距杨墨"的"圣人之徒"自命。可见杨朱底学说，在孟子时已与儒墨二家鼎峙了。

今存《列子》为魏晋间所作（马师夷初有《列子伪书考》），其《杨朱》篇所说的极端的快乐主义，为魏晋间的颓废思想，非战国初的杨朱底学说，故纂述杨朱底学说，当于周秦诸子中寻绎之。《孟子》说："杨子取为我，拔一毛而利天下，不为也。"这种极端的利己主义，恰和"摩顶放踵利天下为之"的墨子底兼爱主义相反。《韩非子·显学》亦云："今有人于此，义不入危城，不处军旅，不以天下大利易其胫一毛。世主必从而礼之，贵其智而高其行，以为轻物重生之士也。"盖杨朱一方面不肯拔己之一毛以利天下，一方面亦不肯拔己之一毛以易天下之大利。何以故？天下之大利仍为身外之物，而一毛则为己之一部分，故拔己之一毛以易身外底天下之大利，与拔己之一毛以利天下，同为损己，同有背于极端的利己主义。《淮南子·氾论训》说："全生保真，不以物累形，杨子之所立也。"不肯拔一毛以利天下，不肯拔一毛以易天下之大利，同是"不以物累形"，其目的亦同在"全生"。故《吕氏春秋·不二》篇以为"阳生贵己"（《文选》谢灵运《述祖德诗》李善注引，"阳生"作"杨朱"。"阳""杨"古通）。"贵己"

即孟子所谓"为我"。由"独善其身"的思想，引申为全生、贵己、为我的学说，而发挥之，使当时靡然风从，与儒墨二家鼎足而立，所以我们不能不认杨朱为当时一个有地位的学者。

杨朱无书，其全生贵己的言论，则《吕氏春秋》中尚有采存之者。如《重己》篇云："今吾生之为我有，而利我亦大矣。论其贵贱，爵为天子，不足以比焉；论其轻重，富有天下，不可以易之；论其安危，一曙失之，终身不可复得。""生"之所以可贵，正因其为"己"之所有。故《贵生》篇说："圣人深虑，天下莫贵于生。"又谓"全生"为上，"亏生"次之，"死"次之，"迫生"为下："六欲皆得其宜"，谓之"全生"；六欲分得其宜（"分"谓一部分），谓之"亏生"；"无有所以知，复其未生"，谓之"死"；"六欲莫得其宜"，而"皆获其所甚恶"，谓之"迫生"。因为"耳闻所恶，不若无闻；目见所恶，不若无见"，故迫生不若死。

《审为》篇又记一故事：韩魏相与争侵地。子华子见昭釐侯，昭釐侯有忧色。子华子曰："今使天下书铭于君之前，书曰：'左手攫之，则右手废；右手攫之，则左手废；然而攫之必有天下。'君将攫之欤？毋其不攫？"昭釐侯曰："寡人不攫也。"子华子曰："甚善。自是观之，两臂重于天下也，身又重于臂；韩之轻于天下远，今之所争者其轻于韩又远，君固愁身伤生以忧之，戚不得也！"这故事以废两臂而得天下不为做譬喻，正和杨朱底不肯以天下大利拔其胫之一毛，同一理由。这种全生贵己的言论，虽然

第七章　老子

没有标明是杨朱之言，其为杨朱底学说无疑。全生贵己的思想，虽非《老子》中最高的理想，但如"名与身孰亲，身与货孰多"（第四十四章）等议论，实远承杨朱底学说。不过《老子》更进一步，以为"吾所以有大患者，为吾有身；及吾无身，吾又何患？"（第十三章）所以杨朱底学说，是《老子》底先河。《老子》较杨朱更进一步，故杨朱之学说为其所掩。孟子时盛极一时的杨朱学说，以后乃似消灭于无形者，以此。

上引《论语》中所记的避世之人，据《史记·孔子世家》，多为孔子游楚时所遇。见于《韩非子·解老》篇的詹何、《韩诗外传》的北郭先生、《吕氏春秋·异宝》篇的江上老人、《荀子·尧问》篇的缯封人，亦皆楚人。《汉志》道家录其书的蜎子、长卢子、老莱子、鹖冠子，亦皆楚人。因为楚在春秋时始大，但尚以蛮夷目之，孟子所谓"南蛮𫛸舌之人非先王之道"者，正说南方新兴的民族，未尝沾北方的周之文化。南方既未沾周之文化底利益，故亦未受周之文化底束缚。而其地"有江汉川泽山林之饶……食物常足……不忧冻馁"（见《汉书·地理志》），故产生不受传统文化影响的自由思想。屈原远游"载营魄兮登遐"，与老子"载营魄抱一，能无离乎"相通；《渔父》"圣人不凝滞于物，而能与世推移"，与《老子》"和光同尘"相通。（见日本人小柳司气太底《文化史上所见之古代楚国》）即以句法而论，楚辞中多"兮"字调，老子中"兮"字调亦极多。所以我们虽不能指实老子底作者为何人，为何许人，但此书受南方新兴民族底思想与文学的影响，则甚显然。此种南方的新思想，也可以说是老学底先河。（本节多采冯友兰说）

四 《老子》底根本观念——"道""德"

司马谈《论六家要旨》以"道德"为一家之名，而下文则曰"道家"，盖"道家"为"道德家"之简称。以"道德"二字名一家，正和"阴阳""纵横"相同。《史记·老庄申韩传》言申韩"皆原于道德之意"，此"道德"当亦为家名。老子一名《道德经》，"道德"即此书之根本观念，故西汉人名此派学说曰"道德"。

《老子》第二十五章说："有物混成，先天地生，寂兮寥兮，独立而不改，周行而不殆，可以为天下母。吾不知其名，字之曰'道'，强为之名曰'大'。"第一章说："道可道，非常道；名可名，非常名。"第三十二章说："道常无名。"第四十一章说："道隐无名。"因为"独立而不改，周行而不殆""先天地生""可以为天下母"的"道"，本是不可说，不可名的，一落言诠，便失真谛。以"道"名之，以"大"形容之，是不得已的，勉强的办法。故"独立而不改"，言其不变；"周行而不殆"，言其不息；"先天地生"，因为天地亦生于"道"；"可以为天下母"，因为万物皆生于"道"。第三十四章又说："大道泛兮其可左右，万物恃之而生而不

第七章　老子

辞，功成不名有，衣养万物而不为主。"

第二十五章说："人法地，地法天，天法道，道法自然。"故《老子》之"道"，即"自然之道"。"自然"者，自然而然，非有意而然。故第三十七章又说："道常无为而无不为"。宇宙间的现象，如地球底自转而成昼夜，公转而成寒暑，我们不能说是谁为之，只能说自然如此，故曰"无为"；然而万物由此而生，错综变化，以成宇宙间不可思议的事物与现象，故又曰"无不为"。当未生万物、未有天地之时，已有此"道"，故曰"先天地生"；而天地万物即由此道而生，故曰"可以为天下母"。以前者言，只能谓之曰"无"；以后者言，则又须谓之曰"有"。故第一章说："'无'名天地之始，'有'名万物之母。"第四十章也说："天地万物生于'有'，'有'生于'无'。"第一章又说："常无，欲以观其妙；常有，欲以观其徼。此二者，同出而异名，同谓之'玄'。"二者，即"有"与"无"。"无"是道之体，"有"是道之用，"有""无"同出于道。第二十一章说："'道'之为物，惟恍惟惚；惚兮恍兮，其中有象；恍兮惚兮，其中有物；窈兮冥兮，其中有精。"自其"无"言之，故曰"惟恍惟惚""窈兮冥兮"；自其"有"言之，故曰"有象""有物""有精"。第十四章也说："无状之状，无物之象。"王弼注："欲言无耶？而物由以成；欲言有耶？而不见其形。"盖以"有"与"无"说"道"，仍落言诠，故其言亦甚恍惚。

第四十二章又说："道生一，一生二，二生三，三生万物。万物负阴抱阳，冲气以为和。"这是说"道"之生天地万物。《庄子·天下》篇说，"建之以常无有，主之以太一"。"常无有"，即常无常有，即指"道"。"道生一"之"一"，或即指"太一"而言。"二"，指天地。"三"，指下文所说之阴气、阳气、和气。《庄子·田子方》篇说："至阴肃肃，至阳赫赫。肃肃出乎天，赫赫发乎地，两者交通成和而生万物焉。"即是"三生万物"。由此言之，则天地万物皆生于"道"。"道法自然"，质言之，即天地万物皆生于"自然"。《韩非子·解老》说："道者，万物之所然也，万理之所稽也。理者，成物之文也。道者，万物之所以成也。"又说："万物如异理，而道尽稽万物之理。"各物之生成，各有其所以生所以成之"理"。万物之生，万物之然，又有其所以生所以然之总原理，即是所谓"道"。所以《老子》所谓"道"，是天地万物所以生所以然的总原理，是宇宙的最高原理。这是《老子》底"宇宙论"，这是《老子》底形上学。

"道德"，现在已成一复名词，用以指人们底合理的行为与品性。在《老子》中，则道自道，德自德。《管子·心术》篇说："德者，道之舍。物得以生，生得以职道之精。故德者，得也，谓其所得以然也。以无为之谓'道'，舍之之谓'德'，故'道'之与'德'无间，故言之者无别也。"舍①，寓也。"德"是"道"之

---

① 舍 底本作"含"，据上文"德者，道之舍"改。

第七章 老子

寓于物者。"道"为万物所以生所以然之总原理,"德"则物所得于"道",以生以成者。故《老子》第五十一章说:"道生之,德畜之,物形之,势成之,是以万物莫不尊道而贵德。""道生之,德畜之",即《管子》所说的道理。"物形之"者,物生于"道",得于"道"以成其"德",及其为物,则具体化而为此物之形。"势成之"者,言既为物,则裸者不得不裸,羽毛鳞介者不得不羽毛鳞介;以至幼壮老死不得不幼壮老死,成住异灭不得不成住异灭,皆其势所必然。质言之,所谓"势"者,亦自然而已。故万物所以生所以然之总原理曰"道",各物所得于"道"以生以然之理曰"德"。《老子》所说的"道""德",和今语"道德"一名所含之义不同。

宇宙间万物既由一总原理而生而然,故宇宙间事物之变化,亦必有其总原则。此总原则,老子名之曰"常"。《韩非子·解老》篇释之曰:"夫物之一存一亡,乍死乍生,初盛而后衰者,不可谓'常'。唯夫与天地之剖判也俱生,至天地之消散也不死不衰,谓'常'。"故"常"是不变的总原则。老子中"常"字盖屡见。如云"道可道,非常道"(第一章),"常德不忒""常德乃足"(第二十八章),"道常无名"(第三十二章),"道常无为而无不为"(第三十七章),"夫莫之命而常自然""取天下常以无事"(第四十八章),"常有司杀者杀"(第七十四章),"天道无亲,常与善人"……都合于"必如此""永远如此"的意义。第十六章说"知常曰明",

言能知此不变的总原则的人，谓之"明"。因为"知常，容；容乃公；公乃周（今本作'王'，此从王弼本）；王乃大（今本作'天'，此从马师夷初《老子核诂》改）；大乃道；道乃久，殁身不殆"。"容"，即《庄子·天下》篇所谓"常宽容于万物"。知宇宙间事物变化之不变的总原则，故于事物变化之来，如死亡、衰败等，知为固然，不复戚之，故能容。能容，则不杂一己之私意，不生得失之私念，故能公。能公，故能周遍，故能大。大乃合于自然之道，故能久而殁身不殆。"知常"者依"常"而行，谓之"袭明"（见第二十七章），或谓之"习常"。前者以"知"言，后者则以"行"言。不知常，则反常而行，必生不良的结果，故曰："不知常，妄作，凶。"（第十六章）这为事物变化底总原则的"常"，仍是由事物所以生所以然的总原理的"道"而来的，故仍是"自然"。"道"曰"常道"，"德"曰"常德"。"常道"者，自然之道；常德者，物所得于道的自然之德。所以《老子》底根本观念，一言以蔽之，曰"自然"而已矣。"无为而无不为"，也就是任其自然而然。

五 《老子》底人生哲学与政治哲学

《老子》底人生哲学，即根据其宇宙观所得之"常"而来。宇宙间的自然现象有所谓"常"，人事亦宇宙间现象的一种，故亦

第七章　老子

有所谓"常"。那么,《老子》所发现的"常",究竟是什么呢？曰"反者道之动"（第四十章），曰"万物并作,吾以观复"（第十六章）。"反"与"复",即是所谓"常"。宇宙间自然的或人事的现象,常有正的反的相对存在（如阴阳、动静、生死、祸福、善恶、刚柔、强弱……）,而且反面的之并存,正足以显出正面的之存在（如奸与忠、善与恶相形而益明之类）,而且相反的往往适足以相成（如"多难足以兴邦""生于忧患,死于安乐"之类）,而且正面的往往即是反面的（如一个人底长处适是一个人底短处之类）,一事物向某方面尽量发展,逾其限度,必一变而得其反面的结果,这是"物极必反"的道理,即此所谓"反""复"。

老子说"祸兮福之所倚；福兮祸之所伏"（第五十八章）,祸福相反,互为倚伏而并存。又说"六亲不和有孝慈,国家昏乱有忠臣"（第十八章）,家国底不和与昏乱,愈足以显子之孝、亲之慈与臣之忠。又说"曲则全,枉则直,洼则盈,敝则新,少则得,多则惑"（第二十二章）,此则相反而适相成者。又说"天下莫柔弱于水,而攻坚强者莫之能胜"（第七十八章）,最柔弱的,即是最强有力的。此外正面的即是反面的。又说"正复为奇,善复为妖"（第五十八章）,正与奇相反,善与妖相反,而正可化为奇,善可变为妖。又说"以道佐人主者,不以兵强天下,其事好还"（第三十章）,以武力侵略人者,必败于武力,故曰"其事好还"。"甚爱必大费,多藏必厚亡"（第四十四章）,理正相同。反之,则

"慈，故能勇；俭，故能广；不敢为天下先，故能成器长"。（第六十七章）"不自见，故明；不自是，故彰；不自矜，故长"。（第二十二章）此皆始末适为相反者，这些都是人事底"反""复"，都是人事底"常"。

因为如此，所以"将欲歙之，必固张之，将欲弱之，必固强之，将欲废之，必固兴之；将欲夺之，必固予之"（第三十六章），是人事之当然。"高者抑之，下者举之；有余者损之，不足者补之"（第七十七章），是天道之必然。是以"圣人后其身而身先，外其身而身存，非以其无私耶，故能成其私"（第七章）。"是以欲上民，必以言下之；欲先民，必以身后之"（第六十六章）。因此，知"明道若昧，进道若退，夷道若类，上德若谷，大白若辱"（第四十一章），"大成若缺""大盈若冲""大直若屈，大巧若拙，大辩若讷""大智若愚"（第四十五章），"圣人去甚，去泰，去奢"（第二十九章），故能"知其雄，守其雌，为天下溪""知其白，守其黑，为天下式""知其荣，守其辱，为天下谷"（第二十八章）。因为"揣而锐之，不可常保；金玉满堂，莫之能守；富贵而骄，自遗其咎"（第九章），故"保此道者不欲盈"（第十五章），"持而盈之，不如其已"（第九章），"知足不辱，知止不殆"（第四十四章）[①]，便是由此获得的结论。这是老子由宇宙现象之"常"，推及

---

① 底本此处未注章数，据上文补。

人事之"常",因而发明的处世做人之道,也就是《老子》底人生哲学。

国家是人民之政治的组织,政治实亦人事之一。故《老子》底政治哲学与其人生哲学是一贯的。如第五十七章说:"法令滋彰,盗贼多有。"法令本所以防止盗贼,而法令愈明密,则盗贼愈多,这也是相反①而相生的。老子所谓"盗贼",不仅指狭义的盗贼,舞文弄法以便其私的贪污官吏,藉法令横征暴敛,夺民之利的君主,也都是盗贼。第七十五章说:"民之轻死,以其求生之厚,是以轻死。""轻死"与"求生"是相反的,但民之所以轻死,正因其无以为生而亟欲求生,或所望太奢而欲求生之厚。前者,如迫于饥寒,铤而走险的盗贼;后者,如妄想发国难财而走私的奸商。这也是相反而相生的。

一般人底见解,治国家必须"有为"。老子则认为:"天下神器,不可为也;为者败之,执者失之。"(第二十九章)又说:"民之难治,以其上之有为,是以难治。"(第七十五章)以"有为"治天下,本欲其民之易治,而适以难治;本欲其政之有成,而适以败之:这也是相反的结果。故曰:"我无为而民自化,我好静而民自正,我无事而民自富。"(第五十七章)好静、无事、即是"无为",即是"有为"底反面。所谓"无为",质言之,即所谓

---

① 反 底本作"友",据文意改。

"圣人之治……常使民无知无欲"（第三章）。他认为"民之难治，以其知多"（第六十五章），故说"绝圣弃智，民利百倍；绝仁弃义，民复孝慈"（第十九章）。以圣智仁义治国者，正是所谓"以智治国国之贼"；绝圣弃智、绝仁弃义以治国者，正是所谓"不以智治国国之福"（上二语并见第六十五章）。不但治国者自己不以智治国，而且须使民无知，故又说："古之善为道者，非以明民，将以愚之。"（同上）善治国者，不但使民无知，又须使民无欲，"故不贵难得之货，使民不为盗；不见可欲，使民心不乱"（第三章），因为"不欲以静，天下将自定"（第三十七章）。"是以圣人欲不欲，不贵难得之货"（第六十四章）。无知无欲，则其人如"婴儿"，所谓"含德之厚，比于赤子"（第五十五章）者是。人类底文化之进步，由于人之有知识与欲望。老子认为文化太发达了，无论精神的文明，或物质的文明，都足以发生相反的有害于人类的结果，故主张使民无知无欲，达成其理想的社会。第八十①章说："小国寡民，使有什伯之器而不用，使民重死而不远徙。虽有舟舆，无所乘之；虽有甲兵，无所陈之。使人复结绳而用之，甘其食，美其服，安其居，乐其俗，邻国相望，鸡犬之声相闻，民至老死不相往来。"这便是老子底理想的社会。所以老子对于当时的文物制度是抱反对的观念的。

---

① 八十　底本作"八十八"，据下文改。

第八章

庄子

一 庄子事略

《史记》，庄子与老子、申、韩同传，记庄子事曰："庄子者，蒙人也，名周。周尝为漆园吏，与梁惠王、齐宣王同时。其学无所不窥，然其要本归于老子之言。故其著书十余万言，大抵率寓言也。作《渔父》《盗跖》《胠箧》，以诋訾孔子之徒，以明老子之术。畏垒子、亢桑子之属，皆空语无事实。然善属书离辞，指事类情，用剽剥儒墨，虽当世宿学，不能自解免也。其言洸洋自恣以适己，故自王公大人不能器之。楚威王闻庄周贤，使使厚币迎之，许以为相。庄周笑谓楚使者曰：'千金，重利；卿相，尊位也。子独不见郊庙之牺牛乎？养食之数岁，衣以文绣，以入太庙。当此之时，虽欲为孤豚，岂可得乎？子亟去，毋污我！我宁游戏污渎之中以自快，无为有国者所羁，终身不仕，以快吾志焉。'"据此，庄子也是一个避世的隐君子，故无甚大事可记。其事实之见于《庄子》本书者，除与惠施为友，妻死鼓盆而歌数条外，亦多寓言之类。

马师夷初作《庄子年表》，起于周烈王七年（公元前三六九年），迄于周赧王二十九年（公元前二八六年）。《史记》本传亦言其与梁惠王、齐宣王同时。是庄子与孟子正是同时人。但孟子于道家者流，仅拒①杨朱；其他如墨翟、许行，甚至公孙衍、张仪、陈仲子等，均被讥评，独未提及庄子。庄子诋訾孔子，亦未及孟子；《天下》篇"邹鲁之士"，虽兼指孔孟，究亦未提出孟子其人。孟子曾至梁，庄子亦曾至梁；孟子为邹人，庄子为宋之蒙人，相去亦非极远。而二人始终未相辩驳，一似彼此不相知者，却是一件很可疑的事。

《庄子》，《汉志》列于道家，凡五十二篇。今本则为三十三篇。按陆德明《经典释文·叙录》，则司马彪注者尚为五十二篇本，分为内篇七，外篇二十八，杂篇十四，解说三；郭象注者为三十三篇本，内篇亦七，外篇十五，杂篇十一。古书中分内外篇者，如《淮南子》有内二十一篇，外三十三篇；《孟子》有内书七篇，外书四篇。此二书之外书今皆不传。《管子》有内言、外言、

---

① 拒　底本作"距"，据文意改。

第八章 庄子

杂言之别;《晏子春秋》亦有内篇、外篇、杂篇。内篇之编定,当去庄子最近,庄子学说此最近似;外篇则有庄子后学及其他有关于庄子的学者底著述;杂篇当取短章道事,编缀而成。郭象本篇数所以少于司马彪本者,或多所羼并,所少之篇,未必皆全篇删去。

《庄子》亦非庄子亲手撰作。《天下》篇似即非庄子自撰者。其中有一段评述庄子之文:"芴漠无形,变化无常;死欤?生欤?天地并欤?神明往欤?芒乎何之?忽乎何适?万物毕罗,莫足以归。古之道术有在于是者,庄周闻其风而悦之。以谬悠之说,荒唐之言,无端崖之辞,时纵恣而不傥,不以觭见之也。以天下为沉浊,不可与庄语;以卮言为曼衍,以重言为真,以寓言为广,独与天地精神往来,而不敖倪于万物,不谴是非,以与世俗处。其书虽瑰玮而连犿,无伤也。其辞虽参差而諔诡可观。彼其充实不可以已,上与造物者游,而下与外死生无终始者为友。其于本也,弘大而辟,深闳而肆;其于宗也,可谓稠适而上遂矣。虽然,其应于化而解于物也,其理不竭,其来不蜕,芒乎,昧乎,未之尽者。"按:上文云:"不离于宗,谓之天人;不离于精,谓之神人;不离于真,谓之至人;以天为宗,以德为本,以道为门,兆于变化,谓之圣人;以仁为恩,以义为理,以礼为行,以乐为和,薰然慈仁,谓之君子。"本篇推崇关尹、老聃,以为是"古之博大[①]真人";是老子尚为"不离于真"的"至人",至多不过为"不离于精"的神人。评庄子,则曰"其于宗也,可谓稠适而上遂矣",竟以庄子为"不离于宗"的天人了。所以《天下》篇是庄子后学评论周秦诸子,表示崇拜庄子的文章。(《天下》篇至此为止。此下当另为一篇,详见下文)

二 《庄子》底根本观念——"道""德"

魏源曾说:"有黄老之学,有老庄之学。"庄子底学说诚与老子不同,而其以"道""德"为根本观念则同,故《史记》赞曰:"庄子散道德,放论,要亦归之自然。"焦竑《老子翼》引江袤云:"道德实同而名异……无所不在之谓道,自其所得之谓德;道者人之所共由,德者人之所自得也。"此诠《老子》所说的道德,而亦可用之于庄子。道为万物所以生所以然之总原理,故曰"无所不在";德为各物得之以生以然之理,故曰"自其所得"。不过以老庄所说言之,当云"道者物之所共由,德者物之所自得",因为"物"可以包"人",老庄之道与德,非如儒墨所论为人之道,人之德。《庄子·知北游》篇,庄子答东郭子"道恶乎在"之问,以为"无所不在",在蝼蚁、在稊稗、在瓦甓、在屎溺。可见道之所

[①] 大 底本作"士",据《庄子今注今译》(P.936)校改。

第八章 庄子

在，不但不以人为限，且不以生物为限。所以者何？因道为万物所以生所以然的总原理故。

《大宗师》篇说"夫道有情有信"，即《老子》所谓"其中有信"；说道"自本自根，未有天地，自古以固存""先天地生而不为久"，即《老子》所谓"先天地生"。《天地》篇说"德兼于道，道兼于天"，即《老子》所谓"孔德之容，惟道是从"及"道法自然"。又说"泰初有'无'，无有无名；一之所起，有一而未形"，即《老子》所谓"道生一"。又说"物得以生谓之德""物生成理谓之形"，即《老子》所谓"道生之，德畜之，物形之"。庄子以为"道兼于天"。"天"即"自然"。故《天地》篇又说，"无为为之之谓天"。《秋水》篇也说："天在内，人在外……牛马四足是谓天，落（同络）马首、穿牛鼻，是谓人。""天"与"人"相对，即"自然"与"人为"相对。牛马之自然的形体与生活，即是牛马所得于道以成牛马之形之德。万物既各有其得于道之自然之德，凡反乎物之天性之自然者，皆无益于其物而适以害之。故《秋水》篇主张"无以人灭天"，即勿以人为消灭其自然耳。

《庄子》中此种议论极多，《马蹄》篇其尤显著者。《至乐》篇又设为寓言，说鲁侯养海鸟于庙，具太牢，奏九韶，鸟眩视忧悲，不食三日而死；因为栖深林、游坛陆、浮江湖、食鳅鲦，是海鸟底自然，反其自然，便是爱之适以杀之。这与《马蹄》篇所说剪鬣钉蹄，加以羁勒，是违反马底自然一样。《应帝王》篇有一个笑话，说中央之帝名混沌，本无七窍，强凿之，七窍开而混沌死。也是"以人灭天"的结果。《骈拇》篇也说："是故凫胫虽短，续之则忧；鹤胫虽长，断之则悲。故性长非所断，性短非所续。"胫底长短，是凫鹤之自然，续之断之，便是反其自然。《逍遥游》篇又设极大的鲲鹏、极小的蜩鸠为喻，以为"水击三千里，抟扶摇而上者九万里，去以六月息"，是鲲鹏之自然；"决起而飞，枪榆枋，时则不至而控于地"，是蜩鸠之自然；苟适其自然，则大鹏小鸟，各适其适，小大虽殊，逍遥则一。推而至于人，其"知效一官，行比一乡，德合一君，而（同能）征一国者，其自视也，亦若此矣"。"自然"，即是物所得于道以生以然之德。《天地》篇说："形非道不生，生非德不明。"物既有得于自然之道，以成其自然之德，便当各顺其德之性了。《史记》说庄子"要亦归之自然"，真是不错。

《老子》从"道""德"悟出一个"常"，庄子则悟出一个"变"。故《齐物论》说："一受其成形，不亡以待尽，与物相刃相靡，其行尽如驰，而莫之能止，不亦悲乎？""一受其成形"就是"物生成理谓之形"，就是指物之生。物既生成以后，便与他物相刃相靡，其行如驰而莫之止，无时无刻不在"变"。故《秋水》篇又说："物之生也，若骤若驰，无动而不变，无时而不移。"吾人自呱呱坠地以后，由婴孩而童年、少年，以至壮年，以至老死，其变化实由一时一刻乃至一秒、一刹那的逐渐地在变。不但人类，一切的物，自其生成以至死灭，无不如此。不但物底个体，无论何种的物,自有此种物以来,也在代代渐变。故《寓言》篇说:"万物皆种也,以不同形相禅,始卒若环,莫得其伦,是谓天均。""天均"即《齐物论》底"天钧"。谓之"钧"者,言其运行不息;谓之"天"者,言其出于自然。推而论之,即世界上的文化,也是因为逐渐变化,方成为现代的状况,而其变化,仍在不断地继续着。分别言之,则《老子》以"常"为一切的原则,庄子以"变"为一切的原则,似乎正相反。其实,《老子》以"反""复"为"常",即是"变";庄子以"变"为一切的原则,又"变"即是"常"了。所以"常"是"自然","变"也是"自然"。老子、庄子底根本观念同是"道""德",而皆归之"自然",其同列于道德家,正是因此。

三 《庄子》底"齐物论"

物所得乎"道"以成其"德"的自然本性各异,故其生活习惯不同,而见解亦异。《齐物论》说:"民湿寝则腰疾偏死,鳅然乎哉?木处则惴栗恂惧,猿猴然乎哉?三者孰知正处?民食刍豢(牛羊猪肉),麋鹿食荐(即草),蝍蛆甘带,鸱鸦嗜鼠,四者孰知正味?猿、猵狙以为雌,麋与鹿交,鳅与鱼游。毛嫱、丽姬,人之所美也,鱼见之深入,鸟见之高飞,麋鹿见之决骤,四者孰知天下之正色哉?"人、兽、鸟、鱼,其自然之性与生活习惯不同，当各适其自然。吾人以为正处、正味、正色的，鸟兽鱼鳅必不以为然。正如《至乐》篇所说"鱼处水而生，人处水而死"。若必执所见以为正处、正味、正色，则此之所是，必是彼之所非了。若不执一以为是，则彼此之所是，都有其以为是的理由，尽可听其各认为是，不必辩论。

《齐物论》说："既使我与若辩矣，若胜我，我不若胜，若果是也，我果非也邪？我胜若，若不吾胜，我果是也，而果非也邪？其或是也，其或非也耶？其俱是也，其俱非也邪？我与若不能相知也，则人固受其黮暗。吾谁使正之？使同乎若者正之，既与若同矣，恶能正之？使同乎我者正之，既同乎我矣，恶能正之？使异乎我与若者正之，既异乎我与若矣，恶能正之？使同乎我与若者正之，既同乎我与若矣，恶能正之？然则我与若与人俱不能相知也，而待彼也邪？"据此，则天下无所谓真是非，辩亦无益了。彼"儒墨之是非"，也不过各"是其所是，非其所非"而已。"彼亦一是非，此亦一是非""是亦一无穷，非亦一无穷"，何必辩之不已。世上种种门户是非之论，在庄子视之，皆如"鷇音"，皆如风作时万窍怒号之"化声"而已。"是以圣人和之以是非，而休乎天钧，是之谓两行。""两行"者，不废是非，超乎是非，而听其自然之谓。

道是无终始、无有无、无内外的，故"以道观之"，则"物无贵贱"、无大小，时亦无久暂，一切差别相，皆可消灭。故曰：

第八章　庄子

"因其所大而大之,则万物莫不大;因其所小而小之,则万物莫不小。知天地之为稊米也,知毫末之为丘山也,则差数睹矣。"故"天下莫大乎秋毫之末而泰山为小,莫寿于殇子而彭祖为夭。"所以者何?因为物底大小之别,由于空间、时间底长短之别,由于时间都是比较的。若"以道观之",则空间、时间原是无穷的。地球之外,尚有其他行星;太阳系之外,尚有其他恒星系;甚至吾人所能想像的空间之外,必尚有空间;大之又大,可以大至无穷,大至"至大无外"。反之,即一发之细,一粟之微,尚可剖分;甚至剖析至一分子、一原子、一电子,既有其所占之空间,即可再行分析,小之又小,可以小至无穷,小至"至小无内"。不论任何大小的物,与无穷大无穷小相比,便不能有任何比例。同样,时间之过去者,可以推至有史以前,乃至有人类以前,有地球、有太阳以前,直至无穷;时间之未来者,也可以推至人类灭绝以后,地球太阳毁灭以后,也是无穷。不论任何长短的年寿,与无穷的时间相比,也不能有任何比例的。所谓"泛泛乎若四方之无穷,其无所畛域",就是说空间无穷;所谓"道无终始,物有死生",就是说时间无穷;知此,则"万物一齐",孰大孰小,孰长孰短?更推论之,"因其所有而有之,则万物莫不有;因其所无而无之,则万物莫不无";"因其所然而然之,则万物莫不然,因其所非而非之,则万物莫不非";故有无是非等差别相,亦可无有。《德充符》说:"自其异者视之,肝胆楚越也;自其同者视之,万物皆一也。"万物毕同毕异，故同异底差别相，亦可无有。

更推论之，则死生底差别相亦可无有。一则有生必有死，人或物当其初生底一刹那，已毫不停留地向着"死"走，故曰"物方生方死"；二则所谓"死""生"，不过是一种变化，我初生时，不过这许物质，偶然成为一个"我"，"我"死了，依物质不灭的定理说，不过换了一种形式而存在。故《齐物论》以丽姬的为晋所获得时，涕泣沾襟，后来与晋君同起居饮食，必悔其当初之涕泣为比喻，以为死而有知，未始不悔其将死时的还希望活。因此，所谓"生"，不过是一场梦。故曰："梦饮酒者，旦而哭泣；梦哭泣者，旦而田猎。方其梦也，不知其梦也，梦之中又占其梦焉，觉而后知其梦也。且有大觉而后知此其大梦也。"故又说："昔者庄周梦为蝴蝶，栩栩然蝶也；及其觉也，蘧蘧然周也。"梦为蝴蝶，觉为庄周，还是梦中的梦觉而已。生既是梦，死便是觉；生死非终始，不过为变底过程。

《大宗师》篇说："浸假而化予之左臂以为鸡，予因以求时夜；浸假而化予之右臂以为弹，予因以求鸮炙；浸假而化予之尻以为轮，以神为马，予因而乘之，岂更驾哉？"不以生死膺心，故"哀乐不能入"，即古之所谓"悬解"。否则，是"遁天倍情，忘其所受"，必受所谓"遁天之刑"（见《养生主》）。"死"本是天然的一种变的现象，对此而哀悲，故谓之"遁天"，"遁天"犹云违反自然。遁天者必受刑，所受之刑，即悲哀时所感到的苦痛。

第八章 庄子

如能做到"哀乐不能入",则如"悬"之得解脱了。

《至乐》篇记庄子妻死,庄子鼓盆而歌,答惠施问说:"是其始死也,我独何能无慨然?察其始,而本无生;非徒无生也,而本无形;非徒无形也,而本无气,杂乎芒芴之间。变而有气,气变而有形,形变而有生,今又变而之死,是相与为春秋冬夏四时也。人且偃然寝于巨室,而我噭噭然随而哭之,自以为不通乎命,故止也。"庄子始亦不能无慨然,这是人之常情;后察知生死变化之理,能以理化情,故能心无哀戚。因为他已彻悟到"死生终始将为昼夜"(《田子方》)了。死生底差别相,尚可无有,何况乎是非、同异、大小、寿夭呢?更何况乎贵贱、贫富、得失呢?此即所谓"齐物"。故《老子》尚有雌雄、强弱、成败、存亡、黑白、荣辱……差别观念,庄子则认为无一切差别相。就这一点说,庄子实比《老子》更进一层。

无一切空间、时间的差别相,则人我底差别自亦无有,不但无人我,且亦无物。故《齐物论》说:"古之人,其知有所至矣。恶乎至?有以为未始有物者,至矣,尽矣,不可以加矣!其次,以为有物矣,而未始有封也。其次,以为有封矣,而未始有是非也。是非之彰也,道之所以亏也。""封"即界限,人我之界即其一例。自有封,而种种差别以生,自有是非而种种意见以生。知道者,不但无是非之分,无人我之界,而且无物;无是非,则超是非而为一;无人我,则超人我而为一;无物,则超物我而为一;

至此，则能"得万物之所一而同焉"，此即"天地与我并生，而万物与我为一"的神秘境界，乃"无入而不自得"了。《大宗师》所谓"外天下""外物""外生"（外即遗忘之意）；由"朝彻"而"见独"（"独"即"万物之所一"），而无古今；则能入于不死不生之域，也是此种境界。《人间世》所谓"心斋"，《大宗师》所谓"坐忘"，也是这种境界。"心斋"与"坐①忘"，都指除去思虑知识，使心虚而"同于大通"。能到这境界的人，"其寝不梦，其觉无忧，其食不甘，其息深②深"，"不知悦生，不知恶死，其出不欣，其入不距"，"不忘其所始，不求其所终"，"是之谓不以心捐道，不以人助天，是谓真人"（见《大宗师》）。能如此，则可以"无名"，可以"无功"，并可以"无己"，可以无所"待"而逍遥（见《逍遥游》）。这是庄子底神秘境界。

四 《庄子》论人事

由上所述，庄子底学说，可概括地说：（一）"道"为万物所以然的总原理，"德"为各物得于"道"而然的原理。（二）"道"即"自然"，"德"亦即"自然"；万物之然由乎道，各物之然由乎德，故万物皆当顺其"自然"。（三）万物皆有其自然之德，各以

---

① 坐　底本作"生"，据文意改。
② 深　底本作"不"，据《庄子今注今译》（P.186）校改。

第八章 庄子

合乎其自然者为宜为是，故无所谓是非。（四）不但无是非，且无同异、大小、久暂等差别相，乃至无生死、人我、人物等差别相，故可与宇宙为一体。此为其形而上的宇宙观。应用之于人事，乃得二大原则。其一，一切人事，亦无种种差别相，故人人为绝对的平等；其二，一切人事，亦须合其自然，故人人有绝对的自由。人人平行，故无所谓智愚贤不肖；人人自由，故不必有道德的或政治的规律，予以束缚。

《山木》篇说："庄子行于山中，见大木，枝叶茂盛，伐木者止其旁而不取也。问其故。曰：'无所可用。'庄子曰：'此木以不材得终其天年。'夫子出于山，舍于故人之家。故人喜，命竖子杀雁而烹之。竖子请曰：'其一能鸣，其一不能鸣，请奚杀？'主人曰：'杀不能鸣者。'明日，弟子问于庄子曰：'昨日山中之木，以不材得终其天年；今主人之雁，以不材死。先生将何处？'庄子笑曰：'周将处于材与不材之间。似之而非也，故未免乎累。若夫乘道德而浮游，则不然。无誉无訾，一龙一蛇。与时俱化，而无肯专为。一上一下，以和为量。浮游乎万物之祖，物物而不物于物，则胡可得而累耶？此神农黄帝之法则也。若夫万物之情，人伦之传，则不然。合则离，成则毁，廉则挫，尊则议，有为则亏，贤则谋，不肖则欺，胡可得而必乎哉？悲夫！弟子志之！其唯道德之乡乎？'"材与不材，是以人们底立场评论木和雁而妄生的差别；木和雁本身，并无所谓材不材底差别。合与离，成与毁，廉与不廉，尊与不尊，有为与无能为，贤与不肖，并与此同。惟乘道德而游于道德之乡者，则物物而不物于物，无誉无訾，无龙蛇之辨、上下之别，故不可得而累。庄子所云"处于材与不材之间"者，非谓材与不材之间别有一等，只是不使人得以材或不材的差别目之而已。这寓言可以说明第一原则，无一切差别的绝对平等。

《天道》篇假托老聃谓孔子曰："天地固有常矣，日月固有明矣，星辰固有列矣，禽兽固有群矣，树木固有立矣；夫子亦放德而行，循道而趋，已至矣，又何偈偈乎揭仁义，若击鼓而求亡子焉？噫！夫子乱人之性也！"天地、日月、星辰、禽兽、树木、各有其自然，人亦当各有其自然；"放德而行，循道而趋"，即是顺其自然。偈偈乎揭櫫仁义，即是"以人灭天"，故曰"乱人之性"。且欲以人为改自然，故为之立斗斛、立权衡，为之立君臣、立政治，为之立仁义、立礼法，为之立圣贤之名、善恶之别。而黠者乃并窃斗斛权衡之制、君臣政治之权，与夫仁义圣贤之美名。是将以治之者适以乱之，将以利之者适以害之了。"掊斗折衡，而民不争""圣人不死，大盗不止"，都是根据这道理而发的议论。《在宥》篇说："闻在宥天下，不闻治天下也。在之也者，恐天下之淫其性也；宥之也者，恐天下之迁其德也。天下不淫其性，不迁其德，有治天下也哉？"《应帝王》篇说："汝游心于淡，合气于漠，顺物自然而无容私焉，而天下治矣。""顺物自然而无容私"，即是"在宥"。在宥天下，天下自治，何必立种种人为的政法道德

第八章 庄子

以治天下乎？故人人绝对自由，不应有道德的或政治的束缚，为人事底第二原则。

《老子》底理想社会是"小国寡民"，是尚有所谓国，有国即有政治。庄子底理想社会，则直无所谓国家。《马蹄》篇说："故至德之世，其行填填，其视颠颠。当是时也，山无蹊隧，泽无舟梁。万物群生，连属其乡。禽兽成群，草木遂长，是故禽兽可系羁而游，鸟鹊之巢可攀援而窥。夫至德之世，同与禽兽居，族与万物并，恶知君子小人哉？同乎无知，其德不离；同乎无欲，是谓素朴；素朴而民性得矣。"这是庄子底理想社会。《老子》固亦主张使民无知无欲，其理想的社会固亦为太古文化未昌时的生活；但已有什伯之器，已有舟舆，已有甲兵，已有甘食美服，且已有所谓国家。较之庄子底理想社会，山无蹊径，泽无舟梁，同与禽兽居，族与万物并的，已是进化了。所以《老子》虽反对以智治国，究有所谓"国"，尚有所谓"治"；庄子则直是主张"无治""无国家"了。这又是老庄不同底一点。

《老子》与庄子，同以"道""德"为其根本观念，故同为"道德家"。但其学说，并非完全相同，故《天下》篇以老聃、关尹为一派，庄周别为一派。战国以后，老学盛行于西汉之初，庄学盛行于东汉之末。陈澧《东塾读书记》说："洪稚存云：'自汉兴，黄老之学盛行，文景因以致治。至汉末，祖尚玄虚，于是始变黄老而称老庄。'陈寿《魏志·王粲传》末言：'嵇康好言老庄。'老庄并称，实始于此。即以注二家者而论：为《老子》解者，邻氏、傅氏、徐氏、河上公、刘向、毌丘望之、严遵等，皆西汉以前人也，无有言及庄子者。注《庄子》，实自晋议郎清河崔譔始，而向秀、司马彪、郭象、李颐等继之。"庄学何以至魏晋始盛？因为老学还是入世的，还讲究应世、治术；庄学则直是出世的，无治的；东汉以后，佛学渐盛，学者受其影响，故祖尚玄虚，而出世的庄学遂以盛行。这也是研究我国学术史者所当注意的事。

第九章

其他道家者言

一 列子

《汉志》道家有《列子》,自注谓列御寇撰。今存八卷,晋张湛注。前有刘向《叙录》云:"列子,郑人也,与郑缪公同时。"《庄子·让王》篇有列子辞郑子阳之粟一事。而缪公与子阳相去颇远。《史记》郑繻公二十四年,郑杀其相子阳。柳宗元《列子辨》,以为郑繻公二十四年,恰当鲁缪公十年,疑刘向《叙录》之郑缪公,乃鲁缪公之误。叶大庆《考古质疑》则以为"缪"字乃"繻"字之误,因为列子既是郑人,不当以鲁君纪年。叶说似较柳说为长。《叙录》误繻公为缪公,是由于刘向底误记,还是由于后人传写之误,则不可考了。

刘向《叙录》说《列子》中《穆王》《汤问》二篇,迂诞恢诡，非君子之言；《力命》一推分命，《杨朱》惟贵放逸，二义乖背，不似一家之言。高似孙《子略》举《列子》合于《庄子》者十七条，以为其间尤浅近迂僻者，由后人会萃而成。姚际恒《古今伪书考》，则径谓《列子》及刘向《叙录》皆系伪造。马师夷初作《列子伪书考》，断定《列子》为魏晋人伪造，其理由可归纳为十五款。

（一）张湛《列子》八篇，出于其外家王氏，此时为老庄思想复活全盛之期，而《列子》惟存于与王氏有关之家（见张湛《列子·序》）。

（二）《天瑞》篇"太易""太始""太素"一条，全与《易纬·乾凿度》同。《易纬》之出，在西汉末年以后。

（三）《周穆王》篇有穆王驾八骏见西王母事，与《穆天子传》同。《穆天子传》系西晋太康时出于汲郡古冢。

（四）《周穆王》篇说"六梦"，与《周礼》占梦同。《周礼》至西汉末刘歆校书时始显。

（五）《周穆王》篇有"儒生"一语，为先秦古籍中所未见。

（六）《仲尼》篇所说"西方之圣人"，显指"佛"言（张湛注亦言列子近佛经）。佛教于东汉始正式传入中国。

（七）《仲尼》篇"荡荡乎民无能名焉"，与《论语》同。此系援儒入道，恰合于魏晋何晏、夏侯玄等底论调（张湛注即引二人之说）。

（八）《汤问》篇多与《山海经》同。《山海经》也是晚出之书。又记方壶、瀛洲、蓬莱，此秦汉以后方士之说。

（九）《汤问》篇说："渤海之东，不知其几亿万里，有大壑，实惟无底之谷。"《山海经·大荒东经》有"东海之外大壑"。郭璞注曰："《诗含神雾》曰：'东注无底之谷'，谓此壑也。"郭氏不引《列子》，而引《诗纬》，可见《列子》系合采《山海经》与《诗纬》。

（十）《力命》篇说"颜子之寿十八"，与《史记》等书不合。颜寿十八之说，始于高诱《淮南子》注。

（十一）《汤问》篇记"皇子不信火浣布"。火浣布，魏时尚罕见，故曹丕不信有此种布。《汤问》所记皇子，即指曹丕。

（十二）《汤问》篇记伯牙、钟子期事。钟子期是楚怀王、顷襄王时人，远在郑缪公之后。

（十三）《黄帝》篇列举"九渊"。《庄子·应帝王》篇于九渊惟举其三。《列子》系从《尔雅》补足。《尔雅》为汉代经生所辑。

（十四）《力命》篇记子产杀邓析事，不合于《左传》，合于《吕氏春秋·离谓》篇。

（十五）《汤问》篇记孔子见小儿辨日远近事。桓谭《新论》亦记此事，谓出于闾巷之言，不谓出于《列子》。

按：今存《列子》，经后人伪窜者甚多，如言魏牟、孔穿及邹衍吹律事，皆在列子之后；《杨朱》篇更显然为魏晋间颓废思想之结晶；书中皆称"子列子"，亦非先秦古籍中所有。但不能因此把列御寇这个人和《列子》这部书一笔抹杀（高似孙曾疑列子为鸿濛、云将之流，并无其人）。刘向《叙录》，本谓"《列子》之书，于景帝时流行，其后不传"。司马迁作《史记》，约在景帝后五十年，恰承文景二世，老学全盛，《列子》不传底时期，所以《史记》不为列子作传。刘向校书时,《列子》藏于秘府者只五篇，掌于太常者只三篇，掌于太史者只四篇，向所藏者只六篇，臣参所藏者只二篇，刘向合此五种，校除重复，定为八篇（见《叙录》）。可见是从断简残篇中整理出来的。今存八篇，则又经魏晋间人底窜改附益，非刘向校本底真面目了。所以我们不能根据今存的《列子》去纂述列御寇底学说。

《庄子·应帝王》篇说："列子三年不出门，为其妻爨，食豕如食人（原文脱'如'下'食'字），于事无与亲，雕琢复朴，块然独以其形立，纷而封哉（原文误'哉'为'戎'），一是以终（诸家注均以此句属上，今从马师说）。无为名尸，无为谋府，无为事任，无为知主（原文误倒作'主知'），体尽无穷而游无朕，尽其所受乎天，而无得见，亦虚而已。"此节总括列子底宗旨在于一个"虚"字，正和《尸子·广泽》篇、《吕氏春秋·不二》篇"列子贵虚"之言相合。刘向《叙录》谓其学本于黄老。老子之旨为"清虚""无为"；列子正与相似，故《汉志》亦人之道家。列子为庄子以前的道家人物，故《庄子》常称道之。惜其书真伪相杂而已。

二　关尹子

《汉志》道家又有《关尹子》九篇，今存一卷，旧题"周尹喜撰"。此书，《隋书·经籍志》《唐书·艺文志》皆不录。南宋时徐藏始得之于永嘉孙定家，殆为后人依托。前亦有刘向《叙录》。宋濂《诸子辨》以为其文与向不类，疑即孙定所伪造。又谓其书多法释氏及神仙方技家言，所用语词亦非先秦道家诸子中所见。由于伪托，不待辨而可明。伪刘向《叙录》所云，盖公授曹参，参薨，书葬。孝武帝时，有方士来上淮南王，秘而不出。向父德，治淮南王事，得之。也是影射《汉书》所载，得《淮南》鸿宝秘书一事，而附会杜撰的。

《关尹子》，不但今存的本子靠不住，作这书的人，也是不可靠的。《经典释文》载喜字公度，不知何据。李道谦《终南祖庭仙真内传》说，"终南楼观，为尹喜故居"，也是道士们底谰言。按：关尹子，《列仙传》又作关令子。可见称他为关尹子，是因为他曾做关令尹，并非姓"尹"，何得径称之曰"尹喜"呢？说者谓："尹喜，字公度，周人，为函谷关吏。老子西游，喜先见其气，知真人当道，物色而迹之，果见老子。老子授以《道德经》五千言。喜与老子俱西去，莫知所终。喜所自著书名《关尹子》。"这种神话性的传说，详见于《关令尹内传》。"关令尹登楼四望，见东极有紫气西迈。喜曰：'应有圣人经过京邑。'至期，乃斋戒，先敕门吏曰：'若有老翁从东来，乘青牛薄板车者，勿听过关。'其日，果见老翁乘青牛车求度关。关吏入白。喜曰：'诺，道今来矣。我见圣人矣。'即带印绶出迎，设弟子之礼。"真演述得像煞有介事的。这故事底根据，出于《史记》。《史记·老子传》中有一段记事："老子修道德，其学以自隐无名为务。居周久之，见周之衰，乃遂去。至关，关令尹喜曰：'子将隐矣，强为我著书。'于是老子乃著书上下篇，言道德之意，五千余言而去，不知所终。"照这段文章看，不但没有关令尹自著《关尹子》底话，而且所谓"关令尹喜曰"云云，乃见老子而喜，并非这关令尹名喜，更不能说他是姓尹的。上文已经说过，由周入秦的，是周太史儋，不是李耳。过关时事，更是一种传说的故事。即使退一步说，承认有此故事，这位关尹，姓甚名谁，也已无从考证了。

但《庄子·天下》篇则以关尹、老聃二人并列，而且置关尹于老聃之前。述关尹一段，引其言曰："在己无居，形物自著。其动若水，其静若镜，其应若响。芴乎若亡，寂乎若清。同焉者和，得焉者失。未尝先人，而常随人。"关尹学说大旨，即此可见。然老聃既为传说中之古之博大真人，则关尹之亦为传说的人物，更不待说了。故信道士们底澜言，而欲就今存《关尹子》中纂述其学说，以为可与老子并重，则非愚即诬。

三 文子

《汉志》道家有《文子》。自注曰："老子弟子,与孔子并时,而称周平王问,似依托者也。"《读书杂志》引李暹注,以为姓辛名鈃,即计然。按:《史记·货殖传》说:"范蠡师计然。"裴骃《集解》云:"计然姓辛,字文子,其先晋国公子。"暹因合计然、文子为一人。但《史记》叙计然,仅详其货殖之事,不涉道家;《汉志》录《文子》于道家,而《古今人表》别有计然。马总《意林》于《文子》云:"周平王时人,师老君。"又列《范子》,曰"计然,葵邱濮上人,姓辛,名文子。"其书皆范蠡问,计然答。可知文子与计然为二人了。江瑔《读子卮言》以为文子即越之文种。其人生于楚,尝仕楚为宛令(张守节《史记正义》引《吴越春秋》,今本无之),正与楚平王同时,书中的平王,为楚平王,非周平王。故杜道坚云:"文子,楚人。楚平王不用文子之言,而有鞭尸之祸。"(见《文子缵义》)后与范蠡适越,佐勾践灭吴。故孟康注《汉书》以为"越臣也"。其后蠡知勾践不可与共安乐,惕于兔死狗烹、鸟尽弓藏之戒,飘然远去。种则恋恋不去,终赐属镂之剑自刭。以智①言,蠡似胜种;以忠言,蠡又不如种了。所

---

① 智 底本作"知",据文意改。

以文子是春秋末年人。

今本《文子缵义》十二卷，与《隋志》所录十二篇合，较《汉志》所录九篇多三篇。《缵义》，则宋道士杜道坚撰。柳宗元《辨文子》，称其"旨意皆本《老子》。然考其书，盖驳书也。其浑而类者少，窃取他书以合之者多。凡孟子辈数家，皆见剽窃，峣然而出其类。其意绪文词，又互相牴而不合。不知人之增益之欤？或者众为聚敛以成其书欤？"所以《文子》不但非文种手著，且已非原面目了。唐天宝间，称《老子》为《道德真经》，《庄子》为《南华真经》，《列子》为《冲虚至德真经》，《文子》为《通玄真经》，故此书亦成为道家要籍，但终不及《老子》《庄子》。

四　田骈、慎到

《庄子·天下》篇以此二人与彭蒙为一派，而评述之曰："公而不党，易而无私，决然无主，趣物而不两，不顾于虑，不谋于知，于物无择，与之俱往。古之道术有在于是者，彭蒙、田骈、慎到，闻其风而悦之。齐万物以为首，曰：'天能覆之而不能载之，地能载之而不能覆之，大道能包之而不能辨之。'知万物皆有所可，有所不可，故曰：'选则不遍，教则不至，道则无遗者矣。'是故慎到弃知去己，而缘不得已。泠汰于物，以为道理。曰：'知不知，将薄知而后邻伤之者也。'謑髁无任，而笑天下之尚贤也；

第九章 其他道家者言

纵脱无行，而非天下之大圣。椎拍辑断，与物宛转。舍是与非，苟可以免。不师知虑，不知前后，魏然而已矣。推而后行，曳而后往，若飘风之还，若羽之旋，若磨石之隧，全而无非，动静无过，未尝有罪。是何故？夫无知之物，无建己之患，无用知之累，动静不离于理，是以终身无誉。故曰：'至于若无知之物而已，无用贤圣；夫块不失道。'豪桀相与笑之曰：'慎到之道，非生人之行，而至死人之理，适得怪焉。'田骈亦然，学于彭蒙，得不教焉。彭蒙之师曰：'古之道人，至于莫之是、莫之非而已矣。其风窢然，恶可而言？常反人不见观，而不免于鲩断。'其所谓道非道，而所言之韪，不免于非。彭蒙、田骈、慎到不知道。虽然，概乎皆尝有闻者也。"据此段所评述，则三子殆皆为道家。

彭蒙生平不详，按之上引《天下》篇，似为田骈之师。田骈，齐人，宣王时，与驺衍、淳于髡等七十六人俱游稷下，为列大夫，不治而论议，时号"天口骈"（见《史记·孟子荀卿列传》[①]）。故《吕氏春秋·不二》篇有"陈骈贵齐"底话（古无舌上音，故"陈""田"为一音之转，《论语》底陈恒《史记》作田常）。《汉志》道家有《田子》二十五篇，今亡。慎子，名到，赵人。《中兴书目》作浏阳人，误。《慎子》四十二篇，《汉志》列入法家，今残。

[①] 《史记正义·孟子荀卿列传》引《汉书·艺文志》说，田骈，号"天口"。《史记正义·田敬仲完世家》引《汉书·艺文志》说，田骈，"号天口骈"。

彭蒙底生平既不可考，学说如何，亦似未见于先秦古籍中。田骈、慎到，则《荀子·非十二子》篇亦同列为一派："尚法而无法，下修而好作，上则取听于上，下则取从于俗，终日言成文典。及纠察之，则偶然无所归宿，不可以经国定分。然而其持之有故，其言之成理，足以欺惑愚众，是慎到田骈也。"

《吕氏春秋》中，记田骈的，也有二则。《执一》篇说："田骈以道术说齐王。王应之曰：'寡人所有者，齐国也；道术难以除患（此句据《淮南子》补），愿闻齐国之政。'田骈对曰：'臣之言，无政而可以得政。譬若林木，无材而可以得材。……骈犹浅言之也。博言之，岂独齐国之政哉？变化应求而皆有章，因性任物而莫不当，彭祖以寿，三代以昌，五帝以昭，神农以鸿。'"《士容》篇曰："客有见田骈者，被服中法，进退中度，趋翔闲雅，辞令逊敏。田子听之毕而辞之。客出，田骈送之以目。弟子谓田骈曰：'客士欤？'田骈曰：'殆乎非士也。今者客所弇敛，士所述施也；士所弇敛，客所术施也；客殆乎非士也。故火烛一隅，则室偏无光；骨节早成，空窍哭历，身必不长。众无谋方，乞谨视见，多故不良；志必不公，不能立功。好得恶予，国虽大不能为王，祸灾日至。故君子之容，纯乎其若钟山之玉，桔乎其若陵上之木，淳淳乎慎谨畏化，而不肯自足；乾乾乎取舍不悦，而心甚素朴。'"田骈底学说，即此已可见一斑。如"变化应求""因性任物""慎谨畏化，不肯自足""取舍不悦，心甚素朴"，都是些道家之言。

第九章　其他道家者言

《守山阁丛书》中所辑《慎子》逸文，有云："鸟飞于空，鱼游于渊，非术也。故为鸟为鱼者，亦不自知其能飞能游。苟知之，立心以为之，则必坠必溺。犹人之足驰手提，耳听目视，当其驰提听视之际，应机自至，又不待思而施之也。苟须思而后可施之，则疲矣。是以任自然者久，得其常者济。""任自然""得其常"，也是道家之言。《荀子·天论》篇说，"慎子有见于后，无见于先"，也因为他一味地"不为天下先"之故。但是《解蔽》篇又说他"蔽于法而不知贤"，《韩非子·难势》篇也引慎子言"势"底话，合之《非十二子》篇所说"尚法而无法"，则慎子又有"尚法""尚势"底主张了。从道家流为法家，慎子似乎是一关键，所以《汉志》把他列入法家。

但就《天下》篇所评述按之，则田骈、慎到底学说，完全近乎老庄。如云"齐万物以为首"，即是以庄子"齐物"之旨为第一义。曰"万物皆有所可，皆有所不可"，此义亦见于《庄子·齐物论》中。万物既齐，即不应妄生差别，故曰"大道能包之而不能辨之"。所谓"辨"，就是加以种种的区别之义。无所区别，故"于物无择"。倘有行别择，则有所取，必有所舍，故曰"选则不遍"。反之，则大道自足以包万物，故又曰"道则无遗"。于物无所别择，即是"弃知"。"教"者教人以知。但有教，即有所不教，此亦一差别，故又曰"教则不至"。"不顾于虑，不谋于知""不师知虑，不知前后""舍是与非"都是"弃知"。惟其主张"弃知"，故曰"知不知,将薄知而后邻(同怜)伤之",故"笑天下之尚贤""非天下之大圣""至于若无知之物,无用贤圣"。"弃知"之外,又须"去己"。能"去己",故能"公而不党,易而无私,决然无主",故能"趣物而不两""与物俱往""与物宛转"。"推而后行,曳而后往",也即是"与物俱往"。"弃知去己",为田骈、慎到底要旨。"去己",故"无建己之患";"弃知",故"无用知之累"。而其本在于"齐万物"。这不是和老庄底学说极近似吗?故《天下》篇说他们"概乎皆尝有所闻也"。

不过《老子》明言"知其雄,守其雌""知其白,守其黑",则并非完全无知;《庄子》明言"得其环中,以应无穷""忘年忘义",也并非完全无知。而田骈、慎到乃以为当真如"无知之物",甚且以为"块不失道",正是《天下》篇所说"非生人之行而至死人之理"了。这是他们和老庄不同的一特点,故《天下》篇又说他们"所谓道非道,而所言之韪不免于非",因而断定他们"不知道"了。他们所注意的,在如何"苟可以免",如何可以"动静无过,未尝有罪";其曰"终身无誉",反过来说,也未尝不希望"终身无毁"。可见又以全生免害为要义的。这一点,却又近于杨朱了。

第十章○

法家

一　法家思想底产生

　　法家在诸子中为后起的学派，而法家思想底产生，则春秋之世已见端倪。本书绪论中曾述及：封建制度、贵族阶级，春秋时已开始崩溃；代贵族而起的富人阶级之兴起，由于春秋时逐渐发达的商业。此时，诸国渐以兼并而扩其领土，平民渐以解放及自由经商而成巨富。于是国家日形强大，君权日形集中，社会亦日形复杂，向来所恃以维持国家社会底秩序之"礼"，乃觉其不中用，而不得不求之刑法。故春秋之世，郑子产作刑书（见《左传·襄公三十年》）；晋亦作刑鼎，著范宣子所为刑书（见《左传·昭公二十九年》）。按：《韩非子·难三》曰："法者，编著之图籍，设之于官府，而布之于百姓者也。"是法家所谓"法"，是指公布的成文的刑法而言。可见那时已发现"法"之重要且有成文的法了。《韩非子·用人》篇说："释法术而任心治，尧不能正一国。去规矩而妄意度，奚仲不能成一轮。废尺寸而差长短，王尔不能半中。使中主守法术，拙匠守规矩尺寸，则万不失一矣。"此明言"法"之重要。

韩非为后期的法家。此种重"法"的思想，《管子》中已有之。《明法解》曰："明主者，一度量，立仪表，而坚守之，故令下而民从。法者，天下之程式也，万事之仪表也……故明主之治也，当于法者诛之，故以法诛罪，则民就死而不怨。以法量功，则民受赏而无德也。此以法举错之功也……明主者，有法度之制，故群臣皆出于方正之治而不敢为奸。百姓知主之从事于法也……故诈伪之人不得欺其主，嫉妒之人不得用其贼心，谗谀之人不得施其巧，千里之外不敢妄为非。"《任法》也说："法者，不可不恒也（从安井衡说，'恒'上增一'不'字），存亡治乱之所从出，圣君所以为天下仪表也。……法者，天下之至道也，圣君之实用也……有生法，有守法，有法于法。生法者，君也；守法者，臣也；法于法者，民也。君臣上下贵贱皆从法，此之谓大治。"《管子》虽非管仲自著，但其成书，决不至在战国之末。可见春秋时法家思想已萌芽了。

春秋战国，约可分为三个时期：第一期，春秋初世，尚为贵族政治时期；第二期，春秋末，战国初，为儒墨二家全盛时期；

第三期，战国中世以后，为法家思想成熟时期。《商君书·开塞》篇说："天地设而民生之。当此之时也，民知其母而不知其父，其道亲亲而爱私。亲亲则别，爱私则险，民众而以别险为务，则民乱。当此时也，民务胜而力征；务胜利争，力征则讼，讼则无正，则莫得其性也。故贤者立中正，设无私，而民悦仁；当此时也，亲亲废，上贤立矣。凡仁者以爱为务，而贤者以相出（同'绌'）为道；民众而无制，久而相出为道，则有（同'又'）乱。故圣人承之，作为土地、货财、男女之分。分定而无制，不可，故立禁。禁立而莫之司，不可，故立官。官立而莫之一，不可，故立君。既立君，则上贤废而贵贵立矣。然则上世亲亲而爱私，中世上贤而悦仁，下世贵贵而尊官……此三者，非事相反也，民道弊而所重易也，世事变而行道异也。"《商君书》本以此说明由上古至当时的政治学说底变迁，但恰与春秋战国底三时期不谋而合。"上世亲亲而爱私"，即春秋初尚由国戚贵族为政的第一期；"中世上贤而悦仁"，即春秋末，儒墨都主尚贤泛爱的第二期；"下世贵贵而尊官"，即战国末法家主张尊君集权的第三期。所以这一段文章，也可看作法家思想产生底进程。

二 法家底代表——申不害、商鞅、韩非

法家底代表人物，为慎到、申不害、商鞅与韩非。慎到底思

想，介乎道法二家之间，韩非则为法家之集大成者。前乎此，则《管子》一书，亦为法家底要籍。慎到，已略见前章，今举申、商、韩三人之事略如左：

《史记·老庄申韩列传》叙申不害云："申不害者，京人也，故郑之贱臣。学术以干韩昭侯，昭侯用为相。内修政教，外应诸侯。十五年，终申子之身，国治兵强，无侵韩者。申子之学，本于黄老，而主刑名，著书二篇，号曰《申子》。"《汉志》法家有《申子》六篇。《隋志》："梁有《申子》三卷，亡。"《七略》曰："孝宣皇帝重申不害《君臣》篇。"《意林》《艺文类聚》《太平御览》并引《君臣》篇。《群书治要》引《长短经·大体》篇、《反经》篇。此其篇名之犹可考者。

《史记·商君列传》云："商君者，卫之诸庶孽公子也，名鞅，姓公孙氏，其祖本姬姓也。鞅少好刑名之学，事魏相公叔痤，为中庶子。公叔痤知其贤，未及进。会痤病，魏惠王亲往问病，曰：'公叔病，有如不可讳，将奈社稷何？'公叔曰：'痤之中庶子公孙鞅，年虽少，有奇才，愿王举国而听之。'王默然。王且去，痤屏人言曰：'王即不听用鞅，必杀之，毋令出境！'王许诺而去。公叔痤召鞅谢曰：'今者王问可以为相者，我言若，王色不许我。我先君后臣，因谓王，即弗用鞅，当杀之。王许我。汝可疾去矣，且见禽。'鞅曰：'彼王不能用君之言任臣，又安能用君之言杀臣乎？'卒不去。惠王既去，而谓左右曰：'公叔病甚，悲乎！欲令寡人以国听公孙鞅也，岂不悖哉？'公叔既死，公孙鞅闻秦孝公下令国中求贤者，将修穆公之业，东复侵地，乃遂西入关，因孝公宠臣景监以求见孝公。……孝公用鞅为左庶长，定变法之令。……令既具，未布，恐民之不信己，乃赏徙木者以明不欺。令行期年。……太子犯法……刑其傅公子虔，黥其师公孙贾，秦人皆趋令。行之十年，秦民大悦，道不拾遗，山无盗贼，家给人足，民勇于公战，怯于私斗，乡邑大治……于是以鞅为大良造。……公子虔复犯约，劓之。秦人富强，天子致胙，诸侯毕贺。……将而伐魏，欺其将公子卬，尽破其军，虏公子卬。魏割河西之地以和。……卫鞅既破魏还，秦封之于商十五邑，号为商君。商君相秦十年，宗室贵戚多怨望者。……秦孝公卒，太子立。公子虔之徒告商君欲反，发吏捕商君。商君亡至关下，欲舍客舍。客人不知其是商君也，曰：'商君之法，舍人无验者坐之。'商君喟然叹曰：'嗟乎！为法之敝，一至此哉！'去之魏，魏人弗受。商君复入秦，走商邑……秦发兵攻商君，杀之于郑黾池，车裂之以徇，遂灭商君之家。"

《汉志》法家有《商君》二十九篇。晁公武《郡斋读书志》云："宋时亡三篇，又佚其二，凡二十四篇。"今存篇数恰与此合。但《群书治要》载商鞅六法，为今本所无。又《来民》篇"自魏襄王以来……"云云，"周军之胜，华军之胜……"云云，《弱民》篇"秦师至鄢郢，举若振槁，唐蔑死于垂沙，庄蹻发于内楚……"

云云，皆秦昭王时事。则今存《商君书》仍有残缺，且非商君所自著了。

《史记·老子韩非列传》叙韩非云："韩非者，韩之诸公子也，喜刑名法术之学，而其归本于黄老。非为人，口吃，不能道说而善著书。与李斯俱事荀卿，斯自以为不如非。非见韩之削弱，数以书谏韩王，韩王不能用……故作《孤愤》《五蠹》《内外储说》《说林》《说难》十余万言……人或传其书至秦。秦王见之，曰：'嗟乎！寡人得见此人，与之游，死不恨矣！'李斯曰：'此韩非之所著书也。'秦因急攻韩。韩王始不用非，及急，乃遣非使秦。秦王悦，未信用。李斯、姚贾害之，毁之曰：'韩非，韩之诸公子也。今王欲并诸侯，非终为韩，不为秦。今王不用，久留而归之，此自遗患也，不如以过去诛之。'秦王以为然，下吏治非。李斯使人遗非药，使自杀。韩非欲自陈，不得见。秦王后悔之，使人赦之，非已死矣。"

《汉志》法家有《韩子》五十五篇，今存。其首篇曰《初见秦》，有劝秦伐韩语，《通鉴》因责非欲覆宗国。王应麟以为是后人误以范雎书厕于其间，胡适说是张仪之言。按：《韩子》有《存韩》篇，故李斯"非终为韩，不为秦"之谗得以入。若《初见秦》亦为韩非之言，则又与存韩自相矛盾了。即此，可见今本《韩非子》有羼入之篇，更可推知其有所残缺。

《管子》八十六篇，汉志列入道家，今佚十篇。此书旧题管夷吾撰。管夷吾，字仲，相齐桓公，九合诸侯，一匡天下，为五霸之首。书中记管仲之死，及管仲以后事，故多疑为依托。盖管仲为一实行的政治家，对于政治多所改革。法家之有管仲，和儒家之有周公，正是一样。后人就管仲之政绩法令，加以理论化，乃成此书。据此书之本身言之，实足为前期法家思想底代表著作，不必定为管仲手著，方有价值。

三　法家底派别

上节所述，慎到、申不害、商鞅，可以代表前期的法家，韩非可以代表后期的法家。前期的法家可分为三派：（一）重"势"，可以慎到为代表；（二）重"术"，可以申不害为代表；（三）重"法"，可以商鞅为代表。集此三派底大成者，则为后期法家底代表韩非。

《韩非子·难势》篇引慎到之言曰："飞龙乘云，腾蛇游雾；云罢雾霁，而龙蛇与蚓蚁同矣，则失其所乘也。贤人而诎于不肖者，则权轻位卑也。不肖而能服贤者，则权重位尊也。尧为匹夫，不能治三人；而桀为天子，能乱天下。吾以此知势位之足恃，而贤智之不足慕也。夫弩弱而矢高者，激于风也；身不肖而令行者，得助于众也。尧教于隶属而民不听，至于南面而王天下，令则行，禁则止。由此观之，贤智未足以服众，而势位足以诎（原文作

'缶',据俞樾校改)贤者也。"此明言须凭藉权位底"势",方足以言治。此种思想,《管子》中已有之。《明法解》曰:"明主在上位,有必治之势,则群臣不敢为非。是故群臣之不敢欺主者,非爱主也,以畏主之威势也。百姓之争用,非以爱主也,以畏主之法令也。故明主操必胜之数,以治必用之民;处必尊之势,以制必服之臣;故令行禁止,主尊而臣卑。故《明法》曰:尊君卑臣,非计亲也,以势胜也。"此亦言国主须有威势,方能治其民,制其臣,收令行禁止之效。现代论政治常言"威信",儒家重在"立信",法家则重在"立威"。前者以"德"治,后者以"势"治。这是前期法家底一派。

《韩非子·定法》篇曰:"今申不害言'术',而公孙鞅为'法'。'术'者,因任而授官,循名而责实,操生杀之柄,课群臣之能者也。此人主之所执也。'法'者,宪令著于官府,刑罚必乎民心,赏存乎慎法,而罚加乎奸令者也。此人臣之所师也。君无术,则弊于上;臣无法,则乱于下。此不可一无,皆帝王之具也。""术"是君主驾驭臣下的手段,"法"是臣民共守的法令。申不害重"术",商鞅重"法",又是前期法家底两派。

《韩非子·八经》篇曰:"势者,胜众之资也……故明主之行制也天,其用人也鬼。天则不非,鬼则不困。势行教严,逆而不违。"明主行法,公而无私,故曰"天";其驭臣民之术,权变不可测,故曰"鬼";而又凭藉"胜众之资"的势,故能"逆而不违"。《功名》篇又曰："夫有材而无势，虽贤不能制不肖。故立尺材于高山之上，下临千仞之谿，材非长也，位高也。桀为天子，能制天下，非贤也，势重也。尧为匹夫，不能正三家，非不肖也，位卑也；千钧得船则浮，锱铢失船则沉，非千钧轻而锱铢重也，有势之与无势也。故短之临高也以位，不肖之制贤也以势。"《人主》篇又曰："夫马之所以能任重引车致远道者，以筋力也。万乘之主，千乘之君，所以制天下而征诸侯者，以其威势也。威势者，人主之筋力也。"此皆明"势"之必要。《定法》篇已明言"法""术"皆帝王之具，不可一无；但"法"如不能推行，仍是具文；"术"如无权位，何从运用；故必有可凭藉的"势"，方能运用其制驭臣民之"术"，以推行"法"。所以韩非是集前期法家重势、重法、重术三派底大成的。法家底思想，至此而始成熟；法家底学说，也至此而始完备。

四　法家学说底要点

法家要旨不外乎"循名责实，信赏必罚"八字。《管子·白心》篇曰："名正法备，则圣人无事。"此直以"名"与"法"并重了。又《入国》篇曰："修（疑当作'循'）名而督实，按实而定名。名实相生，反相为情。名实当则治，不当则乱。"按实定名，循名督实，使名实相当，就是所谓"正名"，也就是所谓"综核名实"。

《韩非子·扬权》篇曰:"用一之道,以名为首,名正物定,名倚物徙。故圣人执一以静,使名自命,令事自定。不见其采,下故素正。因而任之,使自事之;因而予之,彼将自举之。正与处之,使皆自定之,上以名举之。不知其名,复修其形。形名参同,用其所生。二者诚信,下贡其情……君操其名,臣效其形。形名参同,上下和调也。""倚"者"正"之反。"物"亦即"事","物"与"事"皆是"实","形"亦指事物言,也是"实"。实副其名,则"形名参同",名自正,事物自定了。又《二柄》篇曰:"人主将欲禁奸,则审合刑名者,言与事也。为人臣者陈而言,君以其言授之事,专以其事责其功。功当其事,事当其言,则赏。功不当其事,事不当其言,则罚。故群臣,其言大而功小者则罚,非罚小功也,罚功不当名也;群臣,其言小而功大者亦罚,非不悦于大功也,以为不当名也,害甚于有大功,故罚。"言为"名",功为"实",实必副于其名。故言大而功小,言小而功大,同为名实不副,故皆有罚。

总之,人主授臣以位,必按其位之名,以责其功之实;人臣陈言于人主,主以其言授之事,即就其事以责其功:都是"循名责实",使其实副其名。如此,则臣自努力以求副其名,君主只须执名以责诸臣之实;这就是所谓"君操其名,臣效其形",也就是"审合刑(同形)名"。如此,乃能以简御繁,以一御万,所谓

第十章 法家

"圣人执一以静,使名自命,令事自定"。所以正名实是人主驾驭臣下的方法。

"循名责实",故实副其名者赏,实不副其名者罚。"赏"与"罚",为人主之二柄。《韩非子》有《二柄》篇,其言曰:"明主之所导制其臣者,二柄而已矣。二柄者,刑德也。何谓刑德?杀戮之谓刑,庆赏之谓德。为人臣者,畏诛罚而利庆赏。故人主自用其刑德,则群臣畏其威而归其利矣。"《八经》篇曰:"凡治天下,必因人情。人情有好恶,故赏罚可用。赏罚可用,则禁令可立,而治道具矣。君执柄以处势,故令行禁止。"盖赏罚为人主之二柄,赏求其信,罚求其必。信赏必罚,始能循名责实。所以赏罚是人主驾驭臣下的工具。总之,君人南面之"术",在乎运用赏罚,以正名实。

正名实,严赏罚,是法家致治之术。此即与儒家"道之以德,齐之以礼"不同的"道之以政,齐之以刑"。为什么政刑赏罚可以致治呢?他们认为人们皆有自私自利之心。

《韩非子·外储说左上》曰:"夫买[①]庸而播耕者,主人费家而美食,调布而求易钱者,非爱庸客也,曰:如是,耕者且深,耨者熟耘也。庸客致力而疾耕耘者,尽巧而正畦陌(原文衍'畦畤'二字,从顾千里校删)者,非爱主人也,曰:如是,羹且美,钱

---

① 买 底本作"卖",据《韩非子新校注》(P.684)改。

布且易云也。此其养功力，有父子之泽矣；而心调于用者，皆挟自为心也。故人行事施予，以利之为心，则越人易和；以害之为心，则父子离且怨。"

不但雇佣与主人皆挟自私自利之心，即父子之间亦然。《六反》篇曰："且父母之于子也，产男则相贺，产女则杀之。此俱出父母之怀衽，然男子受贺，女子杀之者，虑其后便，计之长利也。故父母之于子，犹用计算之心以相待也，而况无父子之泽乎？"

天下之人皆挟自私自利之心，皆用计算之心以相待，故人主当利用此种普遍的心理，以赏罚驾驭臣民。故《八经》篇又曰："凡治天下，必因人情；人情者，有好恶，故赏罚可用；赏罚可用，则禁令可立，而治道具矣。"

韩非此种理论，实以其师荀子底"性恶论"为根据。人性既恶，故不得不以赏罚威势临之。《显学》篇曰："夫严家无悍虏，而慈母有败子。吾以此知威势之可以禁暴，而德厚之不足以止乱也。夫圣人之治国，不恃人之为吾善也，而用其不得为非也。恃人之为吾善也，境内不计数；用人不得为非，一国可使齐。为治国者用众而舍寡，故不务德而务法。夫必恃自直之箭，百世无矢；恃自圆之木，千世无轮矣。自直之箭、自圆之木，百世无有一，然而世皆乘车射禽者，何也？隐栝之道也。虽有不待隐栝而自直之箭，自圆之木，良工弗贵也。何则？乘者非一人，射者非一发也。不恃赏罚而自善之民，明主弗贵也。何则？国法不可失，而

第十章 法家

所治非一人也。故有术之君，不随适然之善，而行必然之道。"此段议论，明明白白地以性恶论为理论底根据，主张"法治"，反对儒家底"德治"。

儒家之祖孔子已有为政必先"正名"的主张，后期儒家巨子荀子于"正名"尤多发挥。所以法家底"正名实"，是承儒家这一派底主张的。"性恶论"也是荀子底根本思想。法家以"性恶论"为根据，也是承荀子一派底主张的。以"正名"与"性恶"为理论底基础，而归结于"严赏罚"的"法治"，却正和儒家底"德治"和"礼治"相反。这是法家和儒家底关系。

道家以"无为"为旨，上文述《老子》及《庄子》二章，已曾言之。《庄子·天道》篇曰："夫帝王之德，以天地为宗，以道德为主，以无为为常。无为也，则用天下而有余；有为也，则为天下用而不足。故古之人贵无为也。上无为也，下亦无为也，是下与上同德；下与上同德，则不臣。下有为也，上亦有为也，是上与下同道；上与下同道，则不主。上必无为而用天下，下必有为为天下用，此不易之道也。故古之王天下者，知虽落天地，不自虑也；辩虽雕万物，不自说也；能虽穷海内，不自为也。天不产而万物化，地不长而万物育，帝王无为而天下功。故曰莫神于天，莫富于地，莫大于帝王。故曰帝王之德配天地。此乘天地，驰万物，而用人群之道也。"《在宥》篇亦曰："何谓道？有天道，有人道。无为而尊者，天道也；有为而累者，人道也。主者，天道也；臣者，人道也。"所以道家底"无为"，只是君人南面之术。君主须无为，臣下仍须有为。法家底主张，也是君主无为，臣下有为；君主操赏罚二柄以驾驭臣下，驱使臣下，故能己无为而使臣下有为，故能"无为而无不为"。《韩非子·扬权》篇曰："事在四方，要在中央；圣人执要，四方来效。虚而待之，彼自以之。"又曰："夫物者有所宜，材者有所施，各处其宜，故上可无为。使鸡司夜，令狸执鼠，皆用其能，上乃无事。"为君主者能"秉要执本"，使臣下自效，各处其宜，各尽其能，便可以无为。譬如轮船上掌舵的人，高居其位，略一举手，船便能随意行动；其实使轮船行动者，还是发动机和司机人底力量。

《天道》篇又曰："是故古之明大道者，必先明天而道德次之；道德已明，而仁义次之；仁义已明，而分守次之；分守已明，而形名次之；形名已明，而因任次之；因任已明，而原省次之；原省已明，而是非次之；是非已明，而赏罚次之。赏罚已明，而愚智处宜，贵贱履位，仁贤不肖袭情，必分其名，必由其名；以此事上，以此畜下，以此治物，以此修身；知谋不用，必归其天。此之谓太平，治之至也。……古之语大道者，五变而形名可举，九变而赏罚可言也。""明天""明道德""明仁义""明分守""明形名"，是谓"五变"；加以"明因任""明原省""明是非""明赏罚"，是谓"九变"。道家注重在前二变，法家注重在后六变。是道家已有此派主张，法家特承其流而发挥之。故司马迁以为申

第十章 法家

韩刑名之学，其要归本于黄老。《管子》中有《内业》《白心》诸篇，《韩非子》中有《解老》《喻老》诸篇，此虽由后人论纂，未必出管仲、韩非手著，而法家兼讲道家之学，不仅慎到一人，已于此可见。这是法家和道家底关系。

儒家以尧舜为其理想的黄金时代，道家则更推而上之，托于黄帝，甚且欲反之太古之世。即墨子亦托于夏禹，农家亦托于神农。法家则独不然。《商君书·更法》篇曰："前世不同教，何古之法？帝王不相复，何礼之循？……臣故曰：治世不一道，便国不法古。汤武之王也，不循古而兴；夏商之灭也，不易礼而亡。然则反古者未必可非，循礼者未足多是也。"《韩非子·五蠹》篇亦曰："今有构木钻燧于夏后氏之世者，必为鲧禹笑矣；有决渎于殷周之世者，必为汤武笑矣。然则今有美尧、舜、禹、汤、武之道于当今之世者，必为新圣笑矣。是以圣人不期修古，不法常可；论世之事，因为之备。"并设守株待兔的寓言，以为"以先王之政治当世之民，皆守株之类"。所以诸子改制，多以"托古"为手段；法家变法，则直以"反古"为立论的根据。这是法家特别的见解。

自孔子开讲学游说之风，于是不事生产，专以讲学游说为事之人日多。此为儒墨二家底学风，而孟尝信陵诸人底门下食客，亦即为此风之变相。所谓"士"，实已成为一特殊的阶级，俨然为一种不负实际责任，不做实际工作而好发议论的知识分子底集体。

荀子对于各家之辩，已欲"临之以势，道之以道，申之以命，章之以论，禁之以刑"（见《正名》篇），韩非乃彰明较著地主张禁止私学游说了。《问辩》篇曰："明主之国，令者言最贵者也，法者事最适者也。言无二贵，法不两适，故言行不轨于法者必禁。"所谓不轨于法的言行，即是"以文乱法"的儒，"以武犯禁"的侠（"侠"似即指墨者）。故又曰："儒服带剑者众，而耕战之士寡；坚白无厚之词章，而宪令之法息。故曰，上不明，则辩生焉。"则辩者也是不轨于法之言，在所必禁了。推原游士辩说之所以多，又在乎私家讲学之风之盛。故《五蠹》篇曰："明主之国，无书简之文，以法为教；无先王之语，以吏为师。"直欲禁灭私学。李斯和韩非同为后期的法家巨子，其焚《诗》《书》，禁私学，且云"若有欲学法令，以吏为师"，正是实行法家此种主张。这是法家特别的政策。

第十一章

所谓"名家"

一 后期儒家底名学

本书绪论中曾说过,我国周秦之际之"名学",犹印度之因明,西洋之逻辑,同为辩证术,为各家都需要的阐发自己学说、驳斥他派学说底工具。名学既为各家所同需要,而其发达则在战国中世以后,故后期的儒家、墨家尤长于此。向来所谓"名家",如惠施、公孙龙等,则似于辩论之外,并没有充实的内容,特殊的学说,故无以名之,名之曰"名家"而已。兹先述后期儒墨二家名学底概要,然后及惠施、公孙龙等辩者,以见名学非所谓名家专有的学术。

孔子底"正名",上文已述其大旨。但仅有伦理的意味,尚无逻辑的意味。孟子虽称好辩,于名学亦并无发挥。后期儒家底名学，当以荀子底《正名》篇为代表。《正名》篇曰："制名以指实。上所以明贵贱，下所以别同异。贵贱明，同异别，如是则志无不喻之患，事无困废之祸，此所为有名也。""实"是"事物"，"名"是称此事物之名，先有实，后乃定名以指之，故曰"制名以指实"。名之用有二：一为伦理的，如君臣、父子之类，所以明贵贱尊卑；二为逻辑的，则所以辨事物之同异。试想像未有所谓"名"之前，无论口头、书面，吾人殆无以举其实，则虽有意志情感，无法使他人共喻；且贵贱同异俱无以明辨，而人事亦因以困废了。因此，不得不制名以指实。其实，吾人所以制名以指实，重在别同异，明贵贱还是其次。故下文专就别同异说："然则何缘而以同异？曰：缘天官。凡同类同情者，其天官之意物也同，故比方之疑似而通，是所以共其约名以相期也。形体色理以目异，声音清浊、调竽奇声以耳异。……此所缘而以同异也。然后随而命之，同则同之，异则异之；单足以喻则单，单不足以喻则兼；单与兼无所相避则共，虽共不为害矣。知异实者之异名也，故使异实者莫不异名也，不可乱也；犹使同实（原文作'异实'，杨倞注云：'或曰当为同实'）者莫不同名也。""天官"，即耳目口鼻等感官。同为人类，有相同之感官，其意识外物亦同。故制名以指实，能使人人共喻。但所谓"名"，亦不能全举事物所具之性质，故"名"之指实，只是"比方之疑似而通"而已。事物之同异，在以耳目等感官辨之。实同者名亦同，实异者名亦异；少数为"单"，多数为"兼",此指表个体之名而言。"单与兼无所相避则共"之名,则指包括许多同类的个体之名而言。前者谓之"别名",后者谓之"共名"。

下文又曰:"故万物虽众,有时而欲遍举之,故谓之'物'。物也者,大共名也。推而共之,共则有共,至于无共,然后止。有时而欲偏(原文作'徧',从俞樾校改)举之,故谓之'鸟''兽'。鸟兽也者,大别名也。推而别之,别则有别,至于无别,然后止。""物"之一名,所包最广,故谓之"大共名"。物可别为"生物"与"无生物";"生物"可别为"动物"与"植物";"动物"可别为"鸟""兽"。"鸟"或"兽"又可别为凤凰、鸳鸯、鸡、鸭,或狮、虎、牛、羊。下一级之名对其上一级,皆可谓之为"别名";上一级之名对其下一级,皆可谓之"共名"。质言之,如鸡、鸭、牛羊……还是指这一类动物之名,不是"无别"之名。只有专指一个人的姓名,方是"无别"的别名,如孔丘、孟轲、荀况等。

下文又曰:"名无固宜,约之以命;约定俗成,谓之宜;异于约,谓之不宜。名无固实,约之以命实;约定俗成,谓之实名。名有固善,径易而不拂,谓之善名。"这一段又就初制名之时言之。在初制名之时,以某名指某实,本由人们随意定之。如初制名时,名马曰马,固可;名鹿曰马,亦未尝不可:故曰"名无固宜""名无固实"。但以某名指某实之约已定,且成习俗了,便以此名为宜了。如既名马曰马，已约定俗成，而有人指鹿为马，便谓之不宜了。初制名时，虽无固宜、固实，但有固善。例如鸡、鸭，即象此种鸟类之鸣声，其制名时，可谓直捷平易而无所违拂。诸如此类，方可谓之善名。

《正名》篇又曰："名闻而实喻，名之用也。累而成文，名之丽也。用丽俱得，谓之知名。"名所以指实，故闻其名，即可喻其实。名不限于实物，表动作、形态之词也是名。累叠诸名，可以成。名实相孚，则其用得；累名成文，可以达意，则其丽得。非知名者，不能如此。又曰："名也者，所以期累实也。辞也者，兼异实之名以谕（原文作'论'，从王念孙校）一意也。辨说也者，不异实名，以喻动静之道也。期命也者，辨说之用也。辨说也者，心之象道。心也者，道之工宰也。道也者，治之经理也。心合于道，说合于心，辞合于说；正名而期，质请（王念孙云：'请读为情。'情，实也）而喻，辨异而不过，推类而不悖，听则合文，辨则尽故，以正道而辨奸，犹引绳以持曲直。是故邪说不能乱，百家不能窜。""名"，所以期累实。累异实之诸名以成文，以谕一意，则谓之"辞"。于是可就某事物作详细的讨论，以喻其动静，则谓之"辨说"；而其要在于"不异实名"；如所讨论之实或名有异，即无可辨说（例如"和平"为一美名，如以投降为"和平"，则和平之名虽同而其实已异）。辨说之用，在于"期命"。"道"指主义学说而言，故为"治之经理"。一切主义学说，皆以心为之工宰。辨说即阐发吾心所主张之主义学术。故必"心合于道，说合于心，辞合于说"，然后可以辨说；必"正名而期，质情而喻，辨异而不过，推类而不悖，听则合文，辨则尽故"，然后其辨说方能"正道而辨奸"如"引绳以持曲直"。能正道，则能立；能辨奸，则能破：故百家邪说不能窜乱。

上文所引《正名》篇二节，前一节论"名"，后一节论"辨"。合之，则"名"是"辨"底基础。"名"必有一定的意义，不能随便改动，故《正名》篇曰："故王者之制名，名定而实辨，道行而志通，则慎率民而一焉。故析辞擅作名，以乱正名，使民疑惑，人多辨讼，则谓之大奸，其罪犹为符节度量之罪也。故其名莫敢托为奇辞以乱正名。""名定而实辨""率民而一"之名，谓之"正名"。"析辞擅作名"，即"托为奇辞"者，皆是以乱"正名"，皆足以使民疑惑，使民多辩讼。例如藉口和平救国，投降敌人，甘为虎伥者，即托为奇辞以乱正名者。其罪实甚于私造符节度量之人。莫敢托为奇辞以乱正名，则"其民悫"，"一于道法而谨于循令"了。这是正名之效见于政治者。

《正名》篇又就"正名"之观点，将当时流行，他所认为谬误的学说，分为三种。其一曰："见侮不辱，圣人不爱己，杀盗非杀人也，此惑于用名以乱名者也。验之所以为有名，而观其孰行，则能禁之矣。"其二曰："山渊平，情欲寡，刍豢不加甘，大钟不加乐，此惑于用实以乱名者也。验之所缘（原文有'无'字，依郭庆藩校删）以同异，而观其孰调，则能禁之矣。"其三曰："非而谒楹，有牛马非马也，此惑于用名以乱实者也。验之名约，以其所受，悖其所辞，则能禁之矣。"

"见侮不辱"，是宋轻底学说，见《庄子·天下》篇。"圣人不爱己""杀盗非杀人"，是墨家底学说（《墨子·大取》篇曰："爱人不外己，己在所爱之中。己在所爱，爱加于己。伦列之，爱己、爱人也。"爱己即是爱人，故曰不爱己）。"见侮"是一名，其内涵已包有"见辱"之义；"人"是共名，"盗"是人底一部分，故"人"底外延，可以包"盗"；"己"与"人"，是相排拒的二名，其内涵、外延各异。故验之所以为有此诸名，察其内涵、外延，必如何方能不背乎约定俗成之宜，可以行用，则此诸说之谬，不待辨而自明，可禁之使俱绝了。

"山渊平"，即《天下》篇述惠施所谓"山与泽平"；"情欲寡"，亦宋轻之说；"刍豢不加甘，大钟不加乐"，似为墨家主张节用、非乐的论调。就高地之渊，与低地之山比较，也可以说"山渊平"；就少数人偶然的情而论，也有"欲寡"的；在特殊的情况之下，有时尝美味而不加甘，听音乐而不加乐；但不能以特殊的事物或情形概括此诸名所指的一般事物。否则，便是以特殊的"实"，乱一般的"名"。明乎此，便可知诸说之谬而禁绝之了。

"非而谒楹""牛马非马"，皆见《墨经》。前者之义不详。"牛马"一名，包括"牛""马"之物，故虽谓"牛马非牛""牛马非马",亦无不可。验之制名之约,则"牛马"一名之中,明明已包有"马",何得谓为非马?明乎此,即可以知其说之谬而禁绝之了。

《正名》篇又曰:"凡邪说辟(同僻)言之离正道而擅作者,无不类于三惑者矣。故明君知其分而不与辨也。夫民易一以道,而不可与共故。故明君临之以势,道之以道,申之以命,章之以论,禁之以刑,故其民之化道也如神,辨说恶用矣哉?""三惑"即上文所引三种误谬的言论。"离正道而擅作",即上文所谓"析辞擅作名""托为奇辞""以乱正名"者。上引荀子论三惑,皆说"则能禁之矣";此云"明君临之以势……禁之以刑",则荀子已主张以政治势力禁绝异学。可见李斯佐秦始皇,力主"绝灭异学",是承其师说见之实行了。

二 后期墨家底名学

《墨子·经(上下)》《经说(上下)》《大取》《小取》六篇中,关于"名学"者甚多,《小取》篇尤为详明。今以《小取》为例,撮述其要于此。

《小取》篇首曰:"夫辩者,将以明是非之分,审治乱之纪,明同异之处,察名实之理,处利害,决嫌疑;焉(乃也)摹略万物之然,论求群言之比;以名举实,以辞抒意,以说出故,以类取，以类予；有诸己不非诸人，无诸己不求诸人。"一明是非，二审治乱，三明同异，四察名实，五处利害，六决嫌疑，六者为"辩"之用。六者之中，当以"察名实""明同异"为本，更进而"决嫌疑""明是非"，然后可用以"处利害""审治乱""摹略万物之然，论求群言之比"，即是"辩"。"以名举实"，即《荀子·正名》篇底"制名以指实"；"以辞抒意"，即《荀子·正名》篇底"兼异实之名以论一意"。"故"者，事物所以然之原因，言论所以然之理由。《经上》云："故，所得而后成也。"《经说》曰："故——小故，有之不必然，无之必不然……大故，有之必然，无之必不然。""小故"，即今逻辑所谓"必要原因"；"大故"，即今逻辑所谓"充足而必要的原因"。"以说出故"者，即以言语说明事物之原因，或言论之理由。"取"即举例，"予"即判断。举例或据所举之例以下判断，必须为同类者。此五句述辩之方法。至于"有诸己不非诸人，无诸己不求诸人"，则是辩论时所应遵守的规则了。

以下，又提出七种辩说方式：

（一）"或也者，不尽也。"或者，偶然之辞。《经上》曰："尽，莫不然也。"必此同类之事物莫不如此，方可谓之"尽"。如同类事物非"莫不然"者，即是"不尽"。不尽者，便不能作全称之肯定或否定，而只能谓之"或"。如马不必皆白，故吾人只能谓"马或白"。故吾人对于某类事物，所知苟未完全，只得说"或如何"而已。

（二）"假也者，今不然也。"假即假设，谓虚拟某条件，断言其在此条件之下如何而已。条件出于虚拟，故曰"今不然"。如曰："使李将军遇高皇帝，万户侯岂足道哉！""如欲平治天下，当今之世，舍我其谁哉？"李广遇汉高祖，天欲平治天下，都只是虚拟的条件，当时并无此种事实，故曰"今不然也"。

（三）"效也者，为之法也。""故中效则是也，不中效则非也，此效也。"《经上》曰："法，所若而然也。"《经说》曰："法——意、规、圆，三也，俱可以为法。""法"为事底公式，物底模范。仿效此"法"而成事物，谓之"效"。"意"谓圆底意象，"规"为圆规，"圆"谓已有之圆。以此三者为"法"（意与圆为模范，以规画圆为公式）皆可以成圆形。"故"即上文"以说出故"之故，指事物之原因，立说之理由而言。以此"故"为"法"，观其是否"中效"，即是否效之而皆然者；中效，则此"故"为真故；不中效，便非真故。所以这种辩说方式——"效"——必须所出之"故"中效而后可。

（四）"辟也者，举也物而以明之也。""辟"同"譬"。"也物"即"他物"。举已知之他物或他事以说明未知之事物，是为"譬喻"。《潜夫论·释难》篇所谓"夫譬喻也者，生于直告之不明，故假物之然否以彰之"，即是此意。惠施因梁王不许他用譬，假设一"以弹说弹"的故事，说"弹之状如弹"，便不易懂；说"弹之状如弓，而以竹为弦"，便易懂，仍是以譬喻说明譬喻之必要。

（五）"侔也者，比辞而俱行也。""辟"是举他物以明此物，"侔"是举他辞以比此辞。《公孙龙子·迹府》篇记公孙龙答孔穿曰："龙闻楚王……丧其弓，左右请求之。王曰：'止！楚王遗弓，楚人得之，又何求乎？'仲尼闻之曰：'……亦曰人亡之，人得之而已，何必楚？'若此，仲尼异'楚人'于所谓'人'。夫是仲尼异'楚人'于所谓'人'，而非龙异'白马'于所谓'马'，悖！"公孙龙有"白马非马"之说。"白马"与"马"底关系，正和"楚人"与"人"底关系相同。仲尼把"楚人"与"人"看做不同，大家以为是的；则公孙龙把"白马"与"马"看做不同，也不能说是错了。举孔子之言以证明其"白马非马"之言之合理，便是"比辞而俱行"的"侔"。

（六）"援也者，曰子然，我奚独不可以然也。"你可以如此，我为什么独不可如此，这叫做"援"，这就是"援例"了。

（七）"推也者，以其所不取之同于其所取者予之也。是犹谓也者同也，吾岂谓也者异也。""也者"之"也"，亦即"他"字。"所取"，谓所举已知之例；"所不取"，谓所未举之未知的例。我已观察许多个别的事物，知其如此，而举以为例，则虽我所未观察，未举以为例之事物，只须与所观察所举例之事物为同类，即可以推而及之，下一判断了。所以"推"，即是上文"以类取，以类予"的方法，也就是逻辑底"归纳法"。

第十一章　所谓"名家"

《小取》篇又曰:"夫物,有以同,而不率遂同。辞之侔也,有所至而正。其然也,有所以然也;其然也同,其所以然不必同。其取之也,有所以取之;其取之也同,其所以取之也不必同。是故辟、侔、援、推之辞,行而异,转而危,远而失,流而离本,则不可不审也,不可常用也。故言多方、殊类、异故,则不可偏观也。"物之相同,亦有种种。例如《经上》曰:"同,重、体、合、类。"《经说》曰:"同——二名一实,重同也;不外于兼,体同也;俱处于室,合同也;有以同,类同也。"孔丘与孔仲尼,是"二名一实"的"重同"。两耳同属于一人,是"不外于兼"的"体同"。同在一处之物,是"俱处于室"的"合同"。鸡鸭同为鸟类中之家禽,是"有以同"的"类同"。除"重同"一种外,都是"不率遂同"的。如随便取以为譬,则"行而异"了。"比辞"之侔,也有其相当的限度,故曰"有所至而正"。过此限度,则又"转而危"了。事物底"然",必各有其"所以然",尽其"然"同而"所以然"不同者。如病者同一症状而死者,其致死之因不必同。若援以为例,以为凡有某种症状者皆必死,则"远而失"了。举事物为例,有其所以举之之主观。所以举之之故不同,则所推得之判断是否误谬亦殊难定。例如从前筹安会劝袁世凯做皇帝,举了许多例,证明民主共和国不如君主国;但他们故意把美国、法国两大民主国不举,便是"流而离本"了。其言多方,其类不同,其故亦异,凡此言论,不可偏观偏听。这一段是论辩说之易致谬误。

《墨子》中《经（上下）》《经说（上下）》《大取》《小取》六篇，名学底材料很多，故晋鲁胜以"《墨辩》"名之。即以《小取》而论，关于名学的，也不仅上文所述。本节不过举这一部分做例而已。原书俱在，读者可自去参阅。

三 惠施

"《墨辩》"六篇，虽附见于《墨子》，但是后期墨者底书。荀子也是后期的儒家。为什么后期的儒墨二家对于名学的研究突然兴盛呢？因为战国中世以后，辩论之风日盛，已有专以辩论见长的学者。这些学者，当时称为"辩者"（《庄子·天地》篇"辩者有言曰"云云，《天下》篇"惠施以此为大观于天下，而晓辩者；天下之辩者相与乐之……桓团、公孙龙辩者之徒"），或曰"刑名之家"（见《战国策·赵策》，"刑名"即"形名"，此王鸣盛说，见《十七史商榷》），汉人则谓之"名家"。儒墨二家苟非于名学有相当的研究，便不能自固壁垒，御其论敌。后期儒墨二家底名学既略如上述，兹当进而述所谓名家。

惠施，惠氏，施名，据《吕氏春秋·淫辞》篇高诱注，是宋人，与庄子同时，与庄子为友。《庄子》中记惠施事颇多。如《秋水》篇："庄子与惠子游于濠梁之上。庄子曰：'鯈鱼出游从容，是鱼之乐也。'惠子曰：'子非鱼，安知鱼之乐？'庄子曰：'子非我，安知我不知鱼之乐？'"又《徐无鬼》篇记庄子过惠子之墓，叹曰："自夫子之死也，吾无与言矣！"并设郢人匠石之喻，以伤知己之逝。《庄子》虽寓言十九，但惠施为庄子之至友，似无可疑。

《天下》篇末，有评述惠施一段：

> 惠施多方，其书五车，其道舛驳，其言也不中。历物之意曰："至大无外，谓之大一；至小无内，谓之小一。无厚不可积也，其大千里。天与地卑，山与泽平。日方中方睨，物方生方死。大同而与小同异，此之谓小同异；万物毕同毕异，此之谓大同异。南方无穷而有穷。今日适越而昔来。连环可解也。我知天下之中央，燕之北，越之南是也。泛爱万物，天地一体也。"惠施以此为大观于天下而晓辩者，天下之辩者相与乐之……惠施日以其知与人辩，特与天下之辩者为怪，此其柢也。然惠施之口谈，自以为最贤。曰"天地其壮乎！"施存雄而无术。南方有倚人焉曰黄缭，问天地所以不坠不陷风雨雷霆之故。惠施不辞而应，不虑而对，遍为"万物说"，说而不休，多而无已，犹以为寡，益之以怪；以反人为实，而欲以胜人为名，是以与众不适也。弱于德，强于物，其涂隩矣。由天地之道，观惠施之能，其犹一蚊一虻之劳者也，其于物也何庸？夫充一尚可，曰愈贵道，几矣。惠施不

能以此自宁，散万物而不厌，卒以善辩为名。惜乎惠施之才，骀荡而不得，逐万物而不反，是穷响以声，形与影竞走也，悲夫！

此段本分为三节，除中间一节，因为是述辩者的话，与惠施本人无关，故已删去外，前一节述惠施之说，后一节评惠施之学。

"历物"即历指事物。惠施"遍为万物说"，故述其历物之言。所述历物之言凡十条，关于空间者五条，关于时间者三条，关于同异者二条。

关于空间者，一曰"至大无外，谓之大一；至小无内，谓之小一"。《庄子·秋水》篇所云"至精无形，至大不可围"，《则阳》篇所云"精至于无伦，大至于不可围"，就是"至小无内""至大无外"。因为有形的，有伦的，有内容的，还不是至小之物；有外的，可以包围的，还不是至大之物。故毫末不足以"定至细之倪"，天地不足以"穷至大之域"（用《秋水》篇语）。所以"大一"是指包括一切的无穷大，"小一"是指不可见、不可比、不能再有内容的无穷小。二曰"无厚不可积也，其大千里"。薄到无厚的面，是几何学的面。因为无厚，故不可积。但虽不能积而成体，仍可有它的面积，且可大至千里。三曰"天与地卑，山与泽平"。大与小，固是无穷的；高与卑，也是无穷的。以肉眼观察，固是天高地卑，山高泽卑；但以天山与无穷高比则又卑了，以地泽与无穷低比则高了。《秋水》篇曰:"以差观之,因其所大而大之,则万物莫不大;因其所小而小之,则万物莫不小。知天地之为稊米也,知毫末之为丘山也,则差数睹矣。"因为毫末非无内的至小,天地非无外的至大,故以天地比至大为稊米,以毫末比至小则为丘山。《齐物论》谓"天下莫大于秋毫之末而泰山为小",即是此理。此就大小而言。"天与地卑,山与泽平",则就高卑言,理由是相同的。四曰"南方无穷而有穷"。此亦以南方比无穷之至大,故一般人认为无穷者,其实是有穷的。五曰"我知天下之中央,燕之北,越之南是也"。《释文》引司马彪注曰:"天下无方,故所在为中;循环无端,故所在为始也。"一般人知燕之南、越之北为中国之中央,又以中国为处天下之中。但以"至大无外"之空间言之,则无论何地皆可谓之中,故燕之南也是天下之中,越之南也是天下之中。《秋水》篇曰:"计四海之在天地之间也,不似礨空之在大泽乎?计中国之在海内,不似稊米之在太仓乎?"天地尚非至大,何况四海?更何况中国?执中国之中以为天下之中,真是《秋水》篇所谓拘于墟的井蛙,不足以语于海了。

关于时间者,一曰"日方中方睨,物方生方死"。《庄子·大宗师》篇郭象注有云:"故不暂停,忽已涉新,则天地万物无时而不移者也。"时间一瞬不停地在过去,日果未中,不得谓中;才是日中,忽已日斜;日之正中,不过一刹那间而已,故曰"日方中方睨"。物有生必有死,自初生底一刹那,已毫不停留地向死而趋，故曰"物方生方死"。《齐物论》也说"方生方死，方死方生"，亦与此同。二曰"今日适越而昔来"。今日适越，明日到越，但所谓明日，瞬昔间已成今日，已成昔日了。但是"昔来"之"昔"，自其后观之，固可谓之"昔"；若由适越之今日观之，固不得谓之"昔"。所以庄子对于此条，似不谓然。《齐物论》曰："未成乎心而有是非，是今日适越而昔至也，是以无有为有。无有为有，虽有神禹，且不能知，吾独且奈何哉？"三曰"连环可解也"。连环本不可解；及其既毁，则解了。《齐物论》曰："其分也，成也；其成也，毁也。"分即是解。物方生方死，连环亦方成方毁，毁则连环可分解了。

关于同异者，一曰"大同而与小同异，此之谓小同异；万物毕同毕异，此之谓大同异"。世人所谓同异，或大同小异，或小同大异，不过是"小同异"。如就相同之点观之，则天下之物皆有相同之处，故可说"万物毕同"；如就相异之点观之，则天下之物皆有相异之处，故可说"万物毕异"：这才是"大同异"：《庄子·德充符》篇曰："自其异者视之，肝胆楚越也；自其同者视之，万物皆一也。"理与此同。二曰"泛爱万物，天地一体"。这就是《齐物论》所谓"天地与我并生，万物与我为一"。因为天地万物与我为一体，所以要"泛爱万物"。《韩非子·内储说上》说惠施"欲以荆齐偃兵"，大概他底"泛爱万物"也和墨子兼爱之旨相近，所以也主张"非攻寝兵"吧！——庄子虽说惠施"其书五车"，而

第十一章 所谓"名家"

现在已无存；其学说之可考者，以《天下》篇所载十事为最详了。由此可知惠施是一个辩者，故《荀子·解蔽》篇也说他"蔽于辞而不知实"。

综上所述十事，惠施盖亦知空间底大小、高卑、远近、中偏，时间底今昔、久暂，乃至同异、成毁、生死，都只是世人妄执的差别相；自"道"底观点言之，都是无谓的，多此一举的，故归结到天地万物与我为一，因此有"泛爱万物"的主张。天地万物与我一，正和庄子底学说相合，故曰"充一尚可，曰愈贵道几矣"。言其"充一"之旨，不但"尚可"，且可谓为"愈贵"，以其已几于道也。庄子始于"言"而终于"无言"，始终"知"而终于"不知"，能由所谓"心斋""坐忘"，以实验无是非、无同异、乃至无人我、无生死，与万物为一的神秘之境。惠施则只是"日以其知与人辩，特与天下之辩者为怪"，"说而不休，多而无已"，"自以为最贤"，"以反人为实，而欲以胜人为名"，故"卒以善辩为名"。因其几于道，而"不能以此自宁"，故曰"弱于德"；因其"遍为万物说""散万物而不厌"，故曰"强于物"。弱于德而强于物，就是不能致力于道，而专务于外，故"逐万物而不反"。以辩胜人之辩，真是"穷响以声"；"逐万物而不反"，真是"形与影竞走"，于物无庸了。惠施之才，去道一间，故庄子一则曰"惜乎"，再则曰"悲夫"，深惜他不能于百尺竿头再进一步，终于只成一个"辩者"。惠施之学于此可见，惠施与庄子底交谊也于此可见。

四　公孙龙

公孙龙，字子秉（见《列子释文》。庄子谓惠子曰："儒墨杨秉四，与夫子为五。"秉即公孙龙），赵人（《史记·孟子荀卿列传》言"赵有公孙龙"。《汉志》自注亦云赵人。《吕氏春秋·审应览》高诱注以为魏人）。尝为平原君客。又尝说燕昭王、赵惠王偃兵。《天下》篇曰："桓团、公孙龙辩者之徒"。《公孙龙子·迹府》篇曰："公孙龙，六国时辩士也。"《公孙龙子》，《汉志》列于名家。今仅存《迹府》《白马》《指物》《通变》《坚白》《名实》六篇。《迹府》篇明为后人所撰。兹就其余五篇，撮述公孙龙之说。

（一）"白马论"

《迹府》篇曰："龙之所以为'名'者，乃以白马之论耳。"公孙龙所以成为名家，鸣于当时，实以其"白马非马"之说。《白马》篇曰："白马非马……马者，所以命形也；白者，所以命色也。命色者，非命形也，故曰白马非马。"马以形得名，白以色得名。以其形为马，故名曰马，不问其色如何。以其色白，故名曰白马。"马"与"白马"，各为一名，两不相涉，故曰"白马非马"。又曰："求马，黄黑马皆可致；求白马，黄黑马不可致……故黄黑马，一也，可以应'有马'，而不可以应'有白马'。是白马之非马审矣。"但曰"求马"，不问其色，故有黄黑马，可以应曰"有马"。如曰"求白马",则仅有黄黑马,便不能应曰"有白马"了。又曰:"白者,不定所白,忘之而可也。白马者,言白定所白也。定所白者,非白也。""不定所白",是指不附着于任何物的"白",是抽象的"色";"定所白",是指"白马"之"白",已附着于马,为"白马"底一种属性,不是抽象的白色了。又曰:"马者,无去取于色,故黄黑皆所以应;白马者,有去取于色,黄黑马皆以色去,故惟白独可以应耳。无去者,非有去也,故曰白马非马。"按之逻辑,"马"底一部分为"白马",其关系可以图示之。故"马"与"白马"二名,其外延内包皆不相同。故"白马非马",不能说他不合逻辑。按之实际,则"马"可以包"白马","白马"毕究是"马"底一部分,不能说它不是马。

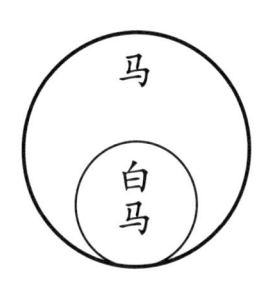

（二）"指物论"

《指物》篇曰:"物莫非指,而指非指。天下无指,物无可以为物。非指者,天下无（原文作'而',依俞樾校改）物,可谓指乎? 指也者,天下之所无也;物也者,天下之所有也。以天下之所有，为天下之所无，未可。天下无指，而物不可谓指也。不可谓指者，非指也。非指者，物莫非指也。天下无指，而物不可谓指者，非有非指也。非有非指者，物莫非指也。物莫非指者，而指非指也。天下无指者，生于物之各有名，不为指也。不为指而谓之指，是兼不为指。以有不为指之无不为指，未可。且指者，天下之所兼。天下无指者，物不可谓无指也。不可谓无指者，非有非指也。非有非指者，物莫非指，指非指也。指与物，非指也。使天下无物指，谁径谓非指？天下无物，谁径为指？天下有指无物指，谁径谓非指？径谓无物非指？且夫指固自为非指，奚待于物，而乃与为指。"

此篇所说，较《白马论》为难解。冯友兰《中国哲学史》以"物"为占有时间、空间底位置之具体的个体，如此马、彼马，实有此马之个体存在（exist）者；"指"为"名"之所指，一方面即此名所代表的个体，一方面则以为许多个体之共相。如"马"，一方面指此马、彼马底个体，一方面又指许多马底共相。又如"白"，一方面指此白物、彼白物底"定所白"的白，一方面又指许多白物底共相，即"不定所白"的白。共相是抽象的，当它不附着于个体的物时，在空间、时间中并不占有位置，只是吾人意象的概念，故只能谓之"潜存"（Subsist），不能谓之"存在"。故曰："指也者，天下之所无也；物也者，天下之所有也。"一切"物"都可以分析为若干共相，如黄马、黑马、白马，都有"马"

底共相，白雪、白石、白马，都有"白"底共相。故曰"物莫非指"，"天下无指，物无可以为物"。但共相为抽象的，必附着于物，而后能在时间、空间占位置，而后能为吾人感官所感觉，故曰"天下无物，可谓指乎"。共相必附着于个体，故"物莫非指"；但此个体之本身，则并非共相，故又曰"物不可谓指"。个体是"实"，即是"物"。"名"者，一方面代表"实"或"物"，一方面却代表此实此物底共相。但进一步说，则"名"虽亦可以代表共相，而"名"之本身究非共相，故曰"天下无指者，生于物之各有名，不为指也"。一物之共相，为此同类之物之所同有，故曰"指者，天下之所兼也"。共相既为此同类之物之所有，故曰"物不可谓无指也"。故分析言之，则"物"是具体存在之"实"，"指"是潜存的共相；综合言之，则共相之附着于物者，谓之"物指"，"名"为代表"物指"之符号。但共相之附着于"物"而表现，为自然的，及既附着于物，乃为"非指"了。故曰"指固自为'非指'，奚待于物，而乃与为指"。冯氏之说，极为详尽，原书具在，可以覆按，不复赘述。

（三）"通变论"

《通变论》曰："曰，二有一乎？曰，二无一。曰，二有右乎？曰二无右。曰，二有左乎？曰，二无左。曰，右可谓二乎？曰，不可。曰，左可谓二乎？曰，不可。曰，左与右可谓二乎？曰，可。"又曰："谓变非不变可乎？曰，可。曰右有与，可谓变乎？

曰，可。曰，变奚（原又作'只'，依俞樾校改）？曰，变右。曰，右苟变，安可谓右？苟不变，安可谓变？曰，二苟无左又无右，二者左与右，奈何？"

此段之意，似亦难于索解。冯友兰氏说"通变论"即讨论共相不变，个体常变的问题者，其说甚是。"二"底共相是"二"，故非"一"、非"右"、非"左"，但"左"与"右"相加则为"二"，故"右"虽不可谓之"二"，"左"虽不可谓之"二"，"左"与"右"则可谓之"二"。"变"与"不变"，二者适相反。但共相不变，个体常变；但一般表共相与表个体，常同用一名，则似乎或变或不变，似变即不变了。例如"右"，可以表抽象的"右"之概念，也可以具体的"右"之位置。前者如但曰"右"，后者如曰"此物在彼物之右"。"右"之概念是共相，是不变的；而在彼物之右之此物，亦可变如在彼物之左。此具体的表物之位置之右，必附着于个体之物而始现，即所谓"右有与"者。问者未达，故说"右苟变，安可谓右；苟不变，安可谓变"？此由不明抽象的概念的共相之"右"与具体的位置的附着于物之"右"之别。故以"二苟无左又无右，二者左与右"之说反诘之。盖左与右相加为二，也是指具体的位置的左右而言，不是说抽象的概念的"左"与"右"相加，可成为"二"底概念。下文所云"羊合牛非马，牛合羊非鸡"，则更以实物为例说明之。"羊"与"牛"与"马"与"鸡"底共相，完全不同，故不能合羊与牛之共相为马、为鸡，此人所共喻者。故以此况"左"与"右"之共相，不能相加而成"二"之共相。凡此，皆所以辨成为抽象的概念之共相，与附着于物的位置或竟为实物之具体不同。明乎此，则共相不变，个体常变之说，也就明白了。

（四）"坚白论"

《坚白论》曰："坚、白、石，三，可乎？曰，不可。曰，二，可乎？曰，可。曰，何哉？曰，无坚得白，其举也二；无白得坚，其举也二……视不得其所坚，而得其所白者，无坚也。拊不得其所白，而得其所坚也（原文衍'得其坚'三字，作'而得其所坚，得其坚也'），无白也……得其白，得其坚，见与不见。见（据俞樾校，增'见'字）与不见离；——不相盈，故离。离也者，藏也。"

此以坚白石为例，说明"坚"与"白"为两个分离的共相。用眼看坚白石，只见其"白"，不见其"坚"，则"坚"可离"白"；用手拊石，只觉其"坚"，不觉其"白"，则"白"可离"坚"。"不相盈"，是说此不在彼之中，即"坚"不在"白"中，"白"亦不在"坚"中。"藏"者，即是"潜存"之意。"坚"与"白"，各为共相，同附着于石，故一般人误以为不能分离，若分析之，则"坚"与"白"各为抽象的概念的共相而潜存了。

下文又设难者之言曰："目不能坚，手不能白，不可谓无坚，不可谓无白。其异任也，其无以代也。坚白域乎石，恶乎离？"眼不能见坚，手不能觉白，由于眼手异任，不能相代，不得因此说石无坚,说石无白。则坚白仍同在石内,何能相离?公孙龙答之曰:"物白焉,不定其所白;物坚焉,不定其所坚。不定者兼,恶乎其石也?"万物皆有"白",不仅石;万物皆有"坚",亦不仅石。故白有不定其所之"白",坚有不定其所之"坚",都是抽象的共相,故曰"不定者兼"。又曰:"坚未与石为坚而物兼。未与为坚而坚必坚。其不坚石物而坚,天下未有若坚而坚藏。白固不能自白,恶能白石物乎?若白者必白,则不白物而白焉。黄黑与之然。石其无有,恶取坚白石乎?故离也(原文衍'离也'二字)者,因是。""坚未与石为坚而物兼",即上文所谓"不定者兼",是说不附着于石的"坚",为坚物之共相。但虽"未与为坚",不附着于石或他物而为抽象的概念之"坚",但既为"坚",则必"坚"了。此种"不坚石物而坚"的坚之概念,为吾人所不能感觉而潜存,故曰"天下未有若坚而藏"。

同理,不附着于物而为共同底抽象的"白"之概念,也是潜存的,人眼不能见之。然不能以其不可见,而谓"白不能自白"。如果不能自白,又何能白石并白他物?"白者必白"与"未与为坚而坚必坚"同意;"不白物而白焉"与"不坚石物而坚"同意。"不白物而白"之"白",也是白物之共相,抽象的概念。故以概念言,以共相言,则"坚"与"白"各为独立的,分离的,不必定附着于石或他物,但吾人不能见之,扪之而已。故谓之"潜存",谓之"藏"。这就是柏拉图所谓"个体可见而不可思,概念可思而不可见"。坚白石是个体。"坚"与"白"则可离石而为两概念——此但以坚白石为例而已,一切共相,皆可分离而独立潜存为抽象的概念。吾人欲得此概念之正确的含义,必须把它从所附着的个体分离出来,故又曰,"离也者,天下故独而正"。

战国时,言及辩者之学,往往曰"坚白同异之辩"。其实,"离坚白"为公孙龙底学说,"合同异"为惠施底学说。"合同异",故归结到"天地一体";"离坚白",故归结到"天下皆独而正"。那时的辩者或即分此二派。

(五)"名实论"

《迹府》篇曰:"公孙龙,六国时辩士也,疾名实之散乱,因资材之所长,为'守白'之论。假物取譬,以'守白'辩……欲推是辩以正名实而化天下焉。"

"守白"当指以"离坚白"为中心而言。"假物取譬",凡上所述"白马非马""左与右为二""坚白石"……皆是。凡辩,皆欲以"正名实",不但公孙龙如此,惠施亦如此;不但辩者如此,后期的儒墨亦如此。故"名实论"实可目为《公孙龙子》底总论。《名实论》曰:"天地与其所产焉,'物'也。物以物其所物而不过焉,'实'也。实以实其所实,不旷焉,'位'也……夫'名',实谓也。知此之非此也,知此之不在此也,则不谓也(原文作'知此之非也,明不为也',依俞樾校改);知彼之非彼也,知彼之不在彼也,则不谓也。"这简直是诸术语底定义。天地及天地所产者为"物"。物其所物，即是"实"。凡是"物""实"，必占空间时间，叫做"位"。"名"则为吾人所以称此物此实者。制名以谓实，故既知此之非此，彼之非彼，或知此之不在此，彼之不在彼，则不以此名或彼谓之。此节似但就有形的具体的实物之名说。就上文所举其他各篇观之，则"名"之所谓尚有所谓"指"，是物之共相，是抽象的概念。如白马之"白"，坚白石之"坚"与"白"，以及"二""左""右"等。即以"马"与"石"二名而论，一方面果可以指具体的"马"与"石"，一方面也可以指抽象的"马"与"石"底概念。具体的，"实"即是"物"；抽象的，"实"只是概念，只是共相，不是个体的"物"了。由此言之，则"名"所谓之"实"，并不完全是"物"，故"物"与"实"也不是完全相同的。

《天下》篇举辩者底代表，公孙龙之外，尚有桓团。《荀子·非十二子》篇又以邓析与惠施并举，以为都是"治怪说，玩奇辞"的。但桓团已无可考。据《吕氏春秋》，邓析似为一著名的讼师；《左传·定公九年》，郑驷颛杀邓析而用其竹[①]刑；《淮南子》亦言"邓析以巧辩而乱法"。大概是一个诡辩的讼师。此外，《庄子·天下》篇附录"天下之辩者"之辞，分二十一事。冯友兰氏谓可分为"合异同"与"离坚白"二类，或者是惠施、公孙龙底后学。读者可去检阅《天下》篇，不复赘述。

---

① 竹　底本作"所"，据《春秋左传注》（P.1571）改。

第十二章

百家之学

一　阴阳家——邹衍（邹亦作驺）

《汉志》所录阴阳家之书，均已亡。无以，以邹衍为其代表。《汉志》有《邹子》及《邹子终始》二书，自注："名衍，齐人，为燕昭王师，居稷下，号'谈天衍'。"王应麟《汉书·艺文志疏证》曰："《封禅书》：齐威宣之时，驺子之徒，论著终始五德之运。"《文选·三都赋注》引《七略》曰："邹子有终始五德，从所不胜。土德后，木德继之，金德次之，火德次之，水德次之。"按《史记·孟子荀卿传》附见邹衍，其文曰：

> 齐有三驺子。其前驺忌，以鼓琴干威王，因及国政，封为成侯而受相印，先孟子。

其次驺衍，后孟子。驺衍睹有国者之淫侈，不能尚德；若《大雅》整之于身，施及黎庶矣。乃深观阴阳消息，而作迂怪之变，《终始》《大圣》之篇，十余万言。其语闳大不经，必先验小物，推而大之，至于无垠。先序今以上至黄帝，学者所共述，大并世盛衰，因载其禨祥度制。推而远之，至天地未生，窈冥不可考而原也。先列中国名山、大川、通谷、禽兽、水土所殖，物类所珍。因而推之，及海外人之所不能睹。称引天地剖判以来，五德转移，治各有宜，而符应若兹。以为儒者所谓中国者，于天下乃八十一分居其一耳。中国名曰赤县神州。赤县神州内自有九州，禹之序九州是也，不得为州数。中国外，如赤县神州者九，乃所谓九州也。于是有裨①海环之，人民禽兽莫能相通者。如一区中者，乃为一州。如此者九，乃有大瀛海环其外，天地之际焉。其术皆类此也。然要其归必止乎仁义节俭，君臣上下六亲之施，始以滥耳。王公大人惧然顾化，其后不能行之。是以驺子重于齐。适梁，梁惠王郊迎，执宾主之礼。适赵，平原君侧行撇席。如燕，昭王拥彗先驱，请列弟子之座而受业，筑碣石宫，身亲往师之。作《主运》，其游诸侯见尊礼如此……

驺奭者，齐诸驺子，亦颇采驺衍之说以记文……

---

① 裨　底本作"稗"，据《史记》(P.2344)改。

> 驺衍之术，迂大而闳辩；奭也，文具难施……故齐人颂曰：谈天衍，雕龙奭。

照此传所载，则驺衍为齐国底三驺子之一，与梁惠王、燕昭王、平原君同时，而略后于孟子。其书由小而及大，由近而及远。纵的方面，由当时上溯黄帝，推之天地初分，以著其"五德终始"之说。横的方面，由中国推之海外人所不能睹，以著其"大九州"之说。前者为驺衍底历史观，后者为驺衍底地理观。

"五德"即金木水火土五行。木克土，金克木，火克金，水克火，土又克水，依次递嬗，终而复始，故《邹子》有"五德从所不胜，虞土、夏木、殷金、周火"之说（见《文选·故安陆昭王碑文》注引）。《吕氏春秋·有始览》说，黄帝时土气胜，其色尚黄，其事则土；夏禹时木气胜，其色尚青，其事则木；商汤时金气胜，其色尚白，其事则金；周文王时火气胜，其色尚赤，其事则火；代火者必将为水气胜，其色尚黑，其事则水；数既备，将徙于土。虽未明言为驺衍之说，但与《文选注》所引驺子说正同。《史记·秦始皇本纪》言秦得水德，故色尚黑，数尚六，且更名河曰"德水"，以为水德之始，还是受驺衍底影响。此说以"五行"为五种自然的势力，而各有其盛衰之运；当其盛时，天道人事一切受其支配；及运既衰，乃由能克胜之者代之而兴。历史上的易姓改代，即由于此。

此种学说，自今日观之，觉其迷信可笑，其在古代，确曾盛极一时。《吕氏春秋》中及《礼记》中之《月令》谓"五德"在一年四时中亦各有盛时。如春则"盛德在木"，夏则"盛德在火"，秋则"盛德在金"，冬则"盛德在水"；故天子每月所居有定所，所衣有定色，所食有定味，所行政令亦有一定，此即所谓"月令"。月令错误，足以影响天时，起重大的变化。《月令》不知何人所作，要亦为阴阳家之说。《管子·四时》篇谓春气曰风，风生木与骨；夏气曰阳，阳生火与气；秋气曰阴，阴生金与甲；冬气曰寒，寒生水与血；土则辅四时出入；是故圣王务时而寄政，作教而寄武，作祀而寄德，以合于天地之行。亦与《月令》相似。五行说在当时之盛，于此可见。《尚书·洪范》记箕子为武王陈洪范九畴（谓治天下之大法有九类），首举五行："一曰水，二曰火，三曰木，四曰金，五曰土。水曰润下，火曰炎上，木曰曲直，金曰从革，土爰稼穑。润下作咸，炎上作苦，曲直作酸，从革作辛，稼穑作甘。"则周以前已有五行说了。刘节之《洪范疏证》谓《洪范》为战国时作品，则亦与《管子·四时》《月令》[①]相类。但《洪范》在《今文尚书》二十八篇中，西汉的伏胜等已信为孔子纂定之《书》。《甘誓》为夏启伐有扈誓师之辞，宣布有扈罪状，首曰"威侮五行"。金木水火土，岂可威侮？盖谓威侮"五行说"，

---

① 《月令》即《礼记·月令》

犹今言"威佩三民主义"而已。夏曾佑《中国历史》谓五行说为夏代盛行，关系政教之说，也不无理由。是阴阳家言，古已有之了。汉儒喜言"天人之际"，喜言灾异，也是阴阳家言。甚至今世底堪舆、星命、相术、医药，都以阴阳五行为其骨骼，也还是阴阳家言底余波。

"大九州"说却较五行说合理。虽然在当时只是一种悬想，并没有切实的根据，却与现在五大洲底实际情形不期而合。《吕氏春秋·有始览》说"天有九野，地有九州，土有九山，山有九塞，泽有九薮，风有九等，水有九川"，又说到"四海之内"如何，"四极之内"如何，也是大九州说之类。驺衍为齐人，齐地滨海，见闻自较内地为新奇，而海市蜃楼复多奇幻之景，故齐人多荒诞之说。如《孟子》所谓"齐东野人之语"，《庄子》所谓《齐谐》志怪之言，皆是。驺衍初则见重于齐，继则见尊于燕，故齐燕盛传其说，而方士大兴。倘齐燕人能根据邹衍大九州底理想，航海以求赤县神州外之八大州，则新大陆底发现，或不待哥伦布等。此种恢闳的理想，竟流为方士之说，徒以求神仙不死之药于海外仙山，愚惑做了皇帝想登仙的秦始皇，不是很可惜吗？

二　纵横家——苏秦、张仪

春秋时，北方底齐晋与南方底楚争霸，为南北抗衡之局。战国时，西方底秦最强，则为东西抗衡之局。燕、齐、赵、韩、魏、楚六国南北联合，西向拒秦，叫做"合纵"。解散纵约，使六国各个地西向事秦，叫做"连横"。所以"纵横"是战国时国际间的两种相反的政策。主合纵的苏秦，主连横的张仪，是当时两个著名的政客。政策不是学术，政客不是学者，故纵横实不足以成一家之言。《汉志》评纵横家，尝引孔子曰："诵《诗》三百，使于四方，不能专对，虽多，亦奚以为？"（见《论语·子路》）孔子又尝说："不学《诗》无以言。"可见《诗》与言语，尤其与外交的"专对"有关。《诗》有"比""兴"，有铺张的修辞，可以供修饰辞令底参考，此其①一；春秋时列国君臣相见，往往赋诗见志，故"登高能赋，可以为大夫"（用《汉志》语），此其二。故《战国策》所载纵横游说之士底辞令，类多托物设譬，以讽喻见长，铺张扬厉，以夸饰见长，都是从诵《诗》学《诗》得来的。屈原"娴于辞令""出则为王迎接宾客，应对诸侯"，是楚国底外交人才；及因谤被放，乃发愤而作《离骚》等辞，为辞赋家之祖。秦汉统一之后，辩士无所施其技，故如陆贾、邹阳等纵横说士，皆成为辞赋名家，而赋亦因此为汉代特盛的文学。可见由《诗》到赋底变迁，纵横游士实为其枢纽。所以纵横家在学术史上的地位，反不如在文学史上的地位重要。

---

① 此其　底本无，据文意补。下文"此其二"亦如是。

第十二章 百家之学

苏秦、张仪都曾煊赫一时,其事迹见于《史记》本传;但与学术无甚关系,故不复移录传文。苏秦,字季子,洛阳人。师鬼谷子,习纵横家言。初以连横说秦惠王,不用。袭敝金尽,面目黎黑,形容枯槁,乃负跻担橐而归。抵家,妻不下纴,嫂不为炊,父母不以为子。乃发愤读书,简练以为揣摩。学成,以合纵游说赵、韩、魏、齐、燕、楚六国,遂佩六国相印,为纵约长。十五年,秦兵不敢出函谷关。后客齐,被刺死。张仪,魏人。与苏秦俱师鬼谷子。苏秦既相赵,仪往见,不纳。乃去之秦,以连横说惠王,卒为秦相。游说六国,使背纵约,连横事秦,秦号曰武信君。惠王卒,子孝王立。六国复合纵,仪被谗去秦,为魏相,一年而卒。既此,可见合纵连横,苏张原均无定见,不过藉以取富贵利禄而已。

苏张同师鬼谷子。《录异记》谓鬼谷先生为古之真仙,姓王,自轩辕时历唐虞夏商至周,尝随老子西游流沙,后归居鬼谷。弟子百余人,惟苏秦、张仪不慕神仙,从学纵横之术。《仙传拾遗》说他姓王名利,晋平公时人。《宁波府志》说他姓王名诩,西周时人。鬼谷,《拾遗记》作归谷。而鬼谷究在何处,说亦不一。《史记正义》谓在雒州阳城县北;《元和郡县志》谓在告成县北;《寰宇记》谓即清水谷,在今陕西三原县西;《鬼谷先生传》及《宁波府志》谓在清溪,今湖北远安县东南清溪之西有鬼谷洞;而湖南大庸县南,天门山下,亦有鬼谷洞。其人与地,都不可考定,胡应麟说他是"子虚""亡是"之属，所见甚是。按：《隋书·经籍志》纵横家有《鬼谷子》三卷，而《汉志》无之。《唐志》亦录《鬼谷子》，而下题苏秦。今存《鬼谷子》，自《捭阖》至《符言》凡十二篇，佚《转丸》《胠箧》二篇。《汉志》有《苏子》三十一篇，自注曰"名秦"。又有《张子》十篇，自注曰"名仪"。《汉书·杜周传》注引服虔曰："抵音坻，陒音羲，谓罪败而复抨弹之。苏秦书有此法。"今存《鬼谷子》有《抵戏》篇。故乐壹谓"苏秦欲神秘其道，故假名鬼谷"，胡应麟谓"东汉人荟萃《苏子》《张子》二书，而托于鬼谷"。这二种猜度，无论是那一种对，《隋志》底《鬼谷子》（即今存本）与《汉志》底《苏子》，可说同是一书。柳宗元《辨鬼谷子》以为"言益奇而道益隘"，宋濂更诋为"蛇鼠之智"。惟高似孙《子略》称其"一阖一辟，为《易》之神；一翕一张，为老子之术"，未免推崇过当。

三 农家——许行

《汉志》所录农家之书，也都已亡失，而且班固自注多不能言其作者底时间地点。但以《太平御览》《初学记》《齐民要术》诸书所引观之，大都是"播百谷，劝农桑"，种植树艺之术，是技，非学。只有见于《孟子·滕文公》篇的许行，有特别的主张，足以代表农家。

第十二章　百家之学

据《孟子》所记，许行自楚之滕，当是楚人。又说"其徒数十人，皆衣褐，捆屦织席以为食"，可见他们是自食其力的。陈相述许行之言曰："滕君（文公），则诚贤君也。虽然，未闻道也。贤者与民并耕而食，饔飧而治。今也滕有仓廪府库，则是厉民而以自养也，恶得贤？""君民并耕"，是许行底主张。因为主张"并耕"，故须废除"治人"与"治于人"底阶级，颇与现代的"泛劳动主义"相似。陈相又说："从许子之道，则市贾（同价）不二，国中无伪，虽使五尺之童适市，莫之或欺。布帛长短同，则贾相若；麻缕丝絮轻重同，则贾相若；五谷多寡同，则贾相若；屦大小同，则贾相若。"据此，则许行是主张以量为标准，画一市价的。许行无著作，其学说之可考者仅此而已。

孟子以"一人之身而百工之所为备"为根据，以"陶冶亦以其械器易粟，不为厉农夫"，解释治国者之不并耕，亦不为厉农夫。孟子所说"或劳心，或劳力"[①]，或治人，或治于人，是根据"分工合作"底原理的。以此驳许行底"并耕说"，确是有道理的。又以"巨屦小屦同价，人岂为之"作反诘，去反衬只问量不问质之不合理。不合理的办法，要勉强实行，正是"相率为伪"。也是合于情理的。许行主张废除"治人"与"治于人"底阶级，使君民一律并耕，实与道家废绝人治底主张近似。故钱玄同师以

---

① 劳力　底本作"劳心"，据文意改。

为是道家底支流（见《学术文叙录》）。但以托于神农，故又称为农家耳。

四　杂家——《吕氏春秋》

杂家"兼儒墨，合名法"（用《汉志》语），其长在博，其短在杂。周秦间杂家之书，著名而存于今者，当推《吕氏春秋》。《汉志》自注曰："秦相吕不韦辑智略士作。"按《史记·文信侯传》，实不韦宾客之所集。吕不韦以阳翟大贾，居秦公子楚为奇货，把自己已有孕的侍姬送他，及楚归秦为王（庄襄王），乃得为秦相，封文信侯。及其子政立为秦王，而仍与太后（即不韦底姬人）通，尊为仲父，权倾一国。其后得罪秦王，被放于蜀，终以自杀。这种人，如何配称学者？特以身既富贵，乃集门下客所著，而题己名，以钓名沽誉而已。书本成于众手，其"杂"自不待言而可知。不过因此书多采自他书，有原书已亡，可以借此考见一斑者，故尚有参阅之价值。而且此种著书的方法，也不仅吕不韦用之以成《吕氏春秋》，如《魏公子兵法》也是集诸侯客所献，题信陵君底名的（见《史记》本传）。

《汉志》录《吕氏春秋》二十六篇，盖撮计《十二纪》《八览》《六论》底总数。《十二纪》割《月令》底十二篇以冠其首，每纪各附四篇，《季冬纪》独为五篇。末一篇标年月，以"序意"为分题。按：刘知几《史通》分内外篇，内篇之末有《自序》一篇。以此推之，《吕氏春秋》殆亦以十二纪为内篇，余为外篇了。《八览》子目共六十三篇，《六论》底子目共三十六篇，并《十二纪》底子目六十一篇，计之，凡一百六十篇。此书大抵以儒家为主，而参以道家、墨家，故多引六经及孔子、曾子之言。他如论音乐则引《乐记》，论铸剑则引《考工记》。引《庄子》《列子》《墨子》各书，亦不一而足。其博而流于杂，正可以代表杂家。

《四库书目提要》把《墨子》《公孙龙子》《鬼谷子》等，一概都拉入杂家，而且说："以立说者谓之'杂学'，辨证者谓之'杂考'，议论而兼叙述者谓之'杂说'，旁究物理、胪陈纤琐者谓之'杂品'，类辑旧文、涂兼众轨者谓之'杂纂'，合刻诸书、不名一体者谓之'杂编'，凡六类。"则所谓"杂家"，又与《汉志》不同，范围更广，内容更杂了。不过《汉志》所录已有《荆轲论》《解子簿书》《推杂书》等，则为较《吕氏春秋》又下又杂之书。江瑔《读子卮言》还说杂家底杂，非夹杂之意，实未可信。

五　小说家——宋子

《汉志》所录小说家之书，也都已亡失。除班固注明依托者外，如《周考》《青史子》等，似乎是外史之类。最可注意的，是《宋子》一书。宋子，《孟子》作宋牼，《庄子·逍遥游》作宋荣子，

《天下》篇作宋钘，《韩非子》作宋荣。"轻""钘""荣"，都是因字音底关系而转变的。

《天下》篇尹文与宋钘并举，其言曰："不累于俗，不饰于物，不苟于人，不忮于众；愿天下之安宁，以活民命，人我之养毕足而止，以此白心：古之道术有在于是者，宋轻、尹文闻其风而悦之。作为华山之冠以自表，接万物以别宥为始；语心之容，命之曰'心之行'，以聏合欢，以调海内，请欲置之以为主。见侮不辱，救民之斗；禁攻寝兵，救世之战。以此周行天下，上说下教，虽天下不取，强聒而不舍者也。故曰：上下见厌而强见也。虽然，其为人太多，其自为太少。曰：'请欲固置五升之饭足矣。先生恐不得饱，弟子虽饥，不忘天下。'日夜不休，曰：'我必得活哉。'图傲乎救世之士哉！曰：'君子不为苛察，不以身假物。'以为无益于天下者，明之不如已也。以禁攻寝兵为外，以情欲寡浅为内；其大小精粗，其行适至是而止。"按：《汉志》名家有《尹文子》。《说苑》，尹文对齐宣王曰："事寡易从，法省易因。"其书言有形者必有名，有名者未必有形[①]。形而不名，未必失其方圆白黑之实。名而不可不寻，名以检其差。故名以检形，形以定名；名以定事，事以检名云云。确为名家之言。但现有之《尹文子》，乃后人假托，详唐钺《尹文及〈尹文子〉》。尹文之学说已无可据，且

---

① 形　底本作"名"，据文意改。

《汉志》列之名家，故本节但以述宋子为主。

按《天下》篇所评述，宋子之学，首在"别宥"。毕沅疑"宥"与"囿"同，谓有所拘碍而识不广也。《庄子·秋水》篇所谓"拘于墟""笃于时""束于教"，即人们由于地域、时代、政教习俗底拘束而生之偏见，即是有所"囿"，为"囿"所蔽，则不能有真知灼见，故"接万物"当以"别宥"为始。"别"者，辨别；"别宥"者，自己能看透一切拘碍，而打破其偏见。《吕氏春秋·去宥》篇说，"人有所宥者，固以昼为昏，以白为黑，以尧为桀"，亡国之主皆甚有所宥，并设二寓言以喻人之有所宥，而断曰，"凡人必别宥然后知"。故宋子主张"接万物以别宥为始"。

宋子底要旨，可以分二方面述之。

（一）近于墨家者，即以"见侮不辱，救民之斗"，以"禁攻寝兵救世之战"是。《荀子·正论》篇引宋子之言曰："明见侮之不辱，使人不斗。人皆以见侮为辱，故斗也。知见侮之不为辱，则不斗也。"《韩非子·显学》篇曰："宋荣之议，设不斗争，取不随仇，不羞囹圄，见侮不辱，世主以为宽而礼之。"所谓"宽"者，即《天下》篇所说"语心之容，命之曰心之行"。容即宽容，"心之行"指心理的自然趋向而言。能宽容，故能见侮而不以为辱，故能不与人斗，此犹指人与人底关系。推而大之，则以禁攻寝兵救世之战，消弭国与国间的斗争了。《孟子·告子》篇记宋牼闻秦楚构兵，将之楚说楚王而罢之。孟子问他："说之将何如？"

宋轻说："我将言其不利也。"这种精神，与墨子正同，其以"不利"为禁攻寝兵底理由，也同于墨子。

（二）近于道家者，即"情欲寡浅"之说是。《荀子·正论》篇又曰："子宋子曰：'人之情欲寡，而皆以己之情为欲多（原文作'情欲为多'），是过也。'故率其群徒，辨其谈说，明其譬称，将使人知情之欲寡也。"（原文作"情欲之寡"，均依冯友兰说校改）《庄子·逍遥游》尝有"鹪鹩巢林，不过一枝，偃鼠饮河，不过满腹"之喻。吾人一时所能享用既极有限，故本不必欲多。但此是理论，事实上则人们固多贪多无厌者。故《荀子·天论》篇则云"宋子有见于少，无见于多"，《解蔽》篇则云"宋子蔽于欲而不知得"。然宋子固以此为其理论的根据，冀使人寡欲知足者。《汉志》自注曰"孙卿道宋子，其言黄老意"，即是因此——能救民之斗，救世之战，则天下自安宁，而民命可活了；人人皆能寡欲知足，自然"人我之养毕足而止"了。

宋子之学如此，《汉志》所以列之小说家中者，殆以其"上说下教""明其譬称"，引史实故事，设寓言比喻，以期为众所共晓吧！

结论

诸子学底衰落及其因缘

本书纂述诸子之学,略依《汉志》十家。或述其人,如儒家之孔子、孟子、荀子,道家之庄子、田骈、慎到,法家之申不害、商鞅、韩非,名家之惠施、公孙龙,以及阴阳家之邹衍,纵横家之苏秦、张仪,农家之许行,小说家之宋子;或述其书,如儒家之《大学》《中庸》《孝经》,道家之《老子》《列子》《关尹子》,杂家之《吕氏春秋》;或撮述其学说,如儒家之礼乐论,法家学说之要点,儒墨二家之名学。要之,以春秋末至战国末之诸子为主,因为这是诸子学底全盛时期。秦代统一以后,至于西汉,则诸子学又逐渐衰落了。

试就《汉志》所录诸子之书检之。儒家共五十三种,《平原老》(原文作《平原君》,依王先谦校,从官本)以下,为汉代人作者二十三种;道家共三十七种,《捷子》以下,为汉代人作者七种;阴阳家共二十一种,《张苍》以下,为汉代人作者十一种;法家共十种，《游棣子》以下，为汉代人作者四种；名家七种，惟《成公生》《黄公》二种为秦人作；墨家六种，无秦汉作品；纵横家十二种，《秦零陵令信》以下七种为秦汉人作；杂家二十种，《淮南内书》以下十二种为汉代人作；农家九种，《董安国》以下六种为汉代人作；小说家十五种，《封禅方说》以下六种为汉代人作。诸子十家总计一百八十九种，秦汉人底作品总计七十八种，约占三分之一强。《汉志》所录，如道家之《皇帝》《伊尹》《太公》《辛甲》《鬻子》，墨家之《尹佚》，杂家之《孔甲盘盂》《大禹》，阴阳家之《黄帝太素》，农家之《神农》，小说家之《伊尹说》《鬻子说》《黄帝说》，都出战国时人依托；如《晏子》《管子》《老子》，亦皆战国时人追述：故秦以前诸子之书都是战国时期底作品。

从公元前四八二年（春秋止于公元前于四八一年）至公元前二二〇年（翌年秦统一），凡二百六十二年，是为战国时期。从公元前二二一年，至公元九二年（班固卒年），凡三百十三年。去班固近的三百十三年间底著作，反较去班固远的二百六十二年间底著作少三十三种。诸子学底衰落，此其一证。

《汉志》所录秦汉人底作品，以儒家为最多。但仅《陆贾》、《贾谊》、桓宽《盐铁论》、刘向所序、扬雄所序五者为较著；而陆贾则兼纵横（贾为汉初游说之士，以两使南越著），贾谊则兼道家（《鹏鸟赋》即明"同生死、轻去就"之旨），《盐铁论》则

绪论　诸子学底衰落及其因缘

撰次丞相御史与贤良文学论盐铁事,《新序》《说苑》《列女传》亦为辑录嘉言故事之书,扬雄《太玄》摹仿《易经》、《法言》摹仿《论语》,亦非创作。余则或由选辑而成,如《道家言》《杂阴阳》《法家言》《杂家言》《百家》等;或不足以言学理,如《五曹官制》《天下忠臣》《燕十事》《推杂书》以及农家仅言农艺诸书。最著的还是《淮南子》,但也和《吕氏春秋》一样,成于淮南王刘安底门客。求如《孟》《荀》《庄》《墨》《韩非》等之自成一家言者,竟不可得。诸子学底衰落,此其二证。

一般人多以秦始皇底焚书,汉武帝底罢黜百家,为诸子学衰落底主要原因,则试就此二事加以检讨。

秦始皇焚书事,见《史记·秦始皇本纪》及《李斯传》,《经学纂要》中亦已详述之。李斯主张焚书,旨在绝"以古非今"者底根据,故"令下三十日不烧"的,罪仅"黥为城旦",而"以古非今"的,则罪至"族"。可见焚书只是手段,不是目的。令中明言"非博士官所职,敢有私藏《诗》《书》,百家语者,悉诣守尉杂烧之"。可见令诣地方官杂烧者只是民间之书,博士官所职掌的百家语仍旧保存。焚书在始皇三十四年,而始皇以三十七年崩。翌年为二世元年,各地已纷纷起兵了。二世于三年被杀,是年沛公入关,秦亡。汉惠帝四年,明令除挟书之禁,距焚书亦仅二十二年。故秦博士,如伏胜、叔孙通,以及张苍等,汉初均尚存在。文帝时,诸子亦置博士。始皇不焚博士所掌之书,博士尚有存者,则其所掌之书,亦必尚有存者。始皇虽决心焚民间之书，而其罪并不重大，且不久而始皇崩，而秦亦亡，不久而汉初诸帝又加以提倡了。汉之君相，如文帝、窦后及曹参则好黄老，如景帝则好刑名，如武帝则好儒学，各有所好，便各有所提倡。上有好者，下必有甚焉者。所以始皇焚书，不能说是诸子学衰落底原因。

《汉书·董仲舒传》载其对策，有曰："今师异道，人异论，百家殊方，指意不同。是以上无以持一统，法制数变，下不知所守。臣愚以为诸不在六艺（即六经）之科、孔子之术者，皆绝其道，勿使并进。"传末又曰："自武帝初立，魏其、武安侯为相，而隆儒矣。及仲舒对策，推明孔子，抑黜百家，立学校之官，州郡举茂才孝廉，皆自仲舒发之。"故论者谓始皇用李斯之策而焚书，禁以法令，武帝用仲舒之策而罢黜百家，独尊儒术，奖以利禄，一用威胁，一用利诱，其目的同在统一学术，箝制思想，诸子学底衰落，仲舒之罪，不当视李斯为末减。按：仲舒对策所云，与老庄之主"绝圣弃知""绝仁弃义"，孟子之言"杨墨之道不息，孔子之道不著"，墨子之言"儒之道足以丧天下"，同为门户主奴之见。且所谓"绝其道勿使并进"者，谓绝其仕进之路，使不得与儒家相竞，不是根绝其学。而且仲舒自对策以后，不过为胶西相、江都相、并未大用；武帝亦未下诏禁绝诸子之学。所以武帝虽尊儒术，并没有罢黜百家的事实，也不能说是诸子学衰落底原因。

结论 诸子学底衰落及其因缘

本书"绪论"中曾述诸子学勃兴的"缘",在于春秋以后政治、社会、经济、教育四方面划时代的剧变。此种剧变,直到西汉中世,方完全稳定。诸子学所以至西汉中世而衰落,其"缘"亦正在于此。景帝以后,同姓之王虽尚存在,而其实权全在由皇帝任命之相,和孟子所说舜封象于有庳,而使吏治其国的办法正同,故名为"郡国制",实在已是完全的郡县制了。不但高帝以平民为天子,其功臣多出身无赖;即武帝时,如卫青、霍去病,也都出于寒微,公孙弘也以白衣致卿相,贵贱阶级早已消灭。而且庶人以财力相君,社会上亦已安之若素。汉初大师,如伏胜等皆设教于民间,李斯虽欲复"以吏为师"之旧,并没有达到目的。起于春秋时的剧变,如澎湃冲荡的洪流,至此已淳泓而为波平如镜的大湖。而且疆宇统一,文帝之治又庶几成康,诸国分立、战祸连年、政治黑暗、民生凋敝底环境,也至此一变。这些方是诸子学衰落底"缘"。始皇焚书,武帝独尊儒术,还不是主要的"缘"啊!

"缘"是环境,是外力,不是关于学术本身的。诸子学衰落底"因",还在它们本身。诸子学衰落之内在的"因"有二:一是关于学术风尚的,一是关于诸子学本身的。

(一)学风底转变

汉代底学风,可以下四语括之:一曰经学兴,而训诂多于作述;二曰文学兴,而单篇多于专著;三曰摹仿起而创作之道衰;

四曰作伪之风开而著述之德替。例如孔子之据鲁史以成《春秋》，寓大义微言于其中，此以述为作者。其治《诗》《书》《礼》《易》诸经，亦皆如此。汉承秦、项之后，传经之风大盛。经师于传经之外，复有章句训诂，其整理旧籍之功，固不可没。而家法师法，笃守师说；诂训笺释，渐成饾饤。不但视孔经之以述为作，诸子之独抒己见，相去甚远；即如《礼记》诸篇之申述大意，《公》《穀》二传之但释义例者，亦不多觏了。此其一。

先秦诸子，无论如《论语》《孟子》，由弟子记述其师之言论，《管子》《老子》，由后学追辑前人之遗说，以及神农、黄帝之书之依托先哲，各有其思想之中心，学术之系统，成一家言的专著。乃一变而如《吕氏春秋》《淮南子》，撰自众手，采辑异说，成杂纂之作品；再变而如晁错、贾谊之书，杂辑奏议论文，开别集之先河；三变而有辞赋杂文，散为单篇，合为别集；于是文集乃代专著之子书而兴。此其二。

扬雄摹仿《周易》以作《太玄》，摹仿《论语》以作《法言》，实袭汉代文人之风。如刘向之《九叹》、王逸之《九思》、王褒之《九怀》，乃摹仿《楚辞》之《九歌》《九章》者；东方朔之《答客难》、扬雄之《解嘲》、班固之《宾戏》[①]，乃摹仿《楚辞》之《卜居》《渔父》者。文人摹仿，已非上乘，何况关乎学术的著作？此

---

① 《宾戏》即《答宾戏》之省称。

其三。

先秦诸子，托古改制，上之如孔孟之述尧舜、墨子之用夏政、许行之为神农之言，下之如黄帝、神农之书之依托古人，皆因欲抒改制之己见，托之古人以增声价，并非有意作伪。西汉末乃有刘歆，以佐助王莽之故，不恤取战国时人之《周官》嫁之周公，采左丘明之《国语》以成《左传》，并编伪诸经，窜改旧籍。东汉末复有王肃，以攻击郑玄之故，不恤伪造《孔丛子》《孔子家语》《伪孔传》《古文尚书》，以为其《圣证论》底根据，则存心作伪，不复顾及著述者底道德了。此其四。

学风既变，学术自衰。但此虽有关乎学术，还不是诸子学本身底问题；所以虽是诸子学衰落底"因"，还不是主要的"因"。

(二) 诸子学底衰替

诸子学本身的衰替，又可分为二方面述之：

一曰诸子学本身底缺陷，其显而易见者有三：

一为墨家底缺陷，即极端的自苦是。《庄子·天下》篇批评墨子，说他"其生也勤，其死也薄，其道大觳；使人忧，使人悲，其行难为也"，"反天下之心，天下不堪"，"墨子虽独能任，奈天下何"！因为墨子主张牺牲自我以救世，其"摩顶放踵利天下为之"的精神，确是值得景仰的。但他以"腓无胈①、胫无毛、沐甚

---

① 胈　底本作"跋"，据《庄子今注今译》(P.916) 校改。

风、栉疾雨"为行为底标准，以"裘褐为衣、跂蹻为服""粗粝为食、藜藿为羹"为生活的标准，一切音乐美术皆在所排斥；死后又只是"桐棺三寸而无椁"的薄葬；生前死后，都以自苦为旨，真是"其道太觳"了。虽然他底门徒受了他直接的精神感应，都有"赴汤蹈火、死不旋踵"的精神，但是能强天下后世底人都如此自苦吗？违反一般人底心理的，"不足以为圣人之道"，庄子此评，可谓至确！

二为道家底缺陷，即消极的怀疑是。战国时名学极发达，其探求知识，辨别是非异同，极为热烈。故科学亦已渐见萌芽，本书述后期墨者时已及之。如从此逐渐进步，则我国名学与科学之发展，将远在西洋各国之前。可惜在此萌芽的时期，便受了道家学说底打击。老子旨在"使民无知"，故尚"无名之朴"，认为"绝学无忧"，而主张"绝圣弃知"。庄子也是如此，并且否认是非同异等一切差别，否认辩论底需要，并且以为"吾生也有涯，而知也无涯，以有涯随无涯殆已"，直认知识底探求为不可能，为不必要。这种对于知识辩论怀疑消极的态度，影响所及，是很深刻，很重大的。

三为儒法二家底缺陷，即狭义的功利是。墨家主张狭义的功利，本书述墨子时已言之，但其影响尚不大。至于儒家荀子一派及法家韩非底狭义功利主义，则为名学底另一致命打击。

《荀子·儒效》篇曰："凡事行，有益于理者立之，无益于

绪论　诸子学底衰落及其因缘

理者废之……若夫充虚之相施易也（'充'即'实'，'施'同'移'），坚白同异之分合也，是聪耳之所不能听也，明目之所不能见也……虽有圣人之知，未能偻指也。不知，无害为君子；知之，无损为小人。"《解①蔽》篇曰："若夫非分是非，非治曲直，非辨治乱，非治人道，虽能之无益于人，不能无损于人；案直将治怪说，玩琦辞，以相挠滑也……此乱世奸人之说也。"他直以当时名家底辩论为"无益于理"而应废的"乱世奸人之说"了。

韩非《问辩》篇又曰："言行者，以功用为的彀者也……今听言观行，不以功用为之的彀，言虽至察，行虽至坚，则妄发之说也。是以乱世之听言也，以难知为察，以博文为辩；其观行也，以离群为贤，以犯上为抗……是以儒服带剑者众，而耕之士寡；坚白无厚之辞章，而宪令之法息。"他更认为于富强有直接的立刻的功用之言行，方为可贵；故不但"坚白无厚之辞"在所排斥，即"儒服带剑之士"也当在被禁之列了。秦始皇认为真有实用者，是医药、卜筮、种树之书及人民所应学的法令，故《诗》《书》百家语都是无益而有害的，应当一律焚禁。李斯底主张，原是和其师荀子、其同学韩非一致的。

墨子底自苦，影响仍及于墨家；道家底消极怀疑，荀子、韩非底狭义功利，影响都及于名家。故《汉志》无秦以后的墨家之

---

① 解　底本作"释"，据文意改。

书,名家仅有《成公生》和《黄公》二种,也都是没价值的。

二曰诸子学本身底蜕变。战国时,道家底学说,已蜕变为法家慎到言"势",申不害言"术"底二派;儒家荀子底学说,也蜕变而为法家底韩非。于是儒道二家与法家合流,而由韩非集其大成。李斯也是法家,而注意于"持宠固位",故其《论督责书》已丧失法家"综核名实,信赏必罚"的精神。于是法家底"严刑峻法,惨刻寡恩",又蜕变而成酷吏。墨家赴汤蹈火的精神,战国后期已蜕变为"侠"(韩非"侠以武犯禁",与"儒以文乱法"并举,似即指墨者),而游侠之风大盛于西汉之初。农家亦失其"并耕"之要旨,而蜕变为农艺种树之书。小说家亦失其"非攻寝兵"之要旨,而蜕变为记录故事神怪之书。阴阳家已蜕变为方士,纵横家已蜕变为赋家了。至于杂家,原由汇萃各家之学蜕变而成,后又变为杂文类书了。于是诸子之学,均失其本来面目,而蜕变尤甚者,则为儒道二家。

儒家底蜕变,为经学,为谶纬。儒家之祖孔子本主"学""思"并重,故曰,"学而不思则罔,思而不学则殆"。其门下子夏传经一派,主张"博学笃志,切问近思",已偏于"学"。其后,荀子得六经之传。至汉,遂成为"经学",专以客观的"道问学"为主,置主观的"尊德性"于不谈了。试一检《史记》《汉书》底《儒林传》,可知西汉大儒,如伏胜、欧阳生、申培、辕固、韩婴、高堂生、后苍、戴德、戴圣、庆普、梁丘贺、施雠、孟喜、焦延寿、京房、胡毋生、董仲舒……都是些经生。此辈经生，株守师法家法，努力章句训诂，不但去孔子、孟子很远，且去荀子也很远。这是儒家底蜕变之一。

阴阳家之变为方士，前已言之。秦始皇信方士侯生、卢生、徐福等，汉武帝信方士李少君、栾大、公孙卿等。经帝皇提倡，方士之说乃风行一时。经生受其影响，经学遂亦染上一种方士的色彩。故《易》有焦、京灾异一派，《书》有《洪范》五行一派，《诗》有《齐诗》"五际六情"一派，礼有明堂阴阳一派，即最有名的《公羊》家董仲舒也喜言灾异，其求雨求晴，直似后世底道士。及哀平之际，谶纬之学勃兴，于是孔子直变为一妖道了。夏曾佑《中国历史》有《儒家与方士之混合》一章，言之甚详。这是儒家底蜕变之二。

道家底蜕变，为神仙，为道教。老子尝说："以道治天下，其鬼不神。"本是不信鬼神之说的。《庄子》中"列子御风""藐姑射山仙子"等，本是寓言；"大浸稽天而不溺，大旱金石流、土山焦而不热"，也是"谬悠之说，荒唐之言"。但是在方士思想风行的汉代，却把老子、庄子都变成了神仙。老聃本为传说的人物，故李耳、周太史儋、老莱子，究竟哪一个是老子，司马迁时已弄不清楚了。于是有骑青牛过关、西去化胡等传说；而注《老子》的河上公，也成了文帝时的仙人；《庄子》底寓言，也一变而为极好的神话资料。于是道家也和方士混合，而成为神仙家。至东汉末年，张道陵创道教，乃竟以老子为教主了。这是道家底蜕变。

墨家、名家既以受墨子及儒道二家底缺陷的影响而其学中绝，其余各家又因蜕变而失其本来面目。又当划时代的剧变渐已静止，政治、社会渐已安宁之时，又受了秦始皇焚书、汉武帝尊儒底二次刺激，诸子之学怎能不衰落呢？故战国独为诸子学底黄金时代，我国学术史上的黄金时代。

本次整理征引文献

周振甫《周易译注》,中华书局,1994年4月第1版。

王文锦《礼记译注》,中华书局,2001年9月第1版。

杨伯峻《春秋左传注》,中华书局,1990年5月第2版。

杨伯峻《论语译注》,中华书局,1980年12月第2版。

杨伯峻《孟子译注》,中华书局,1960年1月第1版。

赵岐《孟子赵注》,广西师范大学出版社影印宋蜀刻本,2008年7月第1版。

王先谦《荀子集解》,中华书局,1988年9月第1版。

陈鼓应《庄子今注今译》,中华书局,2009年2月第2版。

吴毓江《墨子校注》,中华书局,1993年10月第1版。

陈奇猷《韩非子新校注》,上海古籍出版社,2000年10月第1版。

司马迁《史记》,中华书局,1982年11月第2版。

班固《汉书》,中华书局,1962年8月第1版。

徐世昌等编纂:《清儒学案》,中华书局,2008年10月第1版。